R. 946. Deville

(C.)

DE LA PHILOSOPHIE
DE LA NATURE,
ou
TRAITÉ DE MORALE
POUR L'ESPECE HUMAINE,
Tiré de la Philosophie
et fondé sur la nature.

TROISIEME EDITION,
et la seule conforme au manuscrit original.

Nunquam aliud natura aliud sapientia dicit.
Juvenal *Satyr.* XIV.

TOME SECOND.

A LONDRES,
et se trouve dans la plûpart des capitales
DE L'EUROPE.
M. DCC. LXXVII.

DISCOURS
PRÉLIMINAIRE

Sur la Morale de l'Homme physique.

ENTRAÎNÉ par la nature de mon sujet, à l'examen de questions philosophiques sur l'homme, qui, aux yeux du moins du vulgaire des lecteurs, ne tiennent que par un fil à la morale, je saisis l'occasion qui se présente d'être utile à mes pareils, & de faire servir un écrit foible, il est vrai, mais consacré à la vérité, à étendre le culte de la vertu.

La morale peut être regardée comme l'art de guérir les passions désordonnées des êtres intelligens; mais graces aux empiriques, cette science, comme celle de la médecine, est devenue l'art de conjecturer.

Tantôt des législateurs présomptueux ont plié à leur gré les institutions primitives, ont façonné l'homme dans un moule nouveau, & remplacé les mœurs par des loix.

Tantôt des despotes insolens, du fond d'un serrail, où ils exécutoient orgueilleusement la volonté de leurs femmes & de leurs eunuques, ont fait un défi à la nature, & dicté aux peuples un code de meurtres, d'erreurs & d'extravagances.

Plus souvent des écrivains audacieux, dont les écarts sont quelquefois calomnier le nom de philosophe, ont porté le cynisme de leurs opinions jusqu'à nier que les êtres intelligens fussent soumis à d'autres loix qu'à celles de la nécessité, & par-là ont sappé à la fois l'édifice de la morale par le faîte & par les fondemens.

Enfin (car il ne faut point qu'une prudence pusillannime enchaîne mon cœur & ma plume) des écrivains droits, mais peu éclairés, à force de nous traiter comme de pures intelligences, ont fait perdre la trace d'une partie de nos devoirs, & nous ont égarés sur un océan métaphysique, sans nous laisser l'usage de la boussole & la vue des étoiles.

Cependant, & c'est le but particulier de ce discours, il me semble démontré que c'est sur la base de l'homme physique que repose la science des mœurs & le principe de nos devoirs.

PARTIE II. L'HOMME SEUL.

Morale, gage sacré du bonheur de l'homme en société, principe de l'harmonie entre les êtres intelligens, que ne puis-je faire servir ma plume à étendre ton empire, à te faire adopter par les peuples qui t'ignorent, & à te rendre chere à l'écrivain qui te blasphême?

La distinction du juste & de l'injuste est antérieure à nos loix, parce qu'elle dérive de la nature de l'homme & de ses rapports avec les êtres qui l'environnent; parce que l'idée de la fatalité est contradictoire avec celle de l'intelligence, parce qu'avant tout système de législation, il y a des choses dont l'essence est de devoir être faites, comme il y en a d'autres dont l'essence est de devoir être crues.

Que m'importent les noms de Carnéade, de Lysandre, de Hobbes & de l'auteur du *système de la nature*, noms malheureusement célebres, que l'apôtre de l'indifférence morale des actions humaines allegue en faveur de cette atroce extravagance? Carnéade étoit un Pyrrhonien orgueilleux qui doutoit de tout, excepté de la supériorité de sa logique. Hobbes a osé faire un livre contre les vérités éternelles de la géométrie. Lysandre, l'ennemi de la liberté de Sparte, & le corrupteur des oracles de Délos & d'Ammon, étoit une de ces ames de fiel & de fange qui cherchent à se faire un nom en réduisant la scélératesse en système. Quant à l'anonyme dont la plume effrénée vient d'écrire tant de blasphêmes sur la nature, en niant l'existence de Dieu, il a acheté le droit de nier celle de la morale. Il est tout simple que Salmonée en bravant la foudre apprenne à étouffer les remords.

La morale de l'homme est faite pour tous les individus de l'espece humaine : car dès qu'ils naissent, la nature leur crie à tous : chérissez votre existence & soyez heureux.

L'homme s'aime, & voilà la base de la morale.

Cet amour est fondé sur la bonté de son être : caractere essentiel à tous les ouvrages d'un premier principe souverainement intelligent.

On distingue plusieurs especes de bontés. La bonté d'existence n'est qu'un sage rapport entre les attributs qui constituent un être. L'homme partage cette bonté avec une coralline comme avec une mandragore.

La bonté animale peut se définir une juste économie dans l'organisation d'un être sensible; elle est également l'apanage de l'homme & des animaux. Enfin il y a une bonté raisonnée propre à l'être pensant par excellence : cette bonté n'est point distinguée de la vertu, & elle rend l'homme le roi de la nature.

La morale fondée sur l'amour de soi est, comme je l'ai déjà dit, commune à tous les hommes, blancs, noirs ou olivâtres; nains ou géans; faisant des systêmes à Londres, déraisonnant au Japon, ou végétant obscurément aux terres australes.

Cette morale universelle marche avec les institutions sociales, & s'appuie d'un côté sur Dieu, & de l'autre sur l'idée de notre immortalité.

Dieu est la base de toute législation sociale; vérité éternelle que mon cœur m'a persuadée, avant même qu'elle me fût démontrée par ma raison, & que j'attesterois encore avec courage, quand même l'athéisme formeroit la profession de foi de mes concitoyens, & que l'Europe entiere n'admettroit d'autres évangiles que le poëme de Lucrece, la lettre de Thrasibule, le bon sens & le systême de la nature.

DIEU est l'unique frein des délits secrets; lui seul, quand le glaive des loix s'émousse, vient avec son tonnerre glacer à l'approche des grands crimes les ames scélérates des Locuste, des Borgia & des Brinvilliers: Que des penseurs audacieux cessent d'affirmer que le frein des crimes secrets peut être la connoissance des rapports éternels qui lient les êtres entr'eux : s'imagine-t-on que le Sauvage qui végete dans les fables brûlans du Zaara, ou dans les glaces du Groenland, puisse jamais réfléchir sur l'essence des êtres & sur leurs rapports ? Se flatte-t-on de gouverner les neuf cens millions d'habitans qui peuplent ce globe, avec des calculs métaphysiques, comme Platon vouloit gouverner le monde aérien, qu'il a appellé sa république ?

Enfin quel autre que Dieu peut être le législateur suprême des êtres intelligens ? Est-ce à un homme qu'il appartient d'enchaîner les hommes, de soumettre les mouvemens physiques de notre corps à une moralité, & de créer le vice & la vertu ?

La morale est absurde sans l'intervention de Dieu, elle reste inutile sans le dogme de l'immortalité.

Tome II. *

PARTIE II.
L'HOMME
SEUL.

Dans l'hypothèse que, quand la frêle machine de mon corps se dissout, tout mon être s'anéantit, pourquoi m'imposerois-je la pénible nécessité d'être vertueux ? que m'importent des sacrifices qui ne servent qu'à rendre malheureuse la courte carriere d'existence que je tiens de la nature ?

Si je ne suis qu'un membre obscur de la société, je travaillerai à dérober au flambeau de la loi les sombres profondeurs de mon ame scélérate ; & l'impunité suffira pour me dérober aux tourmens des remords.

Le hasard m'a-t-il mis au rang des souverains, toutes les loix que je n'aurai point faites se tairont devant moi ; j'opprimerai les nations étrangères avec mon épée, & la mienne avec mes édits ; & si je suis assez heureux pour mourir sur le trône, mon ambition est satisfaite : que m'importe, quand je ne serais plus, que la postérité des hommes que j'aurai exterminés flétrisse ma mémoire ?

Je le demande aux Historiens de toutes les nations ; qu'ont fait pour la société ces raisonneurs tristes & froids qui ont osé entourer l'homme du néant ? ils ont glacé & perverti les citoyens destinés aux grandes choses; ils ont remplacé les héros par des sophistes.

Il n'a été donné de faire avec énergie le bien de l'espece humaine, qu'à ces hommes sensibles qui savent s'élancer au-delà des limites de leur existence actuelle, dont l'imagination ardente voit dans les services qu'ils rendent à leurs contemporains l'avantage qui en résultera pour les générations futures, & qui sûrs de la vénération avec laquelle leur nom sera prononcé, sont flattés d'exercer un jour, du fonds même de leur tombe, un pouvoir que pendant leur vie ils ont rendu si utile aux hommes.

Oui, je le dis avec liberté, tous les législateurs qui ont donné un code de morale sans l'appuyer sur le dogme de notre immortalité, n'ont tissu qu'une toile futile qui arrête quelque insecte, mais que déchirent sans peine les aigles & les vautours; ils ont flétri toutes les ames sensibles, & ont fait croire à l'homme de bien que la nature l'avoit placé dans un désert qui n'étoit habité que par des cadavres.

Dieu législateur & l'homme immortel: voilà donc le double pivot sur lequel roule le monde moral: achevons la construction de la machine.

Il me semble que l'homme physique doit être le premier but des inſtitutions ſociales : en effet, au berceau des empires, lorſque des pâtres & des barbares commencerent à ſe former en corps de peuple, ils ne ſongerent pas à analyſer le cœur humain & à differter ſur le pouvoir des paſſions : ils ne s'occuperent que du ſoin de vivre, de faire des enfans & de ſe créer une patrie, malgré la rigueur des ſaiſons, la fureur de l'Océan & le glaive des uſurpateurs.

MORALE DE L'HOMME PHYSIQUE.

Telles furent auſſi les inſtitutions primitives des peuples de la Grèce ; perſuadés que l'ame n'a jamais plus d'énergie que dans un corps vigoureux & qui ſe déploie ſans contrainte, ils firent de leur gymnaſtique la baſe de l'éducation nationale : par-là le code des mœurs dériva des beſoins de l'homme phyſique : la premiere génération produisit des athletes, & la seconde se trouva composée de grands hommes.

Partie II. L'Homme seul.

Je ne parle point ici de la législation de Lacédémone; parce que Lycurgue outra le principe que j'expose; il supposa qu'il n'y avoit dans l'homme que le physique de bon, & il osa pour établir la morale publique, renverser la morale intérieure des familles : sous quelque face qu'on considere ses loix, il faut les regarder comme une infraction des mœurs réduite en systême, & un outrage réfléchi fait à la nature.

Quand on lit avec quelqu'attention les fragmens qui nous restent du poëme d'Orphée, du Yking de Cong-fut-sée & du Zend de Zoroastre, on s'apperçoit que presque tous les anciens législateurs se sont réunis à partir du principe suivant pour établir la morale de l'homme en société : *Nos sens nous instruisent de nos besoins, & nos besoins de ce qui est juste.*

Delà il suit que pour former l'homme de la nature, il faut perfectionner ses organes & l'éclairer sur ses besoins.

Il ne s'agit pas de changer la structure organique de nos sens, mais de les élever au dernier degré d'énergie dont ils sont susceptibles. Quand ils sont arrivés à ce période, c'est à la morale à diriger leur activité, & à empêcher Cromwel ou Mahomet de les faire servir à embraser la terre & à en faire le tombeau de ses habitans.

Ne disons point, avec notre éducation énervée & nos mœurs factices, que l'homme ne peut rien sur l'ouvrage de la nature : à la naissance il n'y a aucune différence entre Her-

PARTIE II.
L'HOMME
SEUL.

cule enfant & le fils d'un duc & pair: c'eſt le phyſique de l'éducation, ce ſont les exercices vigoureux de la gymnaſtique, c'eſt l'éloignement de toute jouiſſance prématurée, qui met un ſi grand intervalle entre nos vieillards de vingt ans & le héros qui le jour, étouffe les lions entre ſes bras, & la nuit, force cinquante vierges à devenir meres.

Ne dépend-il pas de nous de perfectionner le ſens du tact? Ne ſait-on pas que les femmes des grandes villes, en qui la propreté & la coquetterie concourent à augmenter la fineſſe de cet organe, nous effacent en ſenſibilité? Cet ancien philoſophe qui ſe creva les yeux pour devenir le plus profond des méditatifs, dans la ſuite voyoit tous les objets avec ſa main & ſon entendement.

Notre

Notre odorat deviendroit peut-être égal à celui des animaux, sans la manie des parfums factices & l'usage de cette poudre ammoniacale & corrosive que l'Europe entiere, depuis un siecle, semble avoir adoptée, & qui, comme les liqueurs fortes, ne donne peut-être un moment du ressort à l'entendement que pour le conduire par degré à la stupidité.

Nos capitales sont pleines d'individus dégénérés qui à trente ans ne savourent que les liqueurs des isles, n'entendent qu'avec des cornets, & ne voient qu'avec des lunettes : si suçant avec le lait la saine morale de l'homme physique, ils se persuadoient de bonne heure qu'il faut jouir peu pour jouir long-tems; croit-on qu'ils se résoudroient ainsi à flétrir leurs organes, à mutiler leur entendement, & à mourir tout entiers long-tems avant d'entrer dans la tombe?

Ce que je dis des sens externes porte le même caractere de vérité quand on l'applique aux sens intérieurs, tels que la mémoire, le caractere, les habitudes, &c.; especes d'organes qui, quoique appartenans à l'homme physique, lui ouvrent plus particuliérement l'entrée du monde moral, & par-là sont plus soumis à la raison sublime des législateurs.

Tel est le méchanisme du corps humain, que toutes les idées qui viennent des sens doivent leur origine à l'ébranlement des petites cordes homogenes qui forment le tissu nerveux, & dont les racines sont attachées au *sensorium* : si donc des barbares voulant refaire l'homme de la nature, détruisent la configuration primitive du cerveau, le vrai siege du sentiment, il faut s'attendre que toute la structure de la machine en sera altérée, & qu'il ne résultera de cet attentat que des monstres, soit dans l'ordre physique, soit dans l'ordre moral.

C'est donc en partant de mes principes sur la science des mœurs, que je regarderai comme le plus grand des outrages qui ait encore été fait à la nature, l'usage de quelques castes américaines d'écraser entre deux planches la tête des enfans nouvellement nés, pour lui donner la forme bizarre d'un cylindre (*a*), sorte de

---

(*a*) Il est probable que c'est à la petitesse du cerveau, & par conséquent au peu d'étendue du

configuration qui affoiblit pour jamais le *sensorium*, détruit l'élasticité des organes externes, & d'ordinaire fait périr l'individu avant le tems, après l'avoir rendu eunuque de corps & d'intelligence.

Mon système forme un tronc im-

---

sensorium, qu'il faut attribuer l'intervalle immense qui sépare l'intelligence de ce sauvage Américain & celle d'un philosophe tel que Montesquieu : Willis, qui a trouvé le germe de cette idée dans Aristote, & qui ensuite l'a confirmée par ses expériences, prétend avoir prouvé par la dissection de plusieurs cadavres, que le cerveau d'un imbécille étoit beaucoup plus petit que celui d'un homme de génie. *Anatom. cerebr. cap. XXVI.*

—— Il est dit aussi dans une vie de Pascal, que la nature avoit accordé un cerveau d'une étendue extraordinaire à ce beau génie, qui à treize ans inventa les mathématiques, & qui dans un siecle où presque personne ne savoit écrire, fit le chef-d'œuvre des Provinciales.

menſe, dont il me feroit aiſé d'étendre au loin les ramifications; mais je ne veux point prévenir les queſtions que je me propoſe de traiter dans le cours de cet ouvrage; l'unique but de ce difcours eſt de faire entrevoir la méthode que j'ai adoptée; de raſſembler dans un foyer unique divers principes lumineux que j'ai laiſſé épars, & de donner à l'ami des mœurs une idée favorable de l'homme de la nature.

L'art d'éclairer l'homme ſur ſes beſoins n'eſt point auſſi aiſé que le vulgaire des penſeurs ſe l'imagine; parce que l'homme en ſociété s'eſt donné une foule de beſoins factices qui tiennent moins à ſa conſtitution qu'à ſa dépravation. Il faut donc remonter à ſon berceau, examiner avec ſoin le jeu de ſes organes, & diſtinguer les secours que demande la nature pour perfectionner la machine, des jouissances stériles que l'imagination sollicite: en un mot, il faut décomposer l'homme avec le prisme de la philosophie, pour le connoître à fond; comme Newton avec le prisme des artistes décomposa les rayons solaires pour connoître la lumiere.

Le premier besoin de l'homme est celui de se nourrir; & c'est aussi le plus aisé à satisfaire, parce que la nature l'a fait frugivore.

Le second est l'amour, cette fievre ardente des sens, qui ne tourmente l'espece humaine que pour la perpétuer. L'homme adulte surchargé de principes de vie, a droit de les répandre pour se reproduire; & le sectaire qui l'empêche de jouir est coupable de suicide, comme le tyran qui l'empêche de vivre.

Il est encore un autre besoin qui tourmente l'homme de la nature, c'est celui d'avoir un sentiment vif de son existence : telle est l'activité de son ame, qu'après s'être rassasié & avoir joui, il lui reste une inquiétude machinale & des desirs vagues qui empoisonneroient ses jours, si le travail, en variant les objets de sa pensée, ne perpétuoit le plaisir au milieu de sa carriere.

MORALE. DE L'HOMME PHYSIQUE.

Des fruits, une femme & un peu de travail, voilà donc à quoi se réduisent les besoins essentiels de l'homme de la nature (*a*); son bonheur tient

---

(*a*) Je ne parle pas du double besoin de se vêtir & de se loger, parce qu'il n'est qu'accidentel à l'espece humaine. Le sauvage isolé ne mettra point son industrie à se façonner un habit, s'il habite les rivages embrasés du Sénégal : il

à ces trois fils; ils fuffifent pour le guider agréablement dans le labyrinthe de la vie.

Quand l'homme fe foumet au pacte social, il ajoute des befoins factices à ces befoins élémentaires qui entroient dans fa compofition.

Il veut dominer fur tout ce qui l'environne, & chaque individu s'agite dans fon tourbillon pour parvenir à cette fupériorité qu'on n'accorde d'ordinaire qu'avec la haine, & qui commence à importuner le lendemain du jour où on l'obtient.

Ses defirs s'irritent fans cefle par la facilité même qu'il trouve à les fatisfaire. Au lieu de ces alimens fimples

---

trouvera fon fommeil paifible au pied d'un arbre, s'il eft né dans une ifle fortunée, à l'abri de l'attaque des bêtes féroces & de la morfure des infectes.

& légers qui prolongeoient délicieusement son existence, il faut à son palais degoûté les poisons lents de la cuisine d'Apicius: la femme que lui donne la loi ne peut suffire à son incontinence ; il faut à son imagination déréglée un serrail & des jouissances criminelles ; enfin blasé sur tout, il meurt avant l'age, blasphémant la providence, parce qu'il a confondu les besoins factices de l'homme en société avec les besoins de la nature.

Il me semble que les législateurs auroient épargné bien des crimes à l'espèce humaine, s'ils avoient fondé la morale sur un usage modéré de nos organes : mais cette idée étoit trop simple pour qu'on la vît adoptée par des hommes qui d'ordinaire cherchoient moins à être utiles qu'à paroître extraordinaires.

Si le fakir de l'Inde, si le cénobite à tête exaltée des déserts de la Thébaïde avoient été bien convaincus que le premier principe de la morale de l'homme phyſique eſt de faire uſage de ſes facultés, ils n'auroient pas travaillé péniblement à entretenir l'inertie de leurs organes; ils auroient laiſſé le couteau d'Origène; & devenus hommes, ils auroient donné naiſſance à des hommes.

D'un autre côté, ſi l'habitant des grandes villes, repliant ſon ame ſur elle-même, ſoupçonnoit que le bonheur conſiſte dans l'uſage modéré de ſes facultés, il ne chercheroit pas à faire avec cinq ſens, ce que l'habitant de Sirius ne tente peut-être pas avec douze; il ne feroit pas ſervir à la deſtruction de la machine humaine, le plaiſir deſtiné à la conſerver; & pour

augmenter l'activité de quelques jouiſ-
ſances, il ne réuniroit pas dans ſa carrière douloureuſe le point de l'enfance
& celui de la décrépitude.

Comment Séſoſtris, Alexandre &
Charles XII, au milieu de cette foule
d'adulateurs qui déifioient leurs foibleſ-
ſes, n'ont-ils pas trouvé un philoſophe
qui leur perſuadât que la manie des
conquêtes n'étoit pas, comme ils
le penſoient, le beſoin des grandes
ames; mais le délire d'une imagination embraſée, & un outrage réfléchi
fait au genre humain?

Des écrivains fanatiques ſe ſont flattés quelquefois que l'Europe avoit beſoin de leurs rêveries métaphyſiques,
de leurs paradoxes deſtructeurs & de
leurs diatribes : ils ont verſé des flots
d'encre & de fiel contre le ſage à tête
froide, qui n'épouſoit ni leurs querel-

PARTIE II.
L'HOMME
SEUL.

les, ni leurs préjugés ; mais le bonheur de l'Europe éclairée dépend des dogmes pacifiques de sa morale, & non des subtilités ontologiques de ses sophistes, des injures raisonnées de ses déclamateurs, & des écrits emportés des enthousiastes, qui défendent la religion avec des libelles, & la vérité avec des satires.

Et toi, sophiste effréné, qui as osé réduire le roman de la nature en système, quel besoin avoit le genre humain que tu renversas tous ses autels ? l'intérêt des nations, la sûreté des rois, la probité, la décence, toutes les vertus sociales reposoient sur les vérités éternelles que tu tentes de détruire : penses-tu remplacer par ton néant générateur le Dieu que tu viens me ravir ? tu appelles une douce illusion ce dogme sacré de la providence, qui remonte au berceau du monde, & qui survivra à son embrasement : pourquoi donc cherches-tu à l'anéantir ? homme barbare, garde ton affreuse lumiere pour ces ames de boue que la nature a jetées dans le moule des Néron & des Borgia, & laisse-moi mon bonheur & mon bandeau.

En général, c'est le rapport de nos sens qui nous instruit de nos besoins : aussi le sage dès qu'il se voit bien organisé, étudie la morale en lui-même plutôt que dans les livres ; chaque instant de sa vie est pour lui une expérience, & quand, à l'exemple des physiciens, il en a rassemblé un certain nombre, il dresse son code & voilà la maniere de Socrate.

Cependant grace à la dépravation nationale, nous héritons quelquefois de nos peres des organes viciés : nous ne pouvons guere alors nous inſtruire que par nos chûtes : ſemblables en cela à ces ſauvages des iſles Marianes qui n'ayant point l'idée du feu, le prirent dabord pour un animal domeſtique qui aimoit a ſe jouer, & qui ne furent inſtruits que par la douleur, de l'activité funeſte de cet élément.

C'eſt ſur-tout à de pareils individus que la morale du philoſophe eſt néceſſaire ; trop heureux ſi les livres où elle eſt conſignée ſont l'expreſſion d'une ame ſenſible & honnête, & ſi, attirés au pied du mancenilier par le luxe impoſant de ſes feuilles, ils ne vont pas s'empoiſonner ſous ſon ombrage !

L'art en morale de faire ſur ſoi des expériences, eſt peut-être parmi nous le chef-d'œuvre de la raiſon perfectionnée ; parce que tout concourt à nous faire illusion, que nos cœurs ne parlent pas la langue de la grammaire, & que l'habitude de l'erreur nous apprend à nous défier même de la vérité.

L'homme entraîné par une passion dominante, ne voit les objets qu'au travers d'un verre coloré qui les dénature; sa mémoire l'égare, son imagination l'aveugle, son tempérament le trahit; & le faisceau de ses fibres sensibles éprouvant une foule de vibrations en sens contraire, il se tourmente à chaque instant pour faire un choix, & n'est jamais qu'un automate dont les ressorts sont montés par l'habitude.

D'un autre côté, l'homme blasé est incapable de se déterminer; parce que l'appareil de ses cordes fibrillaires ne peut se mouvoir que foiblement & avec lenteur: toutes ses expériences

PARTIE II.
L'HOMME
SEUL.

sont tardives, sa liberté est anéantie; il ne semble plus tenir que par un fil au monde moral & à la nature.

Ce fil existe cependant, & il suffit pour que l'homme blasé démérite : car les mouvemens physiques de la machine, quoique dirigés par un ame automate, sont toujours susceptibles de moralité.

Il est vrai que ses organes viciés le trompent toujours sur la nature de ses besoins; mais c'est lui seul qui en a altéré le méchanisme : dès-lors il est coupable de tous les désordres où l'entraînent ses erreurs devenues nécessaires; & le législateur doit le punir à la fois de faire des actions qui l'exposent aux remords, & d'étouffer ses remords.

En un mot, la morale sous les rapports que j'envisage, convient à l'espece pèce humaine, & s'il se trouvoit un individu qui pût se dérober à son joug, c'est qu'il ne seroit pas homme, ou qu'il seroit plus qu'homme.

MORALE DE L'HOMME PHYSIQUE.

L'enfant, dont les organes n'ont pas encore leur ressort, qui n'a que les idées de ses maîtres & une ame d'emprunt, n'est point un homme : il est même très-difficile de déterminer l'époque précise où il le devient : les philosophes qui ont fait tant de calculs sur des objets frivoles, ont justement oublié le seul qui pût servir de base au code des législateurs & à la morale du genre humain.

La différence de l'organisation suffit pour varier cette époque : un enfant dont les sens sont obstrués, peut encore à vingt ans se jouer avec le hochet ; mais Pascal, qui à douze ans devine Euclide & Archimede, étoit probablement, à neuf, capable de mériter & de démériter, de se choisir une patrie & d'avoir des remords.

L'éducation est encore une cause qui retarde ou accélere cette époque; l'enfant de la campagne se développe lentement & en silence sous l'œil de la nature; mais l'enfant des grandes villes, environné de tant d'objets qui concourent à donner de l'élasticité à ses organes, acquiert une intelligence prématurée, & devient homme long-tems avant que d'avoir la faculté de les produire.

Enfin, le climat seul suffit pour faire entrer plutôt ou plus tard les enfans dans le monde moral. L'habitant des régions voisines du pôle, incapable à vingt ans de devenir pere, n'a de l'intelligence à cet âge que pour se défendre contre les ours blancs, les infectes & l'hiver éternel de son pays. Il n'en est pas de même des negres & de quelques insulaires des mers d'Afrique : très-souvent à dix ans ils savent engendrer, déshonorer les femmes, & vendre leur pere à l'Européen avide qui a l'infamie de les acheter.

L'individu dont la foiblesse originelle des organes perpétue la stupidité, le frénétique qui doit à des maladies le dérangement de son *sensorium*, & le vieillard dont les sens oblitérés n'ont de force que pour appeller la mort, ne sont pas des hommes ; les avenues du monde moral leur sont fermées, non par leur crime, mais par la nature.

S'il naissoit sur ce globe des êtres intelligens qui manquassent de quelques-uns de nos sens (*a*), on ne devroit pas non plus les ranger dans la classe des hommes; il leur faudroit un code de morale particulier qui les éclairât sur le petit nombre de leurs besoins, & qui servît à les défendre

---

(*a*) Mon hypothese tombe sur un individu qui manque essentiellement d'un organe, & qui ne trouve point dans la perfection des autres la facilité d'y suppléer : de pareils êtres n'ont peut-être point encore paru sur ce globe; & il en est d'eux comme des vrais hermaphrodites. Il y a un art de faire parler & entendre nos sourds & muets: nos aveugles nés lisent avec la main : ce n'est pas l'organe qui manque à tous ces gens-là ; c'est seulement son usage : aussi ils sont hommes, & ne peuvent se dérober à notre morale & à nos loix.

Cependant l'organisation influe si fort sur la morale, qu'on a vu des hommes nés simplement avec un sens vicié, différer de nous sur des dogmes qui remontent au berceau du genre humain. Le célebre aveugle né de Puyseaux ne croyoit

contre l'étonnante fupériorité que nous donneroit fur eux l'ufage d'un plus grand nombre d'organes.

Ajoutons encore (car il ne nous appartient pas de circonfcrire dans les limites de notre petit entendement la marche de la nature), ajoutons, dis-

point à la pudeur, & fon cynifme fur ce point égaloit celui de Diogene.

Le philofophe qui nous l'a fait connoître laiffe même à entendre qu'il fe croyoit en droit de décliner nos tribunaux & nos loix. Quelques défordres de fa jeuneffe le firent appeller à la police de Paris; mais les fignes extérieurs de la puiffance, qui nous affectent fi vivement, dit l'auteur que j'analyfe, n'en impofent point aux aveugles : celui-ci comparut devant le magiftrat comme devant fon femblable : les menaces ne l'intimiderent point : *Que me ferez-vous?* dit-il à M. Héraut. *Je vous jetterai dans un cachot*, lui répondit le magiftrat. *Eh monfieur!* lui repliqua l'aveugle, *il y a vingt-cinq ans que j'y fuis.* —— Lettr. fur les aveugles, page 28.

PARTIE II.
L'HOMME
SEUL.

je, qu'un être intelligent peut naître avec plus de cinq sens : un tel individu doit être regardé comme au-dessus de l'homme ; il lui conviendroit de protéger notre morale, mais non de s'y soumettre ; s'il paroissoit sur ce globe, il devroit le gouverner ; & s'il exigeoit de nous un culte, la supériorité d'intelligence qu'il tireroit de la multitude de ses organes, justifieroit bien plus notre idolâtrie, que celle des polythéistes n'a été justifiée par les crimes impunis de Jupiter.

Je vais encore plus loin : il me semble qu'un degré de perfection extraordinaire dans nos organes suffiroit peut-être pour changer quelques-uns de nos rapports avec les êtres qui nous environnent. Je suppose qu'il naisse un vrai hermaphrodite ; c'est-à-dire, un individu qui ait la faculté de donner le jour à des êtres qu'il aura lui-même engendrés : il est certain qu'un homme ainsi organisé peut rompre le contrat social : pourquoi se laisseroit-il enchaîner par nos loix, lui qui se suffit à lui-même, qui satisfait ses besoins au moment qu'il les voit naître, & qui, sans le concours de causes étrangeres, remplit toutes les vues de la nature ?

Mais je me lasse de parler d'êtres métaphysiques : revenons à l'homme, que je n'aurois peut-être pas dû quitter.

La morale de l'homme physique dépend beaucoup du climat qu'il habite ; j'en excepte cependant les devoirs essentiels qui le lient à Dieu, à ses pareils & à lui-même : devoirs invariables, gravés non sur des tables d'airain, mais dans les cœurs ; & qui sont faits, moins pour l'individu que pour l'espece humaine.

PARTIE II.
L'HOMME SEUL.

Les annales des deux continens nous démontrent que le caractere des peuples se forme sur le sol qu'ils habitent: un Caraïbe, né & vivant dans les bois, n'aura jamais l'urbanité & l'atticisme du Parisien; l'Africain énervé par l'air brûlant qu'il respire, ne sauroit avoir la vigueur de ces nations du Nord qu'on a regardées long-tems comme la pépiniere du genre humain. Toutes ces considérations doivent faire varier, à certains égards, les codes des législateurs; & j'aurois bien mauvaise idée de ces bienfaiteurs de la terre, si toutes leurs institutions se ressembloient; s'il n'y avoit que le langage de différent entre les institutions qu'Anacharsis donna aux Scythes, & celles que Zoroastre donna à la Bactriane ; entre le code ruſſe de Pierre-le-Grand, & le code anglois du Solon de la Penſylvanie.

Le climat change ſi bien les mœurs, qu'un peuple tranſplanté d'une contrée dans une autre, perd peu à peu ſes manieres, ſa façon de penſer & ſon tempérament. Les Tartares qui ont conquis la Chine, ſont actuellement preſqu'auſſi polis que la nation qu'ils ont ſubjuguée : les Hollandois même, dont le travail ſemble l'élément, & qui en Europe ont créé leur patrie, tranſportés à Batavia, adoptent les mœurs aſiatiques, ſubſtituent des ſerrails à leur forfereſſes, & remplacent leurs ſoldats par des eunuques.

Quelquefois un fleuve ou la poſition d'une montagne, ſuffiſent pour établir cette variété de mœurs & de climats entre deux contrées limitrophes; le Piémontois qui habite Turin, n'eſt point le même que celui qui vit dans les Alpes : Platon remercioit le ciel d'être né à Athenes, non à Thebes; & il n'y avoit guere que le fleuve Aſope qui ſéparât la patrie de Socrate de celle d'Epaminondas.

Le climat lui-même varie, ſoit par quelque grande révolution du globe, ſoit par d'autres cauſes ſecondaires: la mer en ſe retirant a tellement changé la nature de quelques plages africaines, que le ſol de l'ancienne Carthage n'eſt plus le même que celui où ſont ſes ruines : s'il en falloit croire le voyage de Maupertuis au monument de Windſo, un peuple nombreux auroit autrefois habité ce cercle polaire, où l'on ne voit plus que des ſapins, des rennes & des ours blancs.

Hyppocrate a dit que les Scythes

de son tems n'étoient pas propres aux femmes; ce qui supposoit un défaut de population : dans la suite cependant, sous le nom d'Alains, de Vandales & d'Hérules, ils ont inondé l'Europe & renversé sur lui-même ce colosse de Rome, qui après avoir long-tems pressé le globe, se trouvoit réduit à disputer aux papes une vaine souveraineté dans les murs du capitole.

L'Italie elle-même a éprouvé des vicissitudes physiques & morales; les marais pontins qui ne sont plus desséchés, des mines d'arsenic qui ont percé, les éruptions de quelques nouveaux volcans, ont corrompu l'atmosphere qui environne cette belle contrée : on n'y éprouve plus ces hivers rigoureux dont parle Tite-Live, & qui donnoient du ressort, soit aux

PARTIE II.
L'HOMME
SEUL.

organes des habitans, soit à leur courage : ils ont perdu avec leur ciel l'énergie de leur caractere ; & il seroit peut-être aussi absurde à un législateur d'exiger des Italiens modernes qu'ils devinssent tout-à-coup des Romains, que de demander des harangues académiques aux barbares du Kamtzcatka, & des opéra aux sauvages de la baie d'Hudson.

En général, les peuples qui habitent un climat riant & favorisé de la nature, doivent avoir des institutions aussi douces que leur ciel ; leurs annales ne doivent point être souillées de ces crimes réfléchis qui laissent une trace profonde dans la mémoire ; & le législateur qui les gouverne, doit prendre une bonne idée de l'espece humaine.

Ces peuples se nourrissent d'ordinaire de fruits & de végétaux (*a*). Or la médecine, qui dans toute autre oc-

---

(*a*) On a écrit que l'agriculture étoit le premier des arts ; c'est à mon gré un des paradoxes les plus absurdes que la manie des systêmes ait osé produire.

Les premiers habitans de la terre ont dû être libres ; ainsi il a dû s'écouler un grand nombre de siecles avant qu'un homme dît, *ce champ est à moi*; & un plus grand nombre encore avant qu'il tentât de le cultiver.

Varron, Pline, Lucrece & Horace assurent que l'homme sauvage vécut d'abord de gland : mais, comme l'a très-bien observé le jurisconsulte Tribonien, le mot latin *glans* désigne tous les fruits qu'un arbre peut produire : *Glandis appellatione fructus omnes percipiuntur*. La raison & la grammaire se réunissent donc pour faire l'homme primitif frugivore: quand en dégénérant il est devenu pourceau, ce n'a été, sans doute, qu'à la façon d'Epicure.

L'agriculture est par elle-même un art si compliqué, que si le bled eût été essentiel à notre

casion ne fait que conjecturer, affirme que c'est à de pareils alimens qu'on doit en partie la pureté de son sang,

nourriture, le genre humain auroit probablement péri à son berceau.

Il falloit d'abord deviner que des grains, naturellement insipides, à force de préparations & de métamorphoses, deviendroient un aliment digne de l'homme.

Il falloit dompter des animaux sauvages pour les associer à ses travaux.

Il falloit entr'ouvrir la terre pour en tirer le fer destiné aux instrumens du labourage, & faire servir ensuite ce même fer à déchirer cette terre qu'on venoit d'entr'ouvrir.

Il falloit moissonner à propos ces végétaux inconnus ; il falloit inventer des machines pour broyer le grain ; il falloit pêtrir, faire lever & cuire la pâte qui en étoit le résultat : que de travaux préliminaires pour parvenir à la découverte du pain ! Il en fallut peut-être moins à Archimede pour inventer son miroir brûlant, & pour résoudre son problème de la couronne.

la sérénité de l'ame & la vivacité brillante de l'imagination. Pour la philosophie, qui de toutes les sciences est peut-être la moins conjecturale, elle démontre aisément que les mœurs s'épurent par le régime de Pythagore & de Newton : tout étant égal d'ailleurs, j'aimerois beaucoup mieux la morale d'un peuple frugivore, que celle d'un peuple ichthyophage, & celle d'un peuple ichthyophage que celle d'un peuple carnivore.

Les mœurs doivent se dépraver quand on approche de la ligne, ou qu'on s'avance vers le pôle.

Ceux des orientaux dont le sang est brûlé par le soleil, doivent avoir une imagination vive, un caractere léger & une ame sans énergie ; aussi leurs institutions se ressentent des vices de leur sang & de leur climat ; ils ont des romanciers pour historiens, des métaphysiciens pour philosophes, & des poëtes pour théologiens.

Les maladies mêmes qui favorisent ces vices, doivent devenir sacrées pour un Asiatique: Mahomet s'évanouit, & le fanatisme dit qu'il est en extase; il a des convulsions épileptiques, & on suppose qu'il est obsédé de la divinité qui l'inspire; il est probable que malgré son génie & ses victoires, Mahomet sans son délire prophétique n'eût pu réussir à être le législateur des Arabes, & que sans le mal caduc il n'eût pû devenir prophête.

Un peuple comme les Arabes doit être entraîné impétueusement à l'amour; parce que la chaleur du climat multiplie ces particules ignées qui s'exhalent des végétaux, circulent dans

dans les veines avec l'air qu'on respire, & se portent avec force dans les réservoirs de la génération : or, comme les plaisirs des sens sont dans de telles contrées la passion dominante de chaque individu, il me semble que les législateurs devroient s'appliquer particuliérement à en réprimer la licence ; c'est là que la pudeur doit être la base des loix sociales, que le physique de l'amour doit être modifié par le sentiment qui l'épure, & que la morale doit tonner à la fois contre l'opprobre des serrails & contre les jouissances stériles & infames des célibataires.

Mahomet n'étoit point fait pour être le législateur de l'Asie ; il avoit un tempérament trop ardent : ce n'étoit point du sang, c'étoit l'élément même du phlogistique qui circuloit dans ses veines: il ne combattoit, il n'écrivoit, il ne prophétisoit que pour servir le penchant effréné qu'il avoit pour les femmes; il composa son alcoran pour déguiser ses foiblesses, & il imagina son paradis pour en faire l'apothéose.

Il me semble que c'est à un homme froid qu'il appartient de régir les passions ardentes des Orientaux; & à une imagination ardente à donner des loix aux peuples du Nord; Fontenelle, à certains égards, pouvoit être législateur des Arabes, Mahomet celui des Samoïedes & des Lapons.

Les hommes qui habitent les plaines brûlantes de la zône torride ou les glaces éternelles du pôle, tourmentés par les feux du soleil ou par son absence, & ayant sans cesse autour d'eux la nature morte ou inanimée, ont presque toujours des loix dures & une morale atroce : ils se représentent Dieu comme un tyran ; & pour l'honorer, ils l'imitent.

MORALE DE L'HOMME PHYSIQUE.

Il en est de même des peuples dont le pays est sujet aux inondations extraordinaires, aux ouragans ou aux tremblemens de terre : dévorés par une sombre misanthropie, ils ne connoissent l'Etre suprême que par la superstition qui le degrade, ou par le fanatisme qui l'outrage : il semble que ce soit le mauvais principe qui leur ait donné une religion, des loix & une morale (*a*).

C'est sur-tout de pareils peuples

(*a*) L'histoire s'accorde ici parfaitement avec la philosophie. Ouvrez les annales de l'Egypte, du Mexique & du Japon, vous y verrez toujours la férocité dans le peuple, le despotisme dans les rois, & la tyrannie dans les dieux.

PARTIE II.
L'HOMME SEUL.

dont le caractere a besoin d'être réformé par les institutions les plus pacifiques; le législateur doit s'appliquer à justifier à leur entendement cette nature, dont l'aspect sauvage effrayoit leur sensibilité: il doit les faire lutter par des mœurs douces contre l'aspérité du climat qu'ils habitent, & donner à leur ame une sérénité qui n'est point dans le ciel qui les éclaire.

La guerre ne doit point être leur élément: la guerre est un fléau factice de l'homme en société, qu'il ne faut point ajouter à tant de fléaux qui désolent l'homme de la nature.

Il faut sur-tout consoler ces victimes des révolutions du globe par la douce perspective de l'immortalité; il seroit trop affreux qu'après avoir traîné une existence malheureuse, elles ne vissent que le néant au bout de leur carriere.

Je ne me lasse point d'examiner les maux que les législateurs ont fait aux hommes, & le bien qu'ils pouvoient leur faire; il me semble qu'en général leurs codes de morale n'ont pas assez remédié aux vices des climats & des tempéramens : le prophete Odin étoit plus Scythe que les Scythes mêmes qu'il vouloit éclairer : comment Sommonacodom déguisé en femme se flatta-t-il de donner du ressort à l'ame efféminée des Siamois ? comment les Druides, qui étoient la raison vivante de nos peres, se persuaderent-ils qu'ils civiliseroient des barbares en instituant le point-d'honneur, en formant un code juridique de massacres, & en adorant un dieu antropophage ?

Il y a dans l'ordre moral une espece

de tact particulier, fruit de l'habitude de réfléchir dans une tête heureusement organisée; ce tact est dans la science des mœurs, ce que le goût est dans l'étude des arts; il semble agir en inspirant, comme le génie de Socrate.

Ce tact moral est l'application rapide des réflexions & des expériences; il combine en un instant les effets & les causes; il saisit les rapports des loix faites & de celles qui sont à faire; & de la discordance des passions particulieres de chaque individu, il tire l'harmonie générale de la société.

Ce tact n'a été donné qu'à un petit nombre de législateurs; voilà pourquoi la terre à été inondée de loix stupides ou féroces, de loix qu'on croiroit combinées dans l'entendement d'un eunuque ou dans la caverne d'un antropophage.

Le grand defaut des fondateurs des empires, est d'avoir créé un art de tromper les hommes, qu'ils ont décoré du nom de politique : cet art funeste commence par empoisonner les mœurs; l'épidémie delà se communique aux loix, & l'état gangréné s'anéantit enfin par les moyens qu'on destinoit à lui procurer une durée éternelle.

Cette politique, le fléau de la morale, consiste à sacrifier sans cesse les individus de la société, à ce qu'on nomme le bien général (a). Elle n'agit

―――――――――――――――――――

(a) Je trouve à ce sujet dans un ouvrage justement estimé, une pensée digne de Hobbes & de Machiavel. La voici :

« La vue générale de la nature physique paroît
» être de conserver les especes, sans s'inquiéter des
» individus : ainsi la politique morale veut faire le
» bien du plus grand nombre qu'il est possible, sans
» s'inquiéter de quelques particuliers, & même à

qu'en armant les passions des hommes les unes contre les autres, pour en faire résulter la tranquillité d'un despote qui alors devient heureux par l'infortune de tous.

C'est à ce machiavelisme qu'on doit ces manœuvres obscures & cruelles,

---

leurs dépens, si l'on y est forcé. » Voyez *la philosophie applicable à tous les objets de l'esprit & de la raison*, page 37.

Il me semble que l'Abbé Terrasson se trompe, & comme philosophe & comme naturaliste.

Il est faux que la nature ne s'inquiete pas des individus. Chaque être apporte en naissant un principe vital qui tend à prolonger son existence.

Le mot espece est un terme technique que nous avons inventé pour suppléer à la foiblesse de notre mémoire & de notre entendement : la nature ne fait réellement point d'especes ; elle ne forme que des individus.

Ce vil machiavelisme, qui consiste à faire un mal réel pour travailler à un bien incertain, con-

appellées par de vils adulateurs, *coups d'état, droit de bienséance, effets du malheur des tems*; & que le philosophe appelle, des attentats des rois contre les peuples.

C'est dans les états où circulent ces maximes empoisonnées que s'introduisent d'ordinaire les maux d'opinion,

vient à de petits tyrans, tels que Philippe II, Tibere & Louis XI ; il n'est pas digne de la nature.

Tout gouvernement où on s'inquiete peu des particuliers est essentiellement mauvais ; c'est un sol embrasé qui dévore ses habitans : le crime de la patrie rompt alors le pacte social entr'elle & les citoyens.

Malheur à un être qui se trouve forcé à faire le bien du grand nombre de ses membres aux dépens des autres! c'est un malade que la médecine ne conserve qu'en le mutilant : de pareils sacrifices annoncent sa gangrene & sa décadence.

le féroce préjugé des duels (*a*); & en général toutes ces institutions barbares, où pour avoir de l'honneur il faut être sans vertu.

C'est là que se trament sourdement les grandes conspirations contre le genre humain; on y voit fermenter

---

(*a*) Le point-d'honneur naquit du délire des peuples sauvages, qui, sans cesse occupés à attaquer ou à se défendre, n'estimant que la force physique, & n'ayant d'autres loix que leur épée, mirent une espece de grandeur d'ame à se faire justice des insultes qu'on faisoit à leur vanité. Par quelle bizarrerie, nous dont la paix semble l'élément, nous qui nous flattons de n'être plus sauvages, nous qui avons des loix, avons-nous adopté ce préjugé frénétique de nos ancêtres ? Le nom de Gaulois est-il assez respectable pour consacrer des usages stupides ou féroces ? Irons-nous brûler des victimes humaines dans des paniers d'osier, parce que nous descendons des adorateurs de Teutatès ?

ces haines nationales qui se terminent à des vêpres siciliennes; on y voit le fanatisme honorer un DIEU de paix par des massacres d'Irlande & des journées de St. Barthélemi.

La vraie politique ou l'art de gouverner les hommes réunis en société, n'est que la morale appliquée à la législation.

Je ne vois sur toute la surface du globe que le seul empire de la Chine où la politique, de tems immémorial, ait été essentiellement liée à la morale: c'est là qu'un souverain est un pere; c'est là que les vices de l'ame dégradent, & que les mœurs sont le complément des loix : législation sublime créée par un philosophe, & que le Tartare farouche, qui a subjugué la Chine, a eu la grandeur d'ame d'adopter.

L'homme physique ne fut point négligé dans la législation de Cong-fut-sée ; ce sage, si justement célebre, éclaira les peuples sur leurs vrais besoins : il voulut qu'ils rendissent la terre qu'ils cultivoient, & non les étrangers, tributaires de leur industrie ; il leur apprit à jouir peu pour jouir longtems, & à faire dépendre de la force de leurs organes la vigueur de leur intelligence.

Les rois reconnurent par ces institutions, qu'ils étoient hommes ; & sûrs de mourir comme le dernier de leurs adulateurs, ils ne tenterent point de se faire décerner les honneurs de l'apothéose (*a*).

(*a*) Ce fut une singuliere manie à Alexandre, qui étoit d'ailleurs le premier des rois de son siecle, de renier son pere pour se faire le fils de Jupiter : il en coûta cher à Calisthene pour n'avoir pas voulu mettre à côté du suprême Ordonnateur

Je ne veux point m'appefantir fur l'éloge de la Chine; éloge qui fembleroit une fatire de l'Europe : continuons à parcourir cet océan de loix créées par les hommes & non par la nature; & ne laiffons jamais échapper de nos mains la fonde de la philofophie.

En général les loix n'ont prefque jamais été faites pour le pays qui les obferve; d'ordinaire c'eft le peuple fubjugué qui adopte les inftitutions de fes conquérants, ou les conquérants

MORALE DE L'HOMME PHYSIQUE.

---

des mondes ce jeune infenfé, qui corrompoit les prêtreffes des temples, qui s'enivroit avec Clitus, & qui fe faifoit le mari d'Ephestion : Lacédémone, obligée d'aduler ce conquérant, fe tira d'affaire par un décret conçu en ces termes : *Puifque Alexandre veut être dieu, qu'il foit dieu.* Ælian. var. hiftor. libr. 2. cap. 19. Le Dieu mourut à Babylone avant d'avoir pu fe venger.

PARTIE II.
L'HOMME
SEUL.

qui se soumettent à celles des peuples subjugués. Voilà pourquoi le physique de l'homme & celui du climat qu'il habite ont été si peu consultés; voilà pourquoi l'espece humaine gémit sous l'esclavage des loix, qui étoient faites pour assurer son bonheur & son indépendance.

Les Tartares, qui ont adopté un code Sybarite, se sont dans la suite apperçus de son insuffisance : alors ils en ont formé un autre ; mais sans détruire le premier, qui de jour en jour leur devenoit plus cher, non parce qu'il renfermoit des loix sages, mais parce qu'il renfermoit des loix anciennes.

Il y a un siecle que ce mêlange absurde de loix humaines & d'usages féroces excita une grande réclamation en Angleterre : le chancelier Bacon, un des premiers qui ait fixé fur cet objet les regards de la politique, difoit que dans fon pays les loix vivantes mouroient à côté de celles qui devoient n'être plus : c'eft le fameux fupplice inventé par Mezence.

Dans d'autres états on n'a pas ofé toucher à l'édifice gothique & barbare des anciennnes loix ; mais chaque docteur s'eft permis de les interpréter à fon gré : delà cette foule de commentaires qui rendent fi pénible l'étude de la jurifprudence : chacun s'occupe, non à examiner la loi, mais à voir ce qu'a penfé en tout tems l'homme de loi : tel feroit le navigateur qui ne fe conduiroit que par le fillage du vaiffeau qui le précede ; la nuit furvient & le guide difparoît : il valoit mieux régler fa route fur le cours du ciel. — Le ciel d'un grand jurifconfulte eft la morale de la nature.

Ce n'est point l'étendue d'un code qui démontre les lumieres d'un peuple ; d'ordinaire plus il y a de loix dans un état, & moins il y a de mœurs : si on en doute, qu'on compare Rome sous Justinien, & Rome sous les Scipions, n'ayant que ses douze tables.

Pourquoi a-t-on rendu si compliquée la machine de notre législation ? le gouvernement tremble à chaque instant pour ma vie & pour ma fortune ; une police défiante m'entoure de satellites invisibles ; la loi, jusque dans le bien que je fais, soupçonne le mal que le méchant médite : Grand Dieu ! suis-je donc dans une caverne de brigands, & la loi n'est-elle pour moi que cette épée de Denis le tyran, suspendue par un fil sur ma tête, moins pour me protéger que pour m'empêcher de vivre ? Oh !

Oh! combien les mœurs seules, sans cet appareil formidable de loix, contribueroient plus à mon bonheur! Tems heureux de la franchise douce & honnête de nos peres, vous n'êtes plus que dans la mémoire de leurs descendans! Qu'est devenue cette parole plus sacrée pour les citoyens, que nos sermens faits sur des autels entourés du parjure? Ne vaudroit-il pas mieux avoir affaire à des hommes justes, que de se reposer sans cesse sur la justice, du soin de nous défendre? Je voudrois vivre avec mes amis, & la loi inquiete ne me montre autour de moi que des tyrans puissans qui la bravent, ou des scélérats obscurs qu'elle punit.

Des mœurs sans loix annoncent une nature sauvage: des loix sans mœurs prouvent un état dépravé & qui touche à sa décadende; le chef-d'œuvre des gouvernemens est celui où on trouve à la fois des mœurs & des loix.

PARTIE II.
L'HOMME
SEUL.

C'est aux loix à maintenir les mœurs: voilà pourquoi les anciens, nos maîtres peut-être en tout genre, s'occupoient tant à la culture des arts essentiels, veilloient à l'éducation nationale, avoient un si grand nombre de loix somptuaires; ils sentoient assez qu'un législateur ne donne à ses monumens qu'une base de sable, quand il ne bâtit pas sur la nature.

Pour nos instituteurs modernes, on diroit qu'ils ont tenté de refondre l'homme; mais au lieu de le vivifier comme Prométhée, ils en ont fait une statue froide & dont les ressorts ne se montent que pour se détruire: l'Europe presqu'entiere ne s'occupe que de commerce, d'arts somptueux & d'industrie: le mot de finance est le seul que la politique prononce ; l'élément devorant du luxe est le seul où le citoyen puisse respirer ; pour les mœurs on les a reléguées dans les ouvrages des philosophes ; & puisque la chose est bannie de nos cœurs, je ne vois pas pourquoi le mot subsiste dans nos grammaires.

Oh ! que la nature s'est cruellement vengée en abandonnant les hommes qui la blasphément ! un vil & froid intérêt a achevé d'éteindre en nous la flamme déjà expirante de la sensibilité ; les liens sacrés des familles se sont relâchés : l'habitant des villes, isolé au milieu de ses concitoyens, sourit de pitié au nom de patriotisme ; & ce sentiment noble & généreux qui fait embrasser le genre humain dans sa bienveillance, on le renvoie

PARTIE II.
L'HOMME
SEUL.

avec la chimere du bien poſſible dans la république de Platon.

A la place des mœurs nous avons mis une politeſſe féroce qui, à force de nous rendre uniformes, anéantit notre caractere : un homme aimable ſe croiroit déshonoré ſi le nom ſacré de pere ou d'épouſe abordoit ſur ſes levres ; incapable de ſentir d'autres plaiſirs que ceux qu'il achete, il abandonne ſa femme, ou quelquefois même oſe la vendre au premier ſéducteur qui entreprend ſa conquête ; trafiquant ainſi avec des courtiſannes, & des amis plus vils encore, de crimes, d'opprobres & de remords.

Et toi, amour, lien ſacré des êtres, pur élément de la nature ; toi, qui montes dans les ames ſenſibles tous les reſſorts de la vertu, qui te reconnoîtra chez un peuple qui ſe joue de la morale ? On donnera ton nom à ce sentiment factice, né du besoin de jouir & de la vanité d'être préféré; & l'homme de bien te voyant dans la bouche de l'être vil, qui subjugue toutes les femmes, les trahit & les déshonore, te bannira de son cœur & rougira d'aimer.

Il ne suffit pas que les loix maintiennent les mœurs; il faut que les mœurs, à leur tour, maintiennent les loix : car quel bien peuvent faire à un état les meilleures institutions, quand le scélérat puissant s'en joue, que la mauvaise foi les interprete, & que le cœur des méchans conspire pour tenir lieu lui seul de toute législation ?

La plus légere atteinte portée aux bonnes mœurs peut entraîner la dissolution du corps politique ; mais on peut & on doit quelquefois changer les bonnes loix : les institutions des

PARTIE II. L'HOMME SEUL.

hommes font variables; il n'y a que la morale de la nature qui doit être éternelle.

Quand Locke donna des loix à la Caroline, il voulut qu'elles n'eussent de force que pour cent ans : ce grand homme, qui avoit fait une étude profonde du cœur humain, sentoit qu'il ne faut pas un siecle à une nation pour que ses mœurs s'alterent : or dès que les mœurs dans un état se dépravent d'une maniere sensible, la machine politique a besoin d'être remontée par la législation.

Je trouve dans les anciennes législations un secret admirable pour éloigner la décadence des mœurs; c'est l'établissement de la censure : à Rome un simple magistrat, son tableau à la main, & armé du fouet de l'opprobre, forçoit les citoyens à être honnêtes; bien plus redoutable aux corrupteurs de la morale publique, que les inftitutions de Numa gravées en airain au capitole; parce que la loi ne parle qu'une fois, & qu'un homme tel que Caton agit toujours.

Je cite fouvent Rome, & j'en rougis pour l'Europe moderne, mais mon enthoufiafme pour cette premiere des républiques, eft trop réfléchi pour être aveugle; je fuis loin d'approuver les inftitutions qu'elle fit pour le malheur du monde : fon patriotifme étoit prefque toujours un attentat contre le repos des nations; & Caton terminant toutes les délibérations du fénat par le confeil de détruire Carthage, n'eft plus à mes yeux la loi vivante de Rome, mais l'ennemi du genre humain.

Nous, qui avons fous les yeux les codes divers des nations, qui pouvons nous instruire par leurs loix, & nous éclairer par leurs fautes, comment n'avons-nous jamais adopté que les mœurs des états énervés, & les institutions des barbares ? C'étoit la Rome des Scipions & non celle de Justinien qui devoit nous donner son code & ses mœurs : au lieu d'adopter le farouche point-d'honneur des Welches, il falloit faire censeurs de la nation les Sulli, les Catinat & les Montausier ; mais sans leur permettre d'opiner au parlement, pour rendre Londres esclave, ou pour noyer la Hollande.

Je desirerois aussi, pour la perfection de la morale des états, qu'il y eût un opprobre légal attaché à ces vices du cœur, sur lesquels le magistrat se tait, & qui ne sont punis que par les remords : il y avoit dans l'ancienne Perse des loix contre l'ingratitude ; Xénophon obferve qu'elles préparerent la grandeur des fuccefseurs de Cyrus : mais lorfque cette digue, qui arrêtoit le débordement des mœurs, commença à s'écrouler ; lorfque le defpotifme dans les grandes familles de l'état eut fubftitué au nom de pere celui de maître ; alors l'empire, fermé à la nature, s'ouvrit de toutes parts à l'épée d'Alexandre.

Le défaut le plus grand des légiflations eft peut-être de n'avoir attaché aucune récompenfe à la vertu : on diroit qu'elles ne croient pas les bonnes actions compatibles avec la vie fociale ; elles ne fuppofent pas plus la poffibilité des citoyens vertueux, que Rome ne fuppofoit la poffibilité des parricides.

Et qu'on ne dife pas que la vertu eft affez récompenfée par l'eftime tacite des gens de bien : qu'eſt-ce que la froide bienveillance d'une centaine de ſages obſcurs, auprès de la confédération formidable de tant d'hommes méchans par caractere ou par foibleſſe, qui occupent toutes les avenues de la ſociété, qui diſtribuent en deſpotes le mépris ou la conſidération ; qui réuniſſent à l'art de donner aux vices les couleurs de l'honnête, celui d'imprimer ſur l'honnête le burin du ridicule ?

J'en appelle à la bonne foi : penſe-t-on, par exemple, que le ſuffrage d'une douzaine de philoſophes pratiques, fût un encouragement ſuffiſant pour les bonnes mœurs dans une ville immenſe où la jeuneſſe s'inſtruit à jouir, comme les anciens Spartiates s'inſtruiſoient à voler ; où l'épidémie du libertinage a gagné le théatre (*a*), la bonne compagnie & jufqu'aux livres de morale; où dans la foule des attentats contre l'union conjugale, le public ne fe joue que du mari qui fe plaint, de la femme qui rougit, & de l'amant adultere qui ne s'en vante pas.

Dans une fociété naiffante, un crime tel que l'adultere entraîne peut-être avec foi fon fupplice; mais auffi dans une fociété naiffante il n'y a point d'adultere.

(*a*) Comment la fcene françoife, confacrée au génie & à la vertu, conferve-t-elle George-Dandin, cette nouvelle farce des nuées, deftinée à jouer, non la philofophie, mais le nœud facré du mariage? Et toi, immortel Moliere, comment as-tu fait fervir quelquefois à fapper la morale, la plume que le goût t'avoit donnée pour jouer les ridicules? Tu étois fi grand par toi même; pourquoi te faire le rival d'Ariftophane?

C'est lorsqu'un état affaissé par le luxe penche vers sa décadence, qu'il faut le remettre debout, en encourageant les bonnes mœurs; c'est alors que le législateur doit choisir le théatre le plus élevé pour y placer la vertu; c'est alors qu'on doit renouveller les mariages samnites, & multiplier les fêtes de la rosiere de Salency.

Je pourrois m'étendre encore sur la morale des états; mais le germe de toute ma politique est déjà dans le cœur de l'honnête homme, & dans le roman immortel de Télémaque (*a*).

(*a*) *Le Télémaque*, dit un magistrat éloquent, *cette protestation immortelle de la raison humaine contre les erreurs de la politique; ce livre des mœurs des rois & des hommes, où la poésie est devenue la sagesse, & la fiction la vérité sublime: ce livre instructif & consolant, où l'ame entiere se*

Les nations ne sont que des individus de la société universelle ; ainsi la morale des états est essentiellement la même que celle des particuliers ; & donner des mœurs à l'homme physi-

MORALE DE L'HOMME PHYSIQUE.

repose avec délices dans le sein des Graces & des Vertus : ce livre qui plaît tant, & qui fait qu'on se plaît tant à soi-même ; parce qu'on se trouve meilleur après l'avoir lu. *Discours sur les mœurs, par M. Servan, pag. 58.*

Personne n'étoit plus en état de peindre Fénélon, & peut-être de le remplacer que cet orateur même, qui dans tous ses plaidoyers s'est montré l'apôtre des mœurs ; qui, né avec le génie de Démosthene, y a réuni l'ame de Montausier, & à qui il n'a manqué peut-être que de respirer l'air & l'atticisme de la capitale, pour consoler la France de la perte de d'Aguesseau.

Je n'ai jamais vu ce magistrat, je ne le connois en aucune sorte ; mais j'ai lu ses ouvrages, & son éloge déjà placé dans mon cœur, s'est trouvé naturellement sous ma plume.

que, c'est en donner au genre humain.

PARTIE II.
L'HOMME
SEUL.

J'ai dit qu'il y avoit un ordre moral pour l'espece humaine; mais tous les individus ne se prêtent pas de même à ses loix; & cette différence qui dépend de leur organisation, doit en mettre aussi dans la maniere de les gouverner.

Il y a des hommes dont l'insensibilité fait la base du caractere : ces froides statues ne se vivifient jamais au feu du patriotisme, la douce amitié fermente rarement dans leur ame, l'impétueux amour n'y cause aucune explosion; de pareils êtres, que les naturalistes devroient ranger dans la classe des zoophytes plutôt que dans celle des hommes, ont besoin d'efforts violens pour sortir de cet anéantissement : il faut que le législateur les secoue, & ce n'est que par des coups de tonnerre qu'on peut interrompre en eux le sommeil de la nature.

S'il se trouvoit un peuple aussi malheureusement organisé, il seroit peut être utile d'effrayer ses scélérats par l'appareil des supplices extraordinaires, & d'y introduire la législation japonoise, malgré son atrocité : si ce peuple avoit un théatre, ses Sophocle ne devroient être que des Shakespear; & le gouvernement ne devroit y tolérer d'autres drames qu'Atrée, Barnevelt & Beverley.

L'apathie est en général le fléau de la morale; parce que ce n'est que par les passions que la loi peut mener l'homme à la vertu.

Il y a des états dans la société qui conduisent naturellement à cette apathie fatale, qui éteint dans le cœur tout sentiment d'humanité : à cet égard on diroit que la nature a jeté dans le même moule l'homme riche, le despote, le philosophiste, les conquérans & les bourreaux.

Il y a aussi des manieres de vivre qui, en émoussant la finesse des organes, détruisent peu à peu cette douce sensibilité qui est la base de la vertu: à tempérament égal, le paisible habitant des villes doit avoir plus d'humanité que ce marin, qui, presque toujours éloigné de la société des femmes, vit sans cesse dans un élément orageux & en contracte bientôt la dureté.

Le climat où l'on vit influe si fort sur la sensibilité, que le changement des saisons suffit quelquefois pour en apporter dans le caractere. Montesquieu avouoit à ses amis que dans les ardeurs de la canicule, son ame &
son

son intelligence lui paroissoient usées, & qu'il ne pouvoit alors ni faire une action de vigueur, ni travailler à l'esprit des loix. Henri III aux approches de l'hiver renvoyoit ses mignons, s'appliquoit aux affaires; & Paris étonné retrouvoit son roi (a).

(a) M. de Saint-Lambert, qui paroît avoir étudié profondément l'homme physique dans une note de son *poëme des saisons*, observe, d'après plusieurs autorités respectables, que des grands crimes dont l'histoire fait mention, la plupart ont été commis dans le tems des fortes gelées.

« Alors, dit ce philosophe sensible, les fibres
» raccourcies & plus arrosées d'esprits & de sang
» dans l'étendue qui leur reste, ont plus de force
» & de ressort : l'ame agit plus sur elle-même, &
» les pensées ont plus de suite & de profondeur :
» alors on se trouve plus disposé à la colere, à la
» vengeance, à la haine & à tous ces crimes

PARTIE II.
L'HOMME
SEUL.

Le principal objet de l'attention des législateurs en morale, doit regarder la diversité des tempéramens (*a*) : il est certain que les passions qui naissent d'une combinaison particulière des principes dont le corps est composé, sont de la plus grande activité, & subjuguent tôt ou tard l'entende-

» atroces dont l'homme foible ou heureux n'est » jamais capable. »

Voilà de quelle façon ont observé des hommes tels que Pythagore, Tacite, Montagne & le Président de Montesquieu. Par-là on lie la physique à la morale, & on fait servir au bonheur de la terre les spéculations stériles des académies.

(*a*) Les gens de goût sentent assez qu'un discours philosophique de la nature de celui-ci, n'étant qu'une série de faits liés entr'eux par des idées neuves ou utiles, ne peut comporter cette unité dramatique qu'on exige d'un discours d'apparat, qui, ne roulant que sur un seul objet, se trouve si aisément lié par des phrases.

ment : quand le tempérament eſt bien dirigé, l'homme eſt un héros; mais auſſi quand il eſt vicieux, il devient un monſtre : le miſanthrope qui propoſe alors le couteau d'Origène pour éteindre une paſſion fondamentale, n'eſt qu'un empirique parmi les médecins de l'ame; il ne ſait pas que le tempérament tient à l'organiſation, comme le tiſſu fibrillaire qui en eſt le ſiege, & qu'on ne peut le détruire ſans détruire la machine elle-même.

Hyppocrate, Sydenham & Boerrhaave établiſſent quatre tempéramens primitifs, ſur leſquels doivent repoſer les principes de la morale de l'homme phyſique.

L'homme phlegmatique, dont les fibres ſont ſans ceſſe abreuvées par une ſéroſité qui leur ôte leur reſſort, avec ſes organes délicats, ſon imagination froide, & son ame sans énergie, est l'enfant, ou, si l'on veut, le vieillard de la nature.

Un tel être n'éclaire le monde, ni ne le bouleverse : comme il a rarement une ame à lui, il faut l'empêcher de s'isoler, l'entourer d'hommes actifs qui lui donnent un caractère, & vivifient ainsi, pour la société, l'automate de la nature.

Ce principe de l'organisation & de la vie, qu'on peut appeler le feu élémentaire, est d'ordinaire très-foible dans l'homme phlegmatique ; il conviendroit donc de remonter sa machine par l'usage de ces alimens pleins de sucs & de ces boissons ignées qui procurent de la tension aux nerfs, de la rapidité aux fluides, & des esprits générateurs au cerveau : ce qui tue l'homme à imagination ardente, serviroit alors à multiplier l'exiſtence de l'homme phlegmatique : & voilà comme la morale, à l'exemple de la médecine, tire des remèdes du ſein même des poiſons.

L'organiſation du mélancolique n'eſt peut-être pas dans la nature ; c'eſt un eſpèce de tempérament factice, né d'une vie ſédentaire, de l'éloignement de la ſociété & quelquefois de l'abus des plaiſirs, qui ſe manifeſte d'ordinaire vers l'âge de trente ans, & qui conduit par une vie malheureuſe à une mort prématurée, & ſouvent au ſuicide (a).

―――――――――――

(a) Un naturaliſte moderne qui a travaillé ſur la génération, prétend qu'on ne trouve guère les mélancoliques dans les petites villes, encore moins dans les campagnes ; mais il en a rencontré à chaque pas dans ces capitales de l'Europe, où les hom-

PARTIE II.
L'HOMME
SEUL.

Un homme d'une telle constitution est naturellement porté à la rêverie; son imagination se concentre sur un objet & l'épuise : lui seul peut concevoir ces haines réfléchies, qui conduisent à des crimes qui étonnent la nature : & l'histoire, en effet, a rangé dans la classe des mélancoliques Atrée, Tibère, & cette Catherine de Médicis, qui fit signer à Charles IX le massacre de St. Barthélemi·

Quand on réfléchit sur les desordres que cet affreux tempérament a fait naître, on est tenté de s'indigner contre la nature humaine. Le mélancoli-

mes, pressés étroitement les uns contre les autres, semblent se disputer l'air qu'ils respirent : --- Il est bien singulier que des hommes ennemis de la société ne puissent vivre que dans les grandes sociétés.

que porte tout à l'excès, & sur-tout la dépravation : s'il est né ambitieux, il sera régicide comme Cromwel; s'il est amoureux & jaloux, il fera boire le sang de son rival à sa maîtresse ; s'il écrit contre les philosophes, il fera l'apologie de l'assassinat juridique des Calas & du massacre d'Irlande.

Il est donc de la dernière importance, pour la sûreté des états, que les médecins & les moralistes se réunissent pour affoiblir, dans les citoyens aussi malheureusement organisés, le poison lent de la mélancolie : leur imagination a besoin, non de grands spectacles, mais de spectacles variés; il faut substituer à la doctrine attrabilaire qu'ils ont adoptée, la morale douce & riante de la nature ; le cénobisme sur-tout doit leur être interdit, à moins que leur état ne soit désespéré; car alors

MORALE
DE
L'HOMME
PHYSIQUE.

F 4

il peut être utile à la société qu'ils entrent tout vivans dans la tombe; comme il est bon qu'un pestiféré se tue pour sauver la vie à cent mille hommes.

L'être le plus social est, sans doute, celui qui a un tempérament sanguin : cette chaleur douce qui circule avec son sang dans ses veines, cette vive sensibilité que produit en lui l'abondance du phlogistique, cette gaieté charmante que fait naître le libre usage de tous ses organes, tout concourt à augmenter l'aménité de son commerce; mais comme tant de qualités physiques sont toujours réunies à l'inconstance, le moraliste ne doit point s'en laisser imposer par cette apparence brillante; & sous le marbre extérieur du tombeau, il doit pressentir le vuide qu'il renferme.

Il est certain que l'homme sanguin n'a d'ordinaire que les idées du moment : sans cesse entraîné par le flux & le reflux des passions contraires, tous les grands spectacles glissent sur lui, & ne font qu'effleurer la superficie de son ame : incapable également de grands crimes & de grandes vertus, il acquiert l'amitié plutôt que l'estime de tout ce qui l'environne, & meurt enfin regretté, mais sans faire époque.

MORALE DE L'HOMME PHYSIQUE.

Pour que cet être sensible, mais léger, fût le modèle des pères & le héros de l'amitié ou du patriotisme, il suffiroit donc de fixer toutes les facultés de son ame par une passion dominante : donnez-lui un caractère, & il deviendra le chef-d'œuvre de la nature.

L'homme bilieux se fait tout seul :

né avec un tempérament vigoureux & une tête fortement organisée, il imprime nécessairement, à tout ce qu'il fait, un grand caractère : son ambition est celle de Mahomet, son patriotisme celui de Caton ; & sa haine celle de Coriolan.

Quand il aime, il a tout le délire des Sapho ; l'objet aimé & son cœur sont les seuls êtres qui existent dans la natute, & le reste de l'univers s'anéantit devant lui.

S'il écrit, ses ouvrages sont profondément pensés ; il épuise son sujet, & lui seul ouvre & ferme la carrière (*a*).

(*a*) Les oracles de l'ancienne médecine ont observé que les plus célèbres athlètes de la Grèce furent bilieux. L'histoire fait la même remarque de quelques-uns de ces philosophes qui ont fait secte :

Voilà l'homme sur lequel la loi doit veiller sans cesse : comme son esprit n'est point fait pour le repos, il faut que ce soit elle qui fournisse de l'aliment à son activité : le génie réunit deux hommes bilieux tels que Cromwel & Marc-Aurèle ; il n'y a que la morale qui les sépare.

Il suit de ces observations philosophiques, qu'on pourroit faire un code moral, divisé suivant l'échelle graduée des tempéramens.

Le citoyen apprendroit par ce code

---

cependant il n'y a rien de commun entre la bile & la gymnastique, ou l'art de faire des systêmes. Ce n'est donc que par la vigueur des organes, que suppose la bile, qu'il se trouve quelque rapport entre Milon, qui tue un taureau d'un coup de poing, & Newton, qui indique aux planètes l'ellipse où elles doivent faire leur cours.

PARTIE II.
L'HOMME SEUL.

à se donner un caractère, ou à diriger celui qu'il a, sur le plan de la vertu.

Persuadé que le premier besoin de l'homme est l'homme même, il regarderoit le pacte social comme une loi sacrée de la nature.

Il sauroit que la base de toute législation est l'utilité particulière de chaque individu ; mais il distingueroit avec soin cet intérêt aveugle & momentané qui ne procure que des jouissances destructives, de cet intérêt éclairé & permanent qui conduit au bonheur par des sacrifices.

En réfléchissant sur ce code, il apprendroit que l'héroïsme de la vertu consiste à exiger peu des hommes, & à leur faire tout le bien possible ; à ambitionner la gloire de faire à la fois des heureux & des ingrats.

Il simplifieroit les principes de ses devoirs, & reconnoîtroit que toutes les vertus humaines reposent sur la double base de la justice & de la tempérance : la tempérance, qui nous fait abstenir de ce qui peut nuire aux autres & à nous-mêmes ; la justice, qui nous porte à faire jouir chacun de l'être & du bien-être (*a*).

Ce code, s'il étoit bien fait, préviendroit en quelques pays les difficultés innombrables que les têtes mal organisées ont fait naître, de tout

---

(*a*) On compte d'ordinaire quatre vertus primitives ; mais pourquoi mettre en ce rang la force, qui ne se donne point, & la prudence, qui n'est point distinguée de la raison ? Le nombre de quatre est-il sacré pour nos moralistes, comme celui de trois l'étoit pour les disciples de Pythagore ?

PARTIE II.
L'HOMME SEUL.

tems, contre la morale; il prêteroit des armes pour couper à la fois toutes les têtes de l'hydre du fanatisme, & pour rendre inutiles les cent mille bras du despotisme; il se liroit avec fruit à Londres, à la Mecque & à Isaphan; & le théisme, le seul culte qui ait sa racine dans le ciel, y reconnoîtroit ses principes en même tems que les Orphée, les Numa & les Zoroastre, y puiseroient les dogmes sacrés de la nature.

Me sera-t-il permis, en finissant ce discours, de faire connoître dans quelles dispositions il a été écrit, ainsi que mes autres ouvrages, & dans quel esprit il faut les lire?

La nature m'a fait aussi pacifique que Socrate; jamais ma plume n'a flétri les hommes, ni attaqué les verités éternelles de la morale ; il n'y a point de liens sacrés que je n'aie tenté de resserrer : j'ai su respecter jusqu'à ces erreurs douces qui blessent, il est vrai, l'œil sévère du philosophe, mais qui peuvent contribuer au bonheur du vulgaire des hommes.

Quand je parle de DIEU & de notre immortalité, je m'exprime avec vigueur, & ma plume se trouve quelqu'énergie ; lorsque je pressens dans l'histoire de la nature quelque vérité inconnue, j'adopte le scepticisme, & je ne demande que lui à mes lecteurs.

S'il m'étoit échappé, dans mes ouvrages, quelque principe qui pût contrister un ame sensible & honnête, je le désavoue hautement ; & je prie qu'on pardonne aux erreurs de mon esprit, en faveur de la pureté de mon cœur.

PARTIE II.
L'HOMME
SEUL.

Je n'aspire point à la gloire d'Erostrate : une seule larme que j'aurois fait verser à un lecteur sensible, un seul remords que j'aurois arraché à l'ennemi de la morale; voilà le but de mes travaux & leur récompense.

DE LA PHILOSOPHIE DE LA NATURE.

SECONDE PARTIE.

L'HOMME SEUL.

JE regarde l'homme comme un modele exposé par la nature aux regards des artistes : chacun le dessine suivant le point de vue où il est placé : mais je ne crois pas que personne ait eu l'audace d'en faire une statue, & de la jeter en fonte avec toutes ses proportions ; c'eſt preſque toujours l'homme de ſa petite ſociété que chaque moraliſte a étudié, & non l'homme de la nature.

Le ſublime viſionnaire Platon & le bon Plutarque ont crayonné çà & là quelques traits ſur l'homme dans leurs nombreux écrits ; mais ce ne ſont que des traits : ne prenons pas pour des tableaux d'une ordonnance ſupérieure de ſimples eſquiſſes, fuſſent-elles de Rubens & de Michel-Ange.

Marc-Aurele pouvoit tracer le grand tableau que je propoſe ; mais ſon livre n'eſt qu'un recueil indigeſte de ſes penſées ; & il ne faut point en accuſer ſa mémoire : ce grand homme étoit trop occupé de faire le bonheur des êtres intelligens, pour avoir le loiſir de le peindre.

Montagne eſt peut-être l'écrivain qui a donné le plus d'idées pour jeter en fonte d'un ſeul jet la ſtatue de l'homme : la ſonde de la philoſophie à la main, il pénètre dans les replis les plus cachés du cœur ; rien ne lui échappe de ce que le méchant cache à tout ce qui l'environne, & de ce qu'il voudroit se cacher à lui-même; il connoît l'homme, comme Promethée connoissoit sa statue, parce que tous les deux semblent n'avoir travaillé que sur leur propre ouvrage.

Malheureusement Montagne étoit organisé pour être le plus indépendant des hommes; l'idée de faire un ouvrage long & pénible, qui demandoit un plan & des détails, & auquel il devoit rapporter toutes ses connoissances, ne se présentoit à lui qu'avec les entraves qui l'accompagnent, & effrayoit son esprit, qui ne vouloit approfondir tout qu'en paroissant tout effleurer : aussi les essais de ce grand homme sont moins un excellent livre qu'un recueil d'excellens chapitres : ils doivent être le manuel du philosophe qui exécutera la statue de l'homme : mais cette statue est encore à faire.

Divers auteurs célèbres parmi les modernes ont encore écrit sur l'homme, mais sans qu'on puisse les mettre en parallele même avec

Montagne, parce que l'idée de fonder la morale de l'homme fur la nature n'étoit chez eux qu'une idée accessoire qui plaisoit moins à leur imagination que certaines rêveries philosophiques auxquelles elle s'étoit arrêtée : c'est ainsi que Pope & Shaftesbury n'ont décomposé l'homme que pour le bercer de la folie de l'optimisme, & Leibnitz pour bâtir son édifice aérien des monades.

Ordinairement c'est l'homme de leur secte, & non l'homme de tous les tems & de tous les lieux, qu'ont sculpté nos moralistes, avant que l'aurore de la philosophie vînt luire sur l'Europe : l'homme de Nicole est un dévot ; celui de Pascal est plus respectable, malgré ses préjugés ; c'est un solitaire de Port-Royal.

Richarson étoit bien plus en état que des sectaires de tracer l'homme de la nature ; ce Richarson qui, pour mieux observer la société, vécut tant d'années dans son sein sans parler, & qui trouva le secret d'arracher de nous, pour des êtres frivoles & des noms imaginaires, ces larmes du sentiment que nous n'accordons que malgré nous au malheur de tout ce qui nous environne. La postérité regrettera long-tems que cet homme célèbre, au lieu de faire l'histoire de l'homme, n'ait fait que le roman de Clarisse; quoique Clarisse soit, avec Télémaque, le plus beaux roman qui soit sorti de la main des hommes.

Marivaux est encore un des écrivains qui a soulevé le plus le rideau qui nous cachoit l'homme; au travers de ses subtilités & de son froid néologisme, on apperçoit un profond observateur à qui il n'a manqué que du goût & de la hardiesse pour devenir un des plus grands peintres de l'espèce humaine; des hommes plus célèbres que lui, mais qui ne le valoient pas, l'ont méprisé de son vivant ; mais la génération présente commence à le venger de l'injustice de nos pères; & avant quarante ans, ses juges aussi bien que lui feront à leur place.

Depuis que les presses de l'Europe sont

moins chargées d'entraves, & que la plume du philosophe a la permission d'être utile, on a senti la nécessité de refaire l'homme manqué par les artistes qui nous ont précédés; & les plus beaux génies se sont réunis à fournir les matériaux nécessaires pour la fonte de la statue.

A leur tête, il faut mettre l'auteur d'*Emile*, cet homme digne, par ses talens & par son ame, de nous faire moins regretter les beaux siècles d'Athènes & de Rome : il a conduit l'homme du berceau à l'adolescence; & qui pouvoit mieux que lui le mener, le flambeau de la nature à la main, jusqu'à l'instant où il entre dans la tombe ? — Si *Emile* n'est encore qu'un enfant, il faut s'en prendre au fanatisme, qui craignoit d'être anéanti, s'il lui permettoit de devenir homme.

Une plume non moins éloquente que celle du citoyen de Genève, mais un peu plus circonspecte, avoit fait avant lui de l'homme physique l'objet de ses recherches; on voit que je veux parler du Pline de la France : ſes diſcours ſur l'homme, ouvrage d'une tête meublée d'idées & de faits, ſont, ſi on en écarte la partie ſyſtématique un des plus beaux monamens que la phyſique ait érigé à la raiſon ; & s'il n'a pas fait dériver de notre organiſation la chaîne de nos devoirs, c'eſt que ſon plan étoit d'écrire, non la morale de la nature, mais ſon hiſtoire.

L'HOMME SEUL.

Un auſſi beau génie que le comte de Buffon, l'immortel Helvétius avoit conçu en même tems que moi l'idée d'écrire un code moral pour l'eſpèce humaine, fondé ſur la philoſophie & tiré de la nature ; & j'attendois l'impreſſion de ſon livre pour brûler le mien : il a paru enfin ſous le titre de *l'homme & de ſes facultés intellectuelles* : cet ouvrage, comme tous ceux qui ſont ſortis de la plume de cet homme célèbre, étincelle d'idées neuves & de vérités hardies ; mais il m'a ſemblé, au defaut d'enſemble qui s'y fait entrevoir, que c'étoient des penſées ſur l'homme, plutôt qu'un traité de l'homme : j'ai regretté auſſi que la moi-

Partie II. tié de ce livre ne fût qu'une apologie déguisée de celui de *l'esprit*, & l'autre une critique amère d'*Emile* & des prêtres. — J'ai écouté en silence le jugement des sages, & mon manuscrit a été conservé.

DU BONHEUR.

LIVRE PREMIER.

MON but dans un ouvrage de la nature de celui-ci, est uniquement de travailler au bonheur de l'espèce humaine; mais ce but seroit difficilement apperçu par cet ordre de lecteurs qu'il faut conduire jusqu'à la derniere page d'un livre philosophique pour les convaincre de la droiture des intentions du philosophe : semblables à cet égard à ces sauvages qui ne soupçonnent le dessein d'un architecte, que quand ils voient le comble d'un édifice.

Avant de décomposer l'homme je vais donc examiner si le bonheur est fait pour lui, & où il doit le chercher : c'est une perspective dont il a besoin pour charmer ses ennuis dans les landes sauvages qui lui restent à défricher : j'avouerai que j'ai besoin moi-même de tracer un pareil tableau pour soutenir ma plume, que d'un côté la prudence de de mes amis condamne à rester oisive, & que de l'autre le fanatisme & le despotisme concourent à m'arracher.

CHAPITRE I.

Principes sur le bonheur.

L'Amour du bonheur est le grand ressort qui fait agir l'homme ; il imprime à l'ame un mouvement qui lui donne de l'énergie, & assure au corps la continuation de son existence.

L'amour du bonheur ne diffère point de l'amour de soi; ainsi quand Nicole & la Rochefoucault ont défendu à l'homme de s'aimer, ils lui ont défendu d'être heureux.

Le desir de se conserver est le premier effet de l'amour de soi ; mais cet effet ne se fait évidemment appercevoir que dans les êtres qui sont à la tête de l'échelle animale. Un chêne qu'on va renverser n'a point l'idée de sa destruction ; un agneau que des loups à deux pieds & à tête intelligente vont égorger, ne soupçonne pas qu'il va devenir la proie de tout homme qui n'est pas disciple de Pythagore.

L'amour de foi bien dirigé conduit l'homme au bonheur. Mais le bonheur exifte-t-il fur cet amas de fange, où quelques infinimens petits fe difputent la gloire de végéter & de mourir ? Voilà un grand problême ; mais la fin de ce livre en donnera la folution.

Nous fommes au rang des êtres mixtes : il faut donc nous envifager fous un double rapport.

L'homme intelligent fent, penfe & fe détermine ; l'homme machine fubit les loix du mouvement, fait ufage de fes organes, & engendre des êtres qui lui reffemblent.

Il n'y a point de modification dans l'homme qui lui foit indifférente, parce qu'il n'y a point de fentiment moyen entre le plaifir & la douleur. Pincez légérement une des cordes fenfitives, l'homme eft heureux ; augmentez un peu l'ébranlement, il fouffre ; le mal & le bien fe touchent par leurs extrémités, & il n'y a point d'efpace intermédiaire.

Le bonheur phyfique dépend fort peu de

nous ; pour le bonheur moral, le sage a des moyens de se le procurer ; c'est à résoudre ce problême que tend la morale de la nature.

L'HOMME SEUL.

Le bonheur est pour les êtres sensibles une suite d'instans voluptueux. Comme ils ne peuvent continuer d'exister que par le sentiment du plaisir, il s'ensuit que le bonheur existe dans la nature.

L'homme gravite vers son bonheur, comme la matière tend au repos : ôtez-lui sa liberté, & il sera constamment heureux.

On peut être heureux sans avoir la conscience intime de son bonheur. Un grand qui s'ennuie le cherche à grands frais sans l'atteindre. Un philosophe disserte sur sa nature sans en jouir ; mais souvent un rustre, qui n'a ni livres ni argent, est heureux.

Suivant notre manière d'être actuelle, le bonheur n'est que la somme des plaisirs qui reste quand on a retranché celle des maux : nous devons être très-satisfaits lorsqu'après le calcul il reste zéro.

Il semble que l'homme seroit constamment

heureux, s'il étoit constamment sans desirs ; mais il est aussi impossible de vivre sans desirs que sans tête : l'action est essentielle à l'ame, comme l'est aux poumons la faculté de respirer.

Nous avons si fort dénaturé l'essence du plaisir, que nous le cherchons ordinairement par-tout où il n'est pas : lorsqu'ensuite nous appercevons le néant du bien dont nous jouissons, nous disons tranquillement, le bonheur est une chimère.... Insensé ! déchire ton bandeau, & tu ne nieras pas l'existence du soleil.

Le bien & le mal semblent les deux limites de notre existence ; si nous nous plaignons d'avoir inutilement parcouru la carrière qui les sépare, c'est que nous sommes partis du bien pour aller à sa rencontre.

L'ame sent le bonheur, elle le connoît, elle le desire ; ainsi toutes ses facultés concourent au même but, & l'homme a trois titres pour exiger de la nature qu'elle le rende heureux.

Si l'homme peut être heureux, ce n'est que par un noble usage de ses facultés : je réduis dont tout ce livre à un principe : je connoîtrai le bonheur, si je n'altère point l'organisation de mon corps, si je dirige mon entendement à la vérité, & si j'exerce ma volonté à la vertu.

L'HOMME SEUL.

CHAPITRE II.
Du Plaisir.

Partie II.

On a fait de profondes dissertations sur la nature du Plaisir ; c'étoit prouver qu'on ne l'avoit jamais goûté. La meilleure manière de traiter d'un être aussi superficiel, c'est de l'effleurer.

Tout ce qui agit avec mollesse sur les organes du sentiment fait naître le Plaisir ; mais si ces sensations causent dans les fibres nerveuses des secousses trop violentes, elles produisent la douleur. Il n'y a rien qui approche plus de la douleur qu'un grand Plaisir.

Grace à l'activité de notre imagination, la jouissance continue des plaisirs modérés nous devient insipide ; il faut qu'ils deviennent à chaque instant plus piquans pour pouvoir nous affecter : voilà pourquoi le bonheur est déjà loin de nous, que notre ame altérée le cherche encore.

Il suit auſſi de cette théorie que le bonheur ſeroit un être de raiſon pour nous, ſi nous le regardions comme une continuité de PLAISIRS. Cette ſérie de momens voluptueux eſt incompatible avec la foibleſſe de nos organes; l'excès du PLAISIR anéantiroit bientôt notre machine, & notre ame ne jouiroit plus qu'au milieu des ruines.

On juge du PLAISIR par ſon intenſité, & du bonheur par ſa durée.

Un inſtant du PLAISIR le plus vif, peut être mis en parallele avec pluſieurs années de bonheur. La première fois qu'Ovide jouit de Corinne, ou lorſqu'Archimède découvrit le problême de la couronne d'Hyeron, ils vécurent peut-être cent ans.

Ce n'eſt peut-être pas un paradoxe, de dire qu'un être qui ne connoîtroit qu'un ſeul PLAISIR ne s'en dégoûteroit jamais; il eſt aſſez probable que la plante ſenſitive ne connoît d'autre PLAISIR que celui de l'exiſtence; & ce PLAISIR unique ſuffit pour la lui conſerver. Pour nous qui courons ſans ceſſe de jouiſſance en jouiſſance, nous ne les goûtons pas, parce que nous en faisons la comparaison. Notre imagination suppose toujours des PLAISIRS plus grands que ceux dont nous jouissons, & cela nous empêche d'en sentir la pointe; nous ne sommes pas heureux, par cela seul que nous desirons toujours de l'être.

On distingue communément les PLAISIRS intellectuels des PLAISIRS des sens: à parler dans l'exactitude philosophique, les derniers n'existent pas, parce qu'il n'y a que l'ame qui reçoive les impressions du PLAISIR.

Cependant comme l'ame a plusieurs facultés, elle goûte aussi plusieurs sortes de PLAISIRS; la faculté sensitive éprouve des PLAISIRS physiques; la faculté intellectuelle jouit des PLAISIRS moraux; & l'imagination, qui paroît un être mixte, partage, peut-être, les PLAISIRS de la faculté sensitive & ceux de la faculté intellectuelle.

Les PLAISIRS mixtes semblent particuliérement l'apanage de la jeunesse; les PLAISIRS des sens sont de tout âge, mais ils s'affoiblissent à mesure qu'on jouit de la vie: enfin les PLAISIRS de la raison ne conviennent qu'à l'âge mûr ; mais plus on en jouit, plus ils augmentent d'activité.

L'HOMME SEUL.

L'homme que les PLAISIRS rendroient le plus heureux, seroit peut-être celui qui joindroit la plus grande modération dans les desirs à la plus grande sensibilité ; qui, avec de grandes passions, ne se procureroit que de petites jouissances ; qui auroit les organes du plus fort des hommes, & la raison d'un demi-dieu.

CHAPITRE III.

DE LA SENSIBILITÉ.

PARTIE II.

L'ANATOMIE a remarqué dans les fibres une espèce de force tonique, qui tend sans cesse à les raccourcir, & qu'on regarde comme le premier principe de la SENSIBILITÉ: cette force se trouve dans un tilleul, comme dans un singe, parce que ces deux êtres vivent, & que vivre c'est sentir; mais l'homme en jouit dans un degré supérieur, parce que la nature a perfectionné en lui les organes du sentiment; il peut devenir le plus heureux des êtres, parce qu'il en est le plus sensible.

Toute sensation de l'ame est liée à un mouvement de fibres sensitives; ainsi le genre nerveux a un rapport intime avec le système des passions. Lorsque ces cordes toniques ne sont que légèrement ébranlées, l'ame jouit d'une heureuse sérénité; mais si elles éprouvent des vibrations trop fortes & trop précipitées, l'ame est en convulsions par le flux & le reflux des passions tumultueuses.

Le tissu des fibres est très-délicat dans l'enfance ; elles s'ébranlent alors très-aisément, mais avec une certaine foiblesse ; aussi un enfant que le moindre objet affecte, n'est point susceptible des grandes passions. Dans un âge mûr les fibres acquièrent de la solidité ; les mouvemens sont plus rares, mais ils ont plus de force ; c'est alors que les grands caractères se développent, que Montesquieu crée l'esprit des loix, & que César pleure sur une statue d'Alexandre. Dans la vieillesse les fibres perdent leur mollesse & leur flexibilité ; la SENSIBILITÉ s'altère ; les passions perdent leur vigueur, & l'ame n'a plus de jouissances.

Cette théorie sur la SENSIBILITÉ, étoit nécessaire pour résoudre le problème du bonheur. Il est certain qu'il y a des hommes que la nature a mieux partagés que d'autres pour les organes du sentiment : ceux-là sont nés plus heureux, parce que toute leur ame est, pour ainsi dire, ouverte aux impressions de la volupté.

Ces hommes si bien organisés ne peuvent goûter ainsi toutes les douces palpitations du PLAISIR, sans être aussi exposés à sentir toutes les pointes de la douleur; ils éprouvent avec la même vivacité les douceurs & les tourmens attachés à l'existence.

Vu la manière dont l'espèce humaine a altéré la nature, il est constant que les commotions impétueuses qui tendent à détruire l'organisation du principe sensitif, sont beaucoup plus communes que les douces impressions qui le conservent; ainsi l'homme a ordinairement plus d'occasions de souffrir que de jouir.

Beaucoup de philosophes qui ont remarqué que la somme de la douleur excédoit pour nous celle du plaisir, en ont conclu que l'unique moyen pour être heureux étoit de se rendre insensible.

Il paroît difficile d'acquérir l'insensibilité physique; cependant on ne doit pas la mettre dans le rang de la pierre philofophale. Dans les premiers fiècles de notre monarchie, on a vu des hommes qui faifoient métier de s'expofer aux épreuves judiciaires, pour de timides accufés (*a*) : toutefois ces charlatans n'étoient pas philofophes.

Pour l'infenfibilité morale, connue fous le nom d'apathie, elle n'eft pas faite pour l'homme ; celui qui la cherche, eft un infenfé ; celui qui dit l'avoir trouvée, eft un impofteur.

Zénon, qui a eu tant d'idées abfurdes fur les premières caufes, mais qui a été fi utile au genre humain par fa morale, faifoit de l'infenfibilité l'unique principe de félicité pour tous les êtres ; fuivant ce philofophe, Jupiter poffédoit effentiellement l'apathie, & le fage en avoir befoin pour le devenir (*b*).

(*a*) *Voyez hift. géner. de France*, par Dupleix, *tom.* I, *pag.* 487.

(*b*) Tel eft le fens qu'on doit attacher à ce paffage de Sénèque. —— Le fage, abandonné de toute la nature, deviendra... ce que devient Jupiter, quand le monde étant décompofé, tous les dieux étant confondus dans la maffe,

Il est heureux pour le genre humain que Marc-Aurele, le héros du stoïcisme, n'ait pas été jaloux de cette apathie, & que son ame ait été active, malgré les livres de Zénon, & l'exemple de Jupiter.

Tâchons de faire naître des doutes sur ce système singulier de l'insensibilité; nous réussirons peut-être par-là à jeter quelques lumières dans la nuit profonde qui semble voiler le bonheur.

L'insensibilité physique est contraire à l'ordre général; si la nature avoit voulu nous en faire part, elle nous auroit placés au-dessous des élémens de la matière, & non dans la classe des humains.

La douleur est pour nous un signal qui

---

la nature reste quelque tems immobile & sans action; Jupiter alors se repose en lui-même, & se livre a ses pensées : —— *Qualis est Jovis cùm resoluto mundo & diis in unum confusis, paulisper cessante naturâ, acquiescit sibi, cogitationibus suis traditus.* Senec. *Epist.* 9. —— L'obscurité de ce texte vient de ce que chez les Stoïciens les mots de Dieu, de nature & de Jupiter sont synonymes; ainsi, contre l'usage ordinaire, ce passage peut être clair pour les lecteurs superficiels, mais à coup sûr il ne l'est pas pour les philosophes.

nous avertit de veiller à notre conservation : si nous sommes insensibles, ce signal n'est plus entendu ; & l'ame n'est avertie du danger qui la menace que par la dissolution de sa machine.

On ne veut être insensible que pour être exempt de souffrir; mais l'absence du PLAISIR est pour l'homme équivalente à la douleur.

Si l'insensibilité physique pouvoit jamais être utile, ce ne seroit qu'à cet élève de l'Aretin qui, ayant épuisé à vingt ans toutes les douceurs de l'existence, ne gouverne son corps énervé qu'à l'aide d'une intelligence abrutie, ne s'occupe de l'idée du bonheur que pour en regretter l'absence, & ne recueille plus que la douleur, où il moissonnoit le PLAISIR : mais cet homme blasé a trop outragé la nature pour en attendre des faveurs ; & il est juste qu'il soit encore sensible, du moins pour souffrir.

Je regarde l'apathie comme le grand œuvre des philosophes. On y a attaché le souverain bien, & on s'est également trompé dans l'effet & dans la cause ; car il n'y a point d'apathie ; & le souverain bien n'est pas plus fait pour l'homme, que la souveraine intelligence.

Pour posséder l'insensibilité morale des philosophes, il faudroit changer la structure organique des fibres sensitives, ou faire combattre sans cesse l'entendement avec les sensations. Le beau projet, pour devenir un homme parfait, de cesser d'être homme !

Les passions sont aussi nécessaires au bien-être de l'ame, que les membres à l'organisation du corps; un philosophe qui les anéantit pour être heureux, ressemble à Origène, qui se mutile pour être chaste.

Un vrai stoïcien n'existe pas, ou il est un monstre : vouloir ne rien desirer, ne rien sentir , & ne rien aimer, c'est vouloir être anéanti.

Le partisan de l'apathie est l'ennemi de la société; il substitue aux hommes de génie, des esprits pusillanimes; aux enthousiastes de la vertu, de frivoles discoureurs; & aux héros de la patrie, de froides statues.

La vraie philosophie consiste à établir un

juste équilibre entre les passions, & non à les anéantir; à faire son bonheur de celui de la société; à brûler pour la vertu, & non à mutiler son ame (*a*).

L'HOMME SEUL.

(*a*) On verra dans la suite de nouvelles idées, contre la théorie de l'apathie, *lettres posthumes de Fontenelle & du docteur Young.*

CHAPITRE IV.

D'un paradoxe du livre de l'esprit

PARTIE II. UN homme célèbre a dit : *Il y a des hommes si malheureusement nés, qu'ils ne sauroient être heureux que par des actions qui les menent à la grève* (a). — Cette assertion m'a étonné dans un philosophe qui n'apprend jamais qu'à douter.

Quoi ! Héliogabale ne pouvoit être heureux qu'en violant toutes les dames romaines, & Néron en embrasant sa patrie ?... Eh ! que

---

(a) De l'esprit, pag. 574. de l'édit. in-4°. — *La philosophie de la nature* me procura la connoissance & l'amitié de l'immortel Helvétius : quand on proposa une seconde édition de cet ouvrage, je lui offris de retrancher ce chapitre : mais ce grand homme me répondit en propre termes : non, mon ami, nous écrivons tous deux pour la vérité ; & de petits intérêts ne doivent point nous faire changer ; au reste je suis plus flatté de votre critique, que des éloges de ce peuple de journalistes, qui me loue sans m'entendre.

deviendront les hommes, s'il prend envie à trois ou quatre monstres couronnés de trouver leur bonheur à les égorger ?

Non, non, la nature n'est point en contradiction avec elle-même ; elle n'a point de caprice qui tende à anéantir ses loix éternelles. Elle ne dit point à un individu : je t'ai créé pour être utile à ce globe ; & à un autre : je t'ai fait naître pour le renverser.

Les tyrans du genre humain ne sont pas nés pour désoler la terre, comme un tigre semble né pour déchirer des cerfs. La nature s'est contentée de leur donner le germe des grandes passions ; ce germe, heureusement développé, devoit faire un Corneille ou un Catinat ; mais modifié par une mauvaise éducation, par un vil intérêt ou par l'exemple des scélérats, il fait des Catilina, des Alexandre VI, & des Cromwel.

Faisons raisonner César Borgia, suivant le principe du livre de l'esprit, & voyons ce qu'il pouvoit répondre au pape Jules II, qui le menaçoit du dernier supplice pour venger le saint siége, l'Italie, & l'humanité (a).

« De quoi m'accuse votre sainteté ? Il ne dépendoit pas plus de moi de naître vertueux, que de ne pas être le bâtard d'un pape. Quand j'ai assassiné le duc de Candie mon frère, je n'ai fait que suivre l'impulsion de la nature; elle me disoit qu'un sage obscur ne vaut pas un souverain parricide.

» Il est vrai que j'ai empoisonné plusieurs cardinaux, que j'ai appelé l'ennemi en Italie, que je suis devenu le tyran de plusieurs villes libres ; mais telle étoit ma destinée, comme c'est la vôtre de gouverner avec modération, & de me tenir dans vos fers.

» Je trouve mon bonheur à ensanglanter l'Italie, comme Titus trouvoit le sien à s'en faire adorer : suis-je libre de ne pas desirer mon bonheur ?

» Vous m'opposez des loix ! Ces loix sont

___

(a) Ce Borgia étoit le plus audacieux des hommes ; il avoit pris pour devise ces paroles *Aut Cæsar, aut nihil* ; s'il avoit eu plus de talent, il auroit été l'un & l'autre.

» l'ouvrage des hommes, & moi je suis celles
» de la nature.

» Il ne vous est pas plus permis de me
» menacer du dernier supplice, parce que
» j'ai suivi mes penchans, qu'à un philoso-
» phe de frapper un aveugle né, parce qu'il
» n'entend pas son traité d'optique.

» Si vous trouvez votre bonheur à me faire
» périr, usez de la loi du plus fort, j'y con-
» sens; mais ne m'opposez point des princi-
» pes que mon cœur m'empêche d'adopter;
» frappez, mais ne raisonnez pas. »

Je ne vois pas trop comment le pape Jules II, auroit pu réfuter de tels sophismes; il auroit fait trancher la tête à Borgia; mais trancher une tête n'est pas répondre à un homme de tête.

Il n'y a qu'un moyen de réfuter le bâtard d'Alexandre VI, c'est de nier le principe du livre de l'esprit; alors les scélérats n'ont plus de défense, les souverains ont droit de maintenir les loix, & la providence est justifiée.

L'homme de bien qui a écrit le livre dangereux de l'esprit n'a point vu toutes les conséquences qu'on pouvoit tirer de ses systêmes; il étoit trop heureusement né pour encourager au crime les hommes foibles qu'il vouloit éclairer. Ce n'est qu'aux philosophes qui honorent sa personne, qu'il appartient de réfuter ses paradoxes.

CHAPITRE

Tom. 2. Pag. 329.

CHAPITRE V.

Songe de Marc-Aurèle.

MARC-AURELE dormoit peu, parce qu'il gouvernoit cent millions d'hommes ; il pensoit pendant la nuit au bien qu'il pourroit faire, & il s'occupoit pendant le jour à exécuter.

L'HOMME SEUL.

Cependant les forces de son corps ne répondoient pas à la vigueur de son intelligence; il s'assoupissoit quelquefois malgré lui ; alors il faisoit des songes : & quels songes ! ils prolongeoient la douceur de son existence ; ils étoient sereins comme l'ame de ce grand homme.

Voici un des songes de cet empereur, qu'on a trouvé écrit en grec dans les ruines d'Herculanum. Ce monument ne sera pas indifférent aux philosophes. Un songe de Marc-Aurèle est plus utile au genre humain, que le réveil de vingt rois.

PARTIE II.

L'An douzième de mon empire, le trois des Kalendes de Mars, vers la troisième veille de la nuit, les dieux m'honorèrent d'un songe, moins pour me récompenser du peu de bien que j'ai fait au monde, que pour m'encourager à exécuter tout celui que je voudrois faire.

Je me vis transporté en un instant dans la sphère brillante où réside Demiurgos, le Géomètre par excellence. Tous les dieux étoient rangés autour de son trône; quand on les voyoit hors du palais, l'œil ne pouvoit soutenir l'éclat de leur majesté; mais dans le palais on n'étoit frappé que de la splendeur de Demiurgos.

« Approche, Marc-Aurèle, me dit l'Être
» des êtres, tu fais le bonheur de tes égaux
» dans la petite fourmillière que tu gouvernes;
» je veux t'apprendre à y faire le tien, avant
» que je te mette au nombre de ces intelli-
» gences qui portent mes loix dans les mille

» foleils que j'ai allumés au fein de l'efpace. »

J'étois tombé aux pieds du grand Être, & je croyois n'exifter que par le fentiment de la reconnoiffance, lorfqu'un nouveau fpectacle vint réveiller ma curiofité. Tout-à-coup un nuage, qui étoit au-deffous de moi, s'entrouvrit, & j'apperçus une efpèce de Sybarite, couché fur un lit de rofes auprès d'une jeune beauté à demi-nue; il chantoit à demi-voix en me regardant :

L'Homme seul.

  Foible mortel, né pour mourir,
 Laiffe-toi confoler par la voix d'Epicure;
 Que ta vertu confifte à ne jamais fouffrir.
 Veux-tu te réveiller au fein de la nature ?
 Viens t'endormir dans les bras du PLAISIR (*a*).

(*a*) Gaffendi auroit fait un grand procès à Marc-Aurèle, fi ce fonge avoit été découvert de fon tems. Suivant ce philofophe, Epicure ne conduifit à la volupté que par le chemin de la vertu; mais fes difciples oublièrent la route, & ils trouvèrent ailleurs un bonheur que leur maître s'étoit contenté de mériter.

Il ne feroit pas auffi aifé de juftifier Epicure fur le cours d'athéifme qu'il fit dans fon école d'Athènes; il plaça dans les intervalles des mondes quelques atomes fubtils, à qui il donna le nom de dieux. Ces êtres fupérieurs étoient fans mouvement dans leur retraite inacceffible; ils dormoient pour

M'endormir! dis-je alors en moi-même; non, non, mon ame est trop active pour goûter un bonheur qui ne seroit qu'un songe. — On m'épargna le soin de réfuter Epicure, je vis un grouppe de malheureux s'approcher du lit de repos, maudissant la philosophie & l'existence; je distinguai parmi eux ce sénateur célèbre, qui engraissoit de la chair de ses esclaves les murènes de ses viviers; ce Vitellius qui ne régna que pour manger, & cette Messaline que le PLAISIR fatiguoit, mais sans la rassasier, & qui prostitua pendant tant d'années à la plus vile populace de Rome, l'honneur de son sexe & le lit des Césars.

Un petit homme, fort replet & sans barbe, se sépara de la troupe & vint dire d'un ton flûté à Epicure : « Ne suis-je pas comme toi le » fils de la nature? Pourquoi donc n'ai-je » jamais connu le PLAISIR? Serai-je à jamais

---

être fortunés, & ils regardoient sans intérêt les globes qui se pressoient autour d'eux, & dont la compression pouvoit à chaque instant les anéantir. — Il y a, je crois, peu d'hommes sensés qui enviassent la félicité des dieux d'Epicure.

» malheureux, parce que je suis né mal orga-
» nifé (*a*) ?

» O mon maître ! dit le philofophe Lucrèce,
» ton fyftême fur le bonheur n'a jamais fait
» le mien ; cependant j'étois né riche, robufte
» & voluptueux : les trois parties du monde
» contribuoient au luxe de ma table, mon
» palais ne cédoit en magnificence, qu'à celui
» de Lucullus : j'aimois avec emportement,
» & j'étois aimé de même : je cherchois le bon-
» heur par-tout, je ne l'ai point trouvé,
» parce qu'il n'étoit point en moi. Lucilia, qui
» defiroit auffi d'être heureufe, me donna un
» philtre pour me rendre plus amoureux ; ce
» philtre me rendit frénétique ; c'eft dans les
» intervalles de mon délire que j'interprétai

_____

(*a*) Au fond, l'école d'Epicure n'a jamais pu répondre à cet argument : les PLAISIRS des fens dépendent de la vigueur de ma fanté : la fanté dépend du méchanifme de mes organes ; mais ce méchanifme depend-il de moi ? Il m'eft donc auffi impoffible de faire mon bonheur, que de me créer de nouveaux fens. Que m'importent les beaux vers de Lucrèce & de Chaulieu ? ces poëtes chantent la volupté, mais ils ne la produifent pas. *Note de l'éditeur.*

» tes principes sur la nature des êtres ; je finis
» enfin par me tuer à quarante-deux ans, ayant
» goûté de tout, mais n'ayant joui de rien,
» environné de disciples que j'instruisois sans
» être persuadé, & chef d'une secte dont je ne
» serai jamais.

» Pour moi, s'écria avec un soupir le premier des Césars, la nature sembloit m'avoir
» formé pour être l'enthousiaste d'Epicure :
» j'étois le mari de toutes les femmes, & la
» femme de tous les maris ; mais je n'en étois
» pas plus fortuné. Je possédois & ne jouissois pas ; & quand mon délire voluptueux
» étoit calmé, je retrouvois au centuple le
» sentiment pénible de mes malheurs, & de
» mes attentats. Je ne me rappelle que deux
» instans de ma vie où le PLAISIR m'ait rendu
» heureux : c'est lorsqu'en pleurant sur la
» statue d'Alexandre, je me sentis la force
» d'égaler ce héros, & lorsque, percé au milieu
» du sénat de vingt-deux coups de poignard,
» j'eus la générosité de pardonner à mes assassins : le reste de ma vie, je n'ai point vécu. »

César parloit encore, l'orsqu'un spectacle

effrayant ramena mes regards du côté d'Epicure : je ne vis plus ce couple charmant ivre d'amour & de joie, dont les bras enlacés, la voix éteinte & les ames confondues, sembloient attester la félicité de leur existence. Pendant qu'on parloit autour des deux amans, le PLAISIR étoit déjà loin d'eux; les roses de leur teint se flétrissoient, & le feu de leurs regards commençoit à s'éteindre : bientôt la métamorphose entière s'achève ; les deux amis de la volupté deviennent des squelettes qui ont horreur de s'embrasser : le lit de fleurs sur lequel ils reposent prend insensiblement la forme d'un tombeau ; & Epicure d'une main glacée écrit ainsi son épitaphe :

<blockquote>
Ci gît le sensible Epicure :
Il chercha, définit, & chanta le PLAISIR ;
Mais celui qu'il goûta respiroit l'imposture ;
 L'homme a des sens, mais ne sait point jouir ;
  Il est créé par la nature
Pour chercher le bonheur, l'ignorer & mourir.
</blockquote>

Je vis ce désastre sans effroi, car j'étois auprès de Demiurgos ; je me sentois pénétré de son essence, & je partageois sa sérénité.

A peine les nuages se furent-ils réunis sur le tombeau d'Epicure, que je vis se former tout-à-coup un édifice aérien, dont la base étoit sur la terre, & le comble sembloit soutenir le palais de Demiurgos ; une multitude d'intelligences remplissoit l'intervalle des deux planètes, & formoit une chaîne immense, dont un génie placé sur la terre tenoit le premier anneau.

Ce génie étoit un philosophe qui paroissoit absorbé dans de sublimes méditations : son imagination brillante s'occupoit à créer des rapports entre le grand Être, & les petits insectes qui rampent sur la terre : les hommes se pressoient avec fracas autour de lui ; d'indignes rivaux tâchoient de le punir de ses talens ; mais il écrivoit à la lueur des flambeaux que l'envie faisoit luire autour de lui : tant qu'il ne s'occupa qu'à méditer, je le pris pour Archimède ; mais il parla, & je reconnus Platon.

« Athéniens, disoit-il, je vous vois rougir
» d'avoir empoisonné Socrate, parce qu'il
» étoit plus éclairé que vous ; mais ce n'est

» pas par un vain mausolée que vous appai-
» serez sa cendre : protégez les philosophes,
» honorez le génie, cultivez la vertu ; c'est
» l'unique moyen de réparer le grand vuide
» que la mort du plus sage des hommes a
» laissé dans la nature.

» Vous desirez d'être heureux, & vous
» suivez en cela l'impulsion de la nature ;
» mais il n'y a que la philosophie qui puisse
» vous conduire au bonheur. Quand *l'Etre,*
» *toujours le même* (a) eut formé l'homme

L'HOMME
SEUL.

(a) Platon dont la vaste intelligence embrassoit tout le système des êtres, avoit des idées singulières sur les premières causes ; il ne reconnoissoit que deux substances primitives, DIEU & la matière ; il appelloit la première *l'Etre toujours le même*, & la seconde *l'être toujours autre*. DIEU renfermoit en lui trois principes, *l'être*, *l'idée*, & *l'ame du monde*. Cette *ame du monde* de son côté étoit triple : *une*, parce qu'elle n'habite qu'un seul corps, qui est celui du monde ; *double*, parce qu'elle est composée du bon & du mauvais principe ; & *triple*, parce qu'elle est pure raison à la circonférence, pure déraison au centre, & mixte dans l'espace intermédiaire. *Vid. Plutarch. de proc. an.* Le même philosophe *de Isid. & Osirid.* --- Brucker, *tom.* I ; & hist. des causes premières de l'abbé Batteux, *pag.* 275. --- M. de Voltaire dans ses mêlanges fait exposer par Platon lui-même une autre partie de ses paradoxes métaphysiques ;

» avec les principes de l'ame du monde, il
» lui fit part d'une légère émanation de sa
» raison éternelle; ce n'est donc qu'en culti-
» vant cet entendement sublime, qu'on peut
» se rapprocher sans cesse de la divinité; le
» souverain bien n'est que la science même
» de ce bien; apprenez à connoître, & vous
» apprendrez à jouir.

» La vertu est si belle qu'on ne doit la
» rechercher que pour l'amour d'elle-même.
» Socrate la contemploit lorsqu'il but la
» ciguë; & il étoit heureux.

» Ce n'est point aux vils sophistes, qui ont
» persécuté le sage, à calculer les plaisirs

---

quand il a assez long-tems raisonné, un de ses disciples lui dit d'un grand sang-froid, *& puis vous vous réveillâtes ?*

Il y a bien des causes qui nous rendent inintelligible la doctrine platonique; sa fureur d'étaler ses conoissances mathématiques jusque dans le sanctuaire de la morale; son dessein de ne former qu'un seul système de philosophie des principes hétérogènes de tous les sages qui l'avoient précédé; & sur-tout les figures orientales qu'il prodigue dans son style, & qui le font prendre sans cesse pour le rival d'Hésiode, plutôt que pour le chef d'une secte de philosophes. —— *Note de l'éditeur.*

» sublimes de l'entendement : que leurs ames
» pusillanimes célèbrent les voluptés des sens,
» elles ne sont pas faites pour connoître d'au-
» tres jouissances.

» Pour nous, que l'éternel Géomètre a
» pénétrés de son essence, n'existons que par
» la plus belle partie de nous-mêmes; élevons-
» nous à l'idée éternelle ; méditons, & nous
» serons heureux. »

Pendant que Platon parloit ainsi, ses disciples contemploient l'idée archétype, disputoient, sans s'entendre, sur les abstractions, & bâtissoient des mondes; le peuple admiroit ces philosophes, & croyoit partager leur bonheur en les admirant.

J'admirois aussi le divin Platon ; mais je sentois que le souverain bien ne consiste pas à faire des systêmes, & que dès qu'il faut raisonner pour être heureux, il faut exclure du bonheur les trois quarts du genre humain.

Tandis que je réfléchissois ainsi, Demiurgos fit un signe de tête; aussi-tôt le palais aérien disparut comme un nuage léger; la grande chaîne se rompit, & le philosophe qui la tenoit ne me parut plus qu'un rêveur sublime.

A peine le fantôme brillant, que l'imagination de Platon avoit produit se fut-il dissipé, que je vis à sa place une statue colossale dont l'œil humain ne sauroit calculer les rapports (*a*); sa tête reposoit dans le sein de Demiurgos, & ses pieds touchoient à un point de la dernière circonférence de l'univers; elle avoit l'œil fixé sur le torrent des siècles, qui rouloit à ses côtés avec fracas; & les mondes se pressoient autour d'elle sans troubler sa sérénité. Aux hommages que cette statue recevoit des dieux subalternes, & encore plus à une émotion extraordinaire qu'elle excita dans mon cœur, je reconnus la vertu .... la vertu, le plus sublime....; mais son éloge est fait, je l'ai nommée.

(*a*) Mahomet a été plus hardi que Marc-Aurèle; il a calculé dans son voyage au ciel, qu'un ange avoit 70 mille têtes, que chaque tête avoit 70 mille bouches, & que chaque bouche parloit 70 mille langues différentes: les Arabes, qui n'étoient pas géomètres, le crurent tous sur sa parole. — *Note de l'éditeur.*

Je détournai enfuite mes regards vers la terre, & je vis un fage en cheveux blancs, revêtu de la diploïde de Diogène, qui montroit du doigt la ftatue, & difoit aux hommes : « Les générations fe fuccèdent, les mondes » s'altèrent, les dieux fubalternes s'anéantif- » fent; mais l'être que vous voyez eft éternel; » toutes les intelligences defirent leur bon- » heur, & le bonheur n'eft que dans la » vertu. »

Ce précepteur augufte du genre humain, ce demi-dieu fur la terre, étoit Zénon (a), mon maître, & celui de tous les rois qui

---

(a) Il ne faut point juger de Zénon par fa phyfique, mais par fa morale. --- Que nous importe que l'effence de DIEU foit de l'éther, que le monde foit un grand animal fphérique qui renaît de fa cendre comme le phénix, & que les aftres fe nourriffent de vapeurs ? ces vieilles erreurs ne rendent pas l'homme plus heureux ou plus malheureux. Il n'en eft pas de même des principes des mœurs : fi un légiflateur fait en ce genre un mauvais raifonnement, il peut caufer le malheur de dix millions d'hommes.

L'antiquité n'eut point un pareil reproche à faire à Zénon. *Si je pouvois*, dit le célèbre Montefquieu, *ceffer un moment de penfer que je fuis chrétien, je ne pourrois m'empêcher de*

se regardent comme des hommes, & qui veulent gouverner des hommes.

Tout ce qu'il y a eu de plus grand dans l'espèce humaine, composoit une cour à ce philosophe; on y distinguoit particuliérement Thraseas & Pétus, les martyrs de la liberté romaine ; Sénèque, qui sauva pendant trois ans la terre des fureurs de Néron, & l'intrépide Caton qui trouva, à déchirer ses entrailles, un bonheur que César cherchoit en vain dans la conquête du monde.

Zénon, toujours l'œil fixé sur le simulacre colossal de la vertu, apprenoit aux sages du portique à gouverner toutes les facultés de

---

mettre la destruction de la secte de ce grand homme au nombre des malheurs du genre humain. Esprit des loix, liv. 24, ch. 10.

Trois auteurs fameux nous ont fait connoître la morale du portique ; Sénèque, Epictète, & l'empereur Marc-Aurèle. Si j'osois prononcer entre ces trois grands hommes, je me deciderois pour le dernier ; & ce n'est point une vanité de traducteur qui m'y engage ; il est certain que ce prince philosophe n'a ni la stérile fécondité du précepteur de Néron, ni l'aride concision de l'esclave d'Epaphrodite : l'homme d'esprit parcourt Sénèque, le misanthrope admire Epictète; mais le sage lit Marc-Aurèle. *Note de l'éditeur.*

leur ame, à braver les douleurs des sens & à conserver un sage équilibre entre la vie & la mort : les hommes appelloient ces principes, des paradoxes. Mais qu'on me montre des vérités qui aient été plus utiles à la terre que ces parodoxes.

Zénon jeta un regard sur moi, & je sentis une douce émotion ; je me tournai vers la statue, & les traits de flammes que ses yeux lançoient, embrasèrent mon ame : cédant alors à l'activité de mon enthousiasme, je me jetai aux pieds de Demiurgos : — « Etre des » êtres ! m'écriai-je avec transport, mes vœux » sont satisfaits, j'ai vu le bonheur : il ne me » reste qu'à mourir !... »

Je me retournai : déjà Zénon avoit disparu, la tête du colosse commençoit à se cacher dans les nuages, & tout-à-coup, il régna un grand silence dans la nature.

Alors Demiurgos parla ainsi : — « Des » atomes ont osé créer le bonheur suprême, » mais il est tout entier en moi ; & je cesserois » d'être le Dieu de l'univers, si je le parta- » geois avec quelque intelligence. Pour la

» félicité bornée dont j'ai permis à l'homme
» de jouir, je l'ai exposée à tes regards dans
» un triple tableau. Les trois principes de tes
» philosophes sont bons, mais il faut les
» réunir : chacun d'eux se trompe s'il parle
» seul, & la vérité résulte de leur union.
» N'oublie jamais que je t'ai donné des sens
» pour en faire usage, un entendement pour
» le diriger à la vérité, & une volonté pour
» pratiquer la vertu. »

Il dit : Je vis alors Platon, Epicure & Zénon réunis au pied de la statue de la vertu ; un nouveau trait de lumière vint pénétrer mon ame, & je me réveillai.

LIVRE SECOND.

DE L'AME.

L'HOMME SEUL.

Dans les premières époques du genre humain, on raisonnoit rarement sur l'ame; Il y avoit alors peu de métaphysiciens & beaucoup de gens vertueux.

L'art de disputer, naquit chez les Grecs : ce peuple, né avec des organes sensibles, parlant la plus belle langue de la terre, jouissant de la liberté, ayant du goût & du loisir, créa, pour ainsi dire, la métaphysique : ses sages méditèrent, combinèrent des systêmes sur les premières causes ; &, ce qui n'arrive jamais à la vérité, ils firent des sectes.

Les Grecs devenus esclaves des Romains, aspirèrent a une autre gloire qu'à celle qui avoit illustré les Miltiade & les Léonidas;

ils instruisirent leurs vainqueurs : l'Europe & l'Asie furent bientôt inondées de leurs sophistes, & la capitale du monde n'appesantit son joug politique sur eux, que pour subir elle-même la tyrannie de leurs opinions.

C'est un spectacle curieux pour le philosophe, que de voir comment ces sophistes grecs détruisoient tous les anciens systêmes sur l'ame, pour voir les leurs détruits à leur tour, par quiconque vouloit devenir l'architecte d'un monde métaphysique.

Il est inutile de parler ici de Rome : car ses philosophes n'ont fait que se traîner sur les pas des Grecs ; ils ont cité, traduit, commenté leurs principes métaphysiques, & n'ont rien créé d'eux mêmes, pas même des erreurs.

Pour nous, nous n'avons point existé avant Descartes : nos premiers siècles furent sans écrivains ; les suivans furent encore plus malheureux, car ils en eurent de mauvais. Je ne connois point, en effet, de tems plus barbare que celui où l'on se croyoit éclairé, parce qu'on étudioit l'éloquence dans Aquilégius, la philosophie dans Ferrabrit, & l'histoire dans les prophéties de Merlin.

Enfin Descartes vint; il anéantit les systêmes grecs; & le monde philosophique parut tourner sur un autre pivot.

Ce grand homme nous a appris à douter de tout ce que notre raison ne voyoit pas avec évidence; & quand il n'auroit jeté parmi les êtres qui pensent, que ce grand trait de lumière, il mériteroit qu'on lui pardonnât d'avoir fait de la bête une machine, & de DIEU un ignorant architecte.

Il n'y a qu'un pas dans la carrière métaphysique, entre Descartes & Leibnitz; car l'intervalle est rempli par des hommes d'esprit qui n'ont rien créé. Le philosophe de Leipsick fit de l'ame une monade, & expliqua tous les phénomènes de son union avec la matière par l'harmonie préétablie; une partie de l'Europe le crut, car il établissoit un nouveau systême : & qu'est-ce que la métaphysique sans systême?

J'admire beaucoup tous les hommes de génie qui ont voulu me guider dans le dédale de la métaphysique, quoiqu'ils m'aient égaré; mais je ne ferai point comme eux de syfiême; il me semble qu'en général un syfiême ne prouve rien, si ce n'eft l'efprit de fon auteur.

Pour éclairer l'homme fur la nature de fes devoirs, je me contenterai de faire l'analyfe de fes facultés : je le confidèrerai quelques momens, comme un être ifolé, abandonné par la nature dans le vague de l'efpace, & qui n'auroit befoin que de lui-même pour exifter & pour être heureux.

L'ame apperçoit, l'ame veut, l'ame fent : voilà donc trois facultés réellement diftinguées; c'eft ce qui conftitue l'entendement, la volonté & la SENSIBILITÉ.

On ne peut fe difpenfer de traiter ici de cette partie de la philofophie qui regarde l'ame humaine, & qu'on connoît fous le nom de pfychologie, parce que les grands principes de l'éducation repofent tous fur cette connoiffance : telle eft l'union intime de la théorie de cette fcience à la pratique, que, tout étant égal d'ailleurs, un pfychologue doit être meilleur père, meilleur ami, & meilleur citoyen qu'un homme qui ne l'eſt pas.

La pſychologie fournit de grands principes au droit naturel : il eſt en effet très-difficile de remplir les devoirs qui réſultent de l'union de l'ame avec le corps, ſi on ne connoît pas juſqu'à un certain point le méchaniſme de ſes facultés ; le ſage de la nature doit être pſychologue.

La morale doit à cette ſcience autant que le droit naturel ; car nos perceptions influent prodigieuſement ſur nos paſſions, en prêtant des couleurs au vice ou à la vertu, & en confondant leurs caractères. Montagne, Paſcal & Malebranche, n'ont répandu tant de lumières ſur la morale que parce qu'ils avoient étudié la pſychologie expérimentale.

Cependant, de tous les auteurs qui ont laborieuſement compilé des ſyllogiſmes ſur le droit naturel, il n'en eſt aucun qui ait traité de la pſychologie ; cette partie eſt totalement oubliée dans les écrits politico-naturels de Wolf, de Cumberland & de Puffendorff ; ils ont mieux aimé deviner les déciſions de notre intelligence, que de les trouver en étudiant son méchanisme; il doit y avoir une psychologie expérimentale, comme une psychologie raisonnée, c'est à la première que je m'attacherai; l'autre ne sert qu'à éveiller le génie du fanatisme, & à substituer l'art de raisonner à la raison.

Mais connoît-on un instrument assez exact pour faire des expériences sur l'ame ? Peut-on appliquer à notre intelligence ce prisme dont Newton se servit avec tant de succès pour décomposer la lumière ? Nos grands métaphysiciens en sont persuadés; j'en sais bien la raison ; c'est qu'ils croient tenir le prisme entre les mains.

Pour moi, dans une matière aussi délicate, mon imagination partagera la circonspection de ma plume; j'exposerai les systêmes sans en faire : je douterai où il faut douter; & s'il étoit quelqu'erreur douce qui fît la félicité de l'homme, je le conduirois le bandeau sur les yeux dans les labyrinthes du monde moral : car l'idée d'éclairer mes pareils, n'est que la seconde qui m'occupe : la première est de leur être utile.

CHAPITRE I.

De l'Ame univerfelle.

DE tous les romans philofophiques fur l'ame, celui qui paroît avoir fait le plus de fortune eft le dogme de l'ame univerfelle : les anciens imaginèrent une chaîne qui lioit, par des anneaux imperceptibles, l'atome à la divinité : cette chaîne defcendoit de Jupiter à l'homme ; de l'homme à la brute, qui a quelques étincelles de raifon ; de la brute aux plantes qui fentent, végètent, & ont des fexes comme les bêtes ; des plantes aux foffiles, qui partagent leur organifation ; & des foffiles aux élémens de la matière. Cette idée étoit grande ; elle formoit de la nature un feul tableau, & un acte unique de tout le fyftême des êtres.

On parut d'abord choqué d'une opinion qui donnoit une ame au foleil : l'homme fimple expliquoit les mouvemens de cet aftre par une méchanique particulière ; l'homme à imagination les attribuoit à la volonté du père de

Phaëton; mais le philosophe disoit au peuple & aux poëtes, qu'il étoit bien plus naturel de donner une ame à une planète, que de la faire mouvoir par ressort, ou de lui donner un char & un cocher.

S'il se trouvoit des esprits blessés de voir que l'intelligence suprême habitât une molécule de limon ou un corps de chenille, on leur répondoit qu'il n'y a rien dans la nature qui ne soit parfait à sa manière; que les défauts ne sont pas dans les êtres, mais dans l'esprit qui les compare, & que Jupiter voit du même œil la coquille de l'huître, & le corps de Pythagore.

Lorsque deux ou trois philosophes eurent imprimé leur sceau à cette opinion, on la regarda comme une de ces vérités éternelles qu'on ne prouve point, & qui servent à prouver tout; cependant on ne persécuta point ceux qui ne croyoient pas à l'ame universelle: chacun étoit libre de ne pas adopter les idées générales. Il est vrai qu'on méprisoit chez les Grecs, comme chez nous, ces hommes audacieux; mais du moins on les laissoit en paix.

Pythagore ayant trouvé, par hasard, les rapports proportionnels des sons (*a*), Timée en conclut que puisque DIEU avoit communiqué une portion de sa substance intelligente, à la substance brute de la matière ; il avoit suivi dans le mélange les gradations marquées dans l'échelle musicale (*b*) ; delà il donna

---

(*a*) On sait que ce grand homme, ayant entendu les marteaux d'une forge rendre avec précision plusieurs concordances de l'échelle musicale, résolut le problême en pesant les marteaux : il trouva alors que ceux qui pesoient le double des autres rendoient l'octave ; delà il conclut que l'octave étoit dans la proportion de 2 à 1, que la proportion de 3 à 2 donnoit la quinte, celle de 9 à 8 le ton, & celle de 80 à 81, le comma ou la différence du ton majeur & du ton mineur.

Pythagore, qui, de la résonnance de quelques marteaux de forge, tire les loix de l'harmonie, ressemble à Newton, qui, en voyant une pomme tomber d'un arbre, est conduit aux calculs sublimes de la gravitation.

(*b*) Un moderne qui a exposé avec clarté les systêmes des anciens sur les premières causes, explique ainsi cette échelle : Si on se représente la plus petite parcelle de la substance divine, qui descendit au centre du monde par le nombre 384, on doit se la représenter par le nombre 432, quand elle se rapprocha d'un degré de l'espace supérieur, parce qu'alors sa force augmenta d'un huitième ; la proportion de 384 à 432 figure donc le premier ton de l'ame du monde ;

à l'Etre suprême le nom d'éternel muſicien, comme Platon lui donna dans la ſuite celui d'éternel géomètre.

Zénon renchérit encore ſur Timée ; il repréſenta le monde comme un grand animal ſphérique, compoſé de matière & d'intelligence ; ou comme un feu artiſte, qui renferme en ſoi toutes les raiſons ſéminales des êtres ; ou comme une horloge animée, qui

---

cette intelligence s'accrut toujours par tons & ſemi-tons, juſqu'à la proportion double du premier nombre, c'eſt-à-dire, juſqu'à 768 ; telle eſt la première octave, ou le cercle de la lune ; la même gradation conduite par 36 nombres, juſqu'à la 27e. & dernière octave, repréſentée par 10,368, produit de 384 par 27, donne la dernière ſphère, c'eſt-à-dire, celle de Saturne ; enfin la ſomme totale des 36 nombres harmoniques de l'ame du monde eſt de 114,695 ; ce qui conſtitue l'échelle de ſes gradations, au-delà deſquelles ſe trouve la ſubſtance divine pure, ou l'enveloppe univerſelle de tous les êtres. — Hiſt. des cauſes premières, *pag.* 261 & 262.

Ce ſyſtême, fondé ſur des calculs d'algèbre, tomba quand on s'aviſa de ſubſtituer les faits aux conjectures. On découvrit que l'atome de la terre ne devoit point occuper le centre de l'univers : le téleſcope fit appercevoir autour des planètes des ſatellites qui ne ſuivoient point la progreſſion diatonique de Pythagore : l'aſtronomie ſe perfectionna ; & on rougit de ne faire de Dieu qu'un maître de muſique.

se plaît à compter elle-même les heures qu'elle est contrainte de marquer : mais tout le monde ne goûta pas cet animal, ce feu & cette horloge, & on ne pardonna à Zénon sa physiologie, qu'en faveur de la sublimité de sa morale.

Aristote, qui vouloit être créateur en philosophie, détruisit avec deux syllogismes le feu artiste de Zénon & la musique de Pythagore ; mais il n'osa toucher au grand principe de l'ame universelle, que la moitié de la terre regardoit comme le code de la nature.

DIEU, suivant ce philosophe, est l'éther de l'éther qui imprime un certain mouvement aux intelligences inférieures : celles-ci meuvent les cinquante-cinq sphères qui entrent dans le système céleste ; & l'influence sympathique des sphères, réunie aux entéléchies, c'est-à-dire, aux ames des individus, gouverne le monde sublunaire. — Pour Aristote, il a gouverné pendant vingt siècles la terre pensante, avec ces énigmes.

Suivant les principaux fabricateurs du roman philosophique de l'ame universelle, l'intelligence humaine descendoit du ciel avec la même facilité que Mahomet dans la suite y monta. Elle partoit de la sphère du premier moteur, se glissoit le long du zodiaque, depuis le cancer, jusqu'au capricorne, & quand deux êtres avoient sacrifié à l'amour, elle entroit dans le fœtus : les sophistes savoient précisément le jour où l'ame avoit quitté le ciel ; & l'instant où elle avoit vivifié le germe ; car DIEU avoit dit tout cela à Pythagore.

Au reste ce fameux législateur de l'Inde (*a*), ne créa point comme je l'ai déjà dit, ce système extraordinaire ; il ne fit que développer l'ancienne croyance qui sert encore de base, après plus de cinquante siècles, à la doctrine d'une classe de philosophes ; le Zoroastre de Babylone, Zabrab, Teucrus & d'autres, qui ne nous ont transmis que leurs noms, répandirent ce dogme sous le ciel brûlant de

_____

(*a*) Le précis de la doctrine de ce philosophe, nous a été conservé par Ciceron *de natur. deor. lib.* I, & par St. Justin, *cohort. ad gent.* 18.

la Chaldée; Orphée en Egypte en fit le fondement de la doctrine ésoterique, & les trois classes de savans révérés primitivement chez les Celtes, les bardes, les prophêtes & les druides, reconnurent dans la fange de leurs forêts ce grand principe qu'ils regardoient comme la clef de la nature (*a*).

Après Pythagore, ce dogme, comme le feu sacré, se conserva particuliérement dans la Grèce; la secte ionique disoit que l'espace immense étoit l'ame de la divinité (*b*); celle d'Elée confondoit l'unité d'un être avec l'unité de l'être (*c*), & celle d'Héraclite ne faisoit de la nature qu'un grand fleuve qui coule sans cesse dans le vuide (*d*). Tous ces philosophes avoient leurs paradoxes particuliers; mais les principes les plus contradictoires

---

(*a*) *Voyez* Syncelli chronogrophia, Pantheon ægyptiacum de Jablouski, & *histoire des Celtes*, par Pelloutier.

(*b*) *Cicer. de natur. deor.* lib. 1.

(*c*) *Arist. de Xenophan. Zenon. & Gorg.* cap. 6, *Stobæi adv. Matth.* 7—2, & dissertat. de l'abbé d'Olivet sur un passage de Ciceron, *tom.* 2 de la traduction du traité *de naturâ deorum.*

(*d*) *Cicer. de natur. deor.* lib. 3.

s'expliquoient par le dogme de l'ame universelle.

Rome n'eut point de philosophes à elle ; mais elle eut beaucoup de poëtes, & presque tous rendirent hommage au dogme de Pythagore. Le chantre sublime d'Énée (*a*) se réunit sur ce point avec le chantre voluptueux de Corinne (*b*).

(*a*) *Principio cœlum ac terras, camposque liquentes*
Lucentemque globum lunæ, titaniaque astra,
Spiritus intùs alit, totamque infusa per artus
Mens agitat molem, & magno se corpore miscet ;
Indè hominum pecudumque genus, vitæque volantum,
Et quæ marmoreo fert monstra sub æquore pontus.

Æneid. lib. 6. Voilà vraiment un poëte philosophe.

(*b*) *Omnia mutantur : nihil interit. Errat, & illinc*
Hùc venit, hinc illùc, & quoslibet occupat artus
Spiritus ; èque feris humana in corpora transit,
Inque feras noster ; nec tempore deperit ullo :
Utque novis fragillis signatur cera figuris,
Nec manet ut fuerat, nec formas servat easdem,
Sed tamen ipsa eadem est : animam sic semper eandem
Esse, sed in varias doceo migrare figuras
. . . .

Ovid. métamorphos. lib. 15. — Ovide & Virgile travailloient tous deux sur les idées de Pythagore ; mais ces deux grands hommes ne voyoient pas de la même façon. L'homme de génie crée les idées des autres ; l'homme d'esprit les imite, & le sot les copie.

L'Europe moderne n'a pas rompu la chaîne des sectateurs de l'ame universelle ; quand Spinosa dit qu'il n'y avoit qu'une seule substance, qui se modifioit de toutes les manières, qui étoit corps & esprit, cause & effet, il n'a fait que ressusciter le dogme de Pythagore, l'étendre & l'empoisonner.

A dieu ne plaise que je confonde le sage Malebranche avec le sophiste Spinosa ! mais quand ce beau génie a soumis DIEU, l'homme, & toutes les intelligences aux loix de sa raison universelle (*a*), a-t-il fait autre chose que substituer au mot d'*ame* celui de raison ? S'il eût été assez bon physicien pour rire des automates de Descartes, il auroit peut être rencontré en métaphysique le dogme de Pythagore.

L'ingénieux ministre Boullier, qui fait de la faculté de penser une propriété commune à tous les êtres immatériels, n'a fait encore que déguiser le grand principe de l'ame universelle ; en affirmant que la pensée en géné-

---

(*a*) *Voy.* son traité de morale, *tom.* I, *ch.* I & 2.

ral est le genre auquel se rapportent toutes les pensées de DIEU, de l'ange, de l'homme & de la brute (a), il va plus loin que Malebranche, mais pas si loin que Pythagore.

Le célèbre médecin Grew, qui suppose de l'analogie entre la manière d'être des corps, & celle des intelligences (b), est un vrai Pythagoricien. Newton, qui dit que DIEU est tout œil, tout bras, tout oreille, tout cerveau & tout entendement (c), l'est encore; & Leibnitz qui compose avec ses monades,

---

(a) Essai philosophique sur l'ame des bêtes, part. 2, ch. 3 & 4.

(b) Voyez cosmologia sacra, or a discourse of the universe, as it is the creature and Kingdom, of god, &c. By Dr. Nehemiah Grew, Fellow of the college of physicians, of the royal society London, 1701, livre second.

(c) Voici le texte tiré de ses principes mathématiques : --- DEUS totus est sui similis, totus oculus, totus auris, totus cerebrum, totus brachium; totus vis sentiendi, intelligendi & agendi.--- Il est vrai qu'il ajoute : Sed more minimè humano, minimè corporeo, more nobis prorsùs incognito. Newton admettoit l'ame universelle, mais sans vouloir l'expliquer

tous les êtres matériels & tous les êtres intelligens (a), l'est aussi.

N'est-il pas étonnant que les sectes les plus contradictoires tiennent entr'elles par un centre de réunion ? Il semble que le dogme de l'ame universelle soit un germe propre à être fécondé dans toutes les espèces de cerveaux.

Toutes ces considérations doivent rendre les philosophes circonspects, quand ils parlent de l'antiquité ; on ne sait pas combien de philosophes on attaque, quand on réfute Pythagore.

(a) Ces monades diffèrent cependant entr'elles, mais seulement par leurs degrés d'activité ; cela suffit pour qu'il n'y ait pas dans la nature deux êtres parfaitement homogènes. Ainsi le système des monades a conduit Leibnitz à son principe singulier des indiscernables.

CHAPITRE II.

Que les définitions philosophiques de l'ame n'ont fait que répandre des nuages sur la nature.

PARTIE II.

LE premier homme actif qui s'avisa de parler de l'ame, la définit par une image : il est certain que ce mot dans son origine ne veut dire que la respiration animale, qui paroît le principe de la vie; c'est le sens du *pneuma* des Grecs (*a*), qu'on a traduit avec exactitude dans toutes les langues de l'Europe. Ainsi tous les combats que depuis trois mille ans on livre avec fureur dans l'arène de la

___

(*a*) La racine de ce mot est *pneo*, je respire, je souffle : aussi Aristote s'en sert pour désigner le vent. Voyez *de mundo & politic.* lib. 4. Les Hébreux, dont l'idiome est si stérile, si vous le comparez avec la langue des Platon & des Sophocle, n'avoient aussi que le mot *rovah* pour désigner l'haleine du vent, & l'esprit de Dieu; ce qui ne laisse pas que d'embarrasser les théologiens, qui voudroient donner la logique des Leibnitz & des Berkley aux patriarches.

métaphysique, se sont élevés à l'occasion d'une métaphore.

Peu à peu les idées en ce genre deviennent plus subtiles. On supposa que cette ame, dont la respiration étoit le symbole, consistoit dans la partie la plus déliée des corps, & pouvoit subsister après la dissolution des organes : enfin, on en fit un être essentiellement distingué de la matière ; & l'arbre de nos connoissances acquit ainsi une branche de plus.

Mais cette respiration, symbole de l'ame, n'est qu'un nuage ajouté à un nuage. Il me falloit une définition plus précise du principe qui me fait penser. J'ai donc demandé aux philosophes de tous les âges ce que c'étoit que l'ame. Thalès m'a répondu que c'étoit une nature en mouvement ; Aristote, l'acte premier d'un corps organique ; Dicearque, les concordances des quatre élémens ; Anaxagore, de l'air ; Hyppon, de l'eau ; Lucrèce, un atome (a) ; Lactance, une lumière qui se nourrit

___

(a) Tous les systêmes des anciens philosophes sur l'ame, sont rassemblés dans un texte de Cicéron. *Tuscul. quæstion.* lib. 1, & dans un passage de Macrobe, *somn. Scipion.* lib. 1, cap 14.

de l'humeur du sang, comme la lumière de la lampe se nourrit de celle de l'huile (a); Épicure, Hobbes & Spinosa, un amas de corpuscules agités; d'autres enfin, de l'éther, une quintescence, un nombre, une entéléchie. — J'ai admiré toutes ces savantes définitions, mais je suis resté dans mon ignorance.

Platon, qui venoit de voir périr Socrate, parce qu'il étoit le plus sage des hommes, m'appelle dans son académie; il rêvoit profondément sur la nature de cette ame sublime, qui avoit long-tems vivifié Athènes, & qui auroit été anéantie, sans doute, si sa destinée avoit dépendu d'une sentence de l'aréopage: c'étoit à ce philosophe qu'il appartenoit de résoudre le grand problême qui m'occupoit; & je me prosternois à ses pieds pour écouter ses oracles. « Mes amis, disoit-il, l'homme est » le roi de la nature. L'éternel Géomètre en

_____

(a) *Videtur ergo anima similis esse lumini, quæ non ipsa sit sanguis, sed humore sanguinis alatus ut lumen oleo.* — De opif. DEI cap. 17.

» l'organifant lui donna trois ames, l'ame
» raifonnable qu'il plaça dans la tête, l'ame
» irafcible qu'il logea dans la poitrine, &
» l'ame concupifcible, dont le fiége eft dans
» les entrailles (a). La feule dont le fage faffe
» cas, eft celle qui eft le principe de notre
» entendement : voilà l'ame par excellence;
» c'eft le NOUS ou la penfée qui la conftitue :
» comme elle fait partie de l'ame univerfelle,
» elle jouit de fon éternité (b). Le NOUS de
» Socrate furvivra donc à la ruine du corps
» fragile qui l'emprifonne, & dépofera à ja-
» mais contre les NOUS dégradés des Anitus
» & des Ariftophanes. »

Mon NOUS n'étoit probablement pas de la nature de celui de Platon, car lorfque ce grand philofophe croyoit prononcer des axiomes, je crus n'entendre que des énigmes.

Dans mon incertitude, j'ai voyagé dans le monde de Defcartes. Ce philofophe, qui a in-

---

(a) *Ciceron. tufcul. quæft. lib.* I.
(b) Voyez les deux fameux dialogues, du *Phèdre* & du *Phédon*.

venté la matiere subtile ; la matiere cannelée, & les petits tourbillons, mais qui étoit un grand homme, m'a affirmé, avec Platon, que la pensée étoit l'essence de l'ame : j'ai repondu en bégayant à ce philosophe affirmatif, qu'un sujet n'étoit jamais sans son essence, & que, suivant son principe, il faudroit que l'ame pensât, non-seulement pendant le sommeil, mais encore dans le fœtus ; ce qu'il étoit fort difficile de me démontrer : j'ajoutai qu'il étoit évident que la pensée étoit une des facultés de l'ame ; mais non qu'elle en constituât l'essence. — Le philosophe de Stockholm me dit qu'il penseroit à cette objection, & il mourut en y pensant.

Un homme de génie, dans le fond de l'Allemagne, déclamoit avec force contre les anciens & les modernes ; il frayoit de nouvelles routes aux géomètres ; il détruisoit les systêmes, & en bâtissoit d'autres à merveilles ; c'étoit l'immortel Leibnitz. Je lui communiquai mes doutes : il me dit : l'ame est une monade; ou, si vous voulez, un miroir représentatif de l'univers. Dans cette tasse de café que je vais prendre, il y a peut-être une foule de monades qui feront un jour des ames humaines (a). Les monades qui me font raifonner, font des êtres simples, qui ne font pas plus dans le lieu que le point mathématique ; elles ont des rapports fans commerce réciproque, & elles agiffent avec harmonie fans aucun concert d'activité. — Je quittai Leibnitz, accablé de fon génie, mais tout auffi ignorant. Le dernier philofophe que j'ai confulté fur l'effence de l'ame, eft Locke ; ce bon homme me dit, avec fimplicité, qu'il n'en favoit rien ; & je fus guéri alors de la manie de tout favoir.

L'HOMME SEUL.

Je puis me tromper dans mes recherches ; mais je ne connois rien dans l'antiquité ni parmi les modernes qui m'ait autant frappé qu'un fragment de l'oraifon funèbre d'un parfis, qu'un homme de génie nous a confervé : il ne renferme que des doutes fur l'effence de l'ame ; mais ces doutes font fublimes ; ils

---

(a) Leibnitz, princip. philofoph. mor. géomctr. Theorem. lxxxvj, Schol. 3.

éclairent plus l'homme sans préjugés, que les dogmes des philosophes.

« O terre ! s'écrioit le disciple de Zoroaf-
» tre (a), ô mere commune des humains !
» reprends du corps de ce héros ce qui t'ap-
» partient : que les parties aqueufes, renfer-
» mées dans ſes veines, s'exhalent dans les
» airs ! qu'elles retombent en pluie ſur les
» montagnes, enflent les ruiſſeaux, fertili-
» ſent les plaines, & ſe roulent à l'abyme des
» mers d'où elles ſont ſorties ! Que le feu, con-
» centré dans ce corps, ſe rejoigne à l'aſtre
» ſource de la lumière & du feu ! Que l'air,
» comprimé dans ſes membres, rompe ſa pri-
» ſon ! Que les vents les diſperſent dans l'eſ-
» pace ! Et toi enfin, ſouffle de vie, s'il étoit
» poſſible que tu fuſſes un être particulier,
» rends-toi à la ſubſtance inconnue qui t'a pro-
» duit ! Ou, ſi tu n'es qu'un mélange des élémens
» viſibles, après t'être diſperſé dans l'univers,
» raſſemble de nouveau tes parties éparſes,

_____

(a) Le fonds de ce fragment ſe trouve, *hiſtoire de la religion des Banians*, ch. 9.

» pour former encore un citoyen vertueux » !

Avançons dans cette isle flottante qu'on appelle la métaphysique, & voyons si les routes qu'on y a tracées sont de nature à nous conduire à la vérité.

CHAPITRE III.

Des philosophes qui ont cru l'ame matérielle.

PARTIE II.

LE sujet que je vais traiter coûte trop à mon cœur pour ne pas fatiguer ma plume : mais je me livre à ce travail, quoiqu'avec une extrême répugnance, d'abord, parce que je dois des sacrifices à la vérité, avant d'en devoir aux hommes que trop de prudence rend pusillanimes ; ensuite, parce que les capitales de l'Europe étant peuplées de sceptiques qui ne croient pas à notre immortalité, il est nécessaire que je fasse dériver de leur façon de penser un code de morale qui ne trouble point l'harmonie des êtres intelligens.

Après des recherches profondes, il m'a semblé qu'avant Platon aucun écrivain de l'antiquité n'avoit transporté sur le théâtre de la nature un être essentiellement distingué de la matière.

Parménide, Pythagore & tous les sages qui ont cru à la métempsycose, regardoient l'ame comme la partie la plus subtile des corps qu'elle animoit ; & ils concilioient assez bien cette croyance avec le dogme de l'immortalité.

Ciceron, dont les cheveux avoient blanchi sur l'étude de la philosophie des premiers âges, après avoir pesé l'opinion de Platon, & le dogme bien plus répandu qu'il réfute, reste dans le scepticisme le plus absolu, & déclare que DIEU seul peut lever le voile qui couvre, à cet égard, les opérations de la nature.

Les premiers pères de l'église cherchèrent à concilier Platon avec l'évangile ; mais loin d'adopter l'idée philosophique d'une substance distinguée de la matière, ils organisèrent, comme nous, ces êtres inconnus que nous appellons des anges : ils supposèrent que dans l'origine des choses, ces espèces de demidieux abusèrent de nos femmes, & qu'il naquit de ce mélange des géants qui devinrent les tyrans de la terre (*a*). C'est l'histoire des Titans, d'Hésiode, rajeunie & défigurée par la plume des théologiens.

Tertullien, qui avoit plus de zèle que de logique, après avoir démontré, à sa manière, que l'ame humaine étoit de la couleur de l'air, prétend que DIEU même étoit corporel (*b*). Ce système, fait pour le peuple, a été dans la suite étayé de tous les sophismes de Spinosa; & c'est un fait bien merveilleux à mon gré, que l'excès de l'ignorance & l'excès des lumières conduisent également à l'anthropomorphisme.

Depuis la renaissance des lettres en Europe, jusqu'à l'époque où j'écris, il y a eu

---

(*a*) Telle a été la façon de penser des Philon, des Justin, des Arnobe, des Origène, des Clément d'Alexandrie, &c. Ce sont des faits que la théologie même, accoutumée à tout nier, excepté ce qui se passe dans le monde intellectuel, ne desavoue pas : le dogme de l'ame corporelle est consigné dans presque tous les ouvrages des trois premiers siècles chrétiens; je l'y ai trouvé en y cherchant des faits pour le réfuter.

(*b*) Lib. contrà prax. *de resurrect. caïn*, &c.

une chaîne, non interrompue, de philosophes qui ont confondu l'ame avec la matière; & s'il se trouve parmi eux des écrivains dont la mémoire a été dévouée à l'opprobre, leur liste offre un bien plus grand nombre encore de noms respectables : les théologiens n'ignorent pas ce fait ; aussi les plus éclairés de leurs controversistes se gardent bien d'en solliciter la preuve, pour ne point se voir écrasés par le poids des autorités.

Les zélateurs de la théologie, & malheureusement ils sont en grand nombre, parce que leurs chaires ont été de tout tems le foyer du fanatisme ; les zélateurs, dis-je, ont eu recours à un moyen bien extraordinaire, pour éluder ces autorités foudroyantes dont on les accable : c'est d'imposer à tous les philosophes, qui ne pensoient pas comme eux sur l'ame, un nom de secte : ils les ont dénoncés aux gouvernemens comme des matérialistes ; & ce nom, effrayant pour le vulgaire, qui se laisse gouverner par des mots, les a dispensés de les réfuter.

Les docteurs ressemblent un peu, à cet égard, à un confesseur de Louis XIV, qui s'imaginoit avoir confondu les provinciales, en disant que c'étoit l'ouvrage d'un janséniste. — Une génération se passe; le peuple s'éclaire; alors on est étonné de voir que le matérialisme, comme le jansénisme, sont des mots vuides de sens; & on rougit d'avoir persécuté l'homme de génie, pour servir la société d'Ignace, ou la sorbonne.

De toutes les hypothèses sur l'ame, celle qui l'anéantit, est, sans doute, celle qui blesse le plus ma sensibilité; mais enfin un matérialiste est un homme comme un théologien: si ses doutes sont raisonnables, il faut les exposer avec prudence; s'il s'égare, il faut le redresser, mais sans injures & sans anathêmes; parce que l'homme de bien ne défend pas une bonne cause avec les armes odieuses de l'intolérance.

Si le disciple de Zénon, de Locke & de Montagne descendoit dans l'arène philosophique le dilemme à la main, avec l'ami de

Platon & de Descartes, je m'imagine qu'il raisonneroit ainsi :

« Votre métaphysique est un monde in-
» connu dont vous créez vous-même la carte :
» vous le peuplez d'habitans, & je n'y vois que
» des déserts.

» Vous faites de DIEU un esprit téméraire :
» l'infini est entre vous & lui : adorez-le, &
» ne le définissez pas.

» Qu'est-ce qu'un esprit ? Le concevez-
» vous séparé du corps qu'il vivifie ? Croyez-
» vous qu'il sente sans organe, & qu'il rai-
» sonne sans tête ?

» S'il est essentiellement uni avec la machine
» qu'il anime ; s'il naît avec le fœtus ; s'il se
» développe avec les organes ; s'il semble
» s'éteindre sous les ruines du corps qui se
» décompose ; pourquoi en faire une substance
» distinguée de celle que je vois dans toute
» la nature ? Pourquoi mettre deux axes à
» une roue qu'un seul peut faire mouvoir ?

» Votre ame, quoique vous en disiez, ne
» se fait connoître à votre entendement que
» comme la négation de la matière : or, un

» être qu'on ne peut définir que par les qua-
» lités qu'il n'a pas, ne sauroit même être
» nommé dans la langue du philosophe.

» Voyez combien de contradictions en-
» traîne votre système intellectuel ; vous sup-
» posez l'ame essentiellement sans étendue, &
» vous croyez qu'elle agit sur l'étendue. Vous
» dites qu'elle n'occupe point d'espace, &
» vous la logez dans le cerveau ; vous lui
» refusez des points de contact, & par l'in-
» termède des organes, vous la faites commu-
» niquer à toute la nature.

» Il faut, dites-vous, un agent pour faire
» mouvoir la machine humaine, de sa nature,
» inerte & passive ; mais cet agent est la ma-
» tière même supérieurement organisée, telle
» que le *sensorium*. L'homme ressemble un
» peu à cette statue de Memnon, qui, au
» lever du soleil, devenoit d'elle-même so-
» nore : à la moindre sensation qu'il éprouve,
» le faisceau fibrillaire s'ébranle, les traces du
» cerveau se renouvellent, le *sensorium* réagit,
» & l'automate raisonne.

» Voilà une théorie d'autant plus sublime
» qu'elle

» qu'elle est plus simple ; mais comment au-
» roit-elle satisfait des hommes à imagination
» exaltée, tels que vos métaphysiciens? Aussi ne
» croyant pas pouvoir expliquer les opérations
» de l'entendement avec une seule substance,
» ils en ont créé une autre avec la baguette
» des enchantemens. Ils ont imité ces drama-
» tiques sans génie, qui ne pouvant dénouer
» une intrigue théatrale avec le fil de la rai-
» son, la dénouent avec des machines.

» Votre Platon est un rêveur pour qui
» le lit, non pour l'admirer, mais pour l'en-
» tendre ; il vous promène sans cesse dans le
» monde des abstractions ; il crée sur la terre
» les êtres intellectuels avec autant de facilité,
» que Ptolemée créoit dans le ciel des cycles
» & des épicycles. Ses dialogues, sur l'immor-
» talité de l'ame, sont d'un rhéteur plutôt
» que d'un philosophe ; & il falloit peut-être
» que Caton se tuât pour les rendre célè-
» bres.

» Le système de Platon menaçoit ruine,
» lorsque Descartes est venu le soutenir avec
» ses automates, Leibnitz avec ses monades,

» & Berkeley avec son univers sans matière ;
» mais ces appuis n'ont fait qu'accélérer sa
» chûte ; & l'édifice léger a entraîné, sous ses
» décombres, les échaffauds qui devoient ser-
» vir à le reconstruire.

» Le savant Hardouin voyoit des athées
» par-tout où il voyoit des hommes de génie.
» Je n'ai point, comme ce jésuite, réduit
» l'art de calomnier en syllogisme ; mais il
» me semble que la doctrine théologique qui
» interdit à l'Etre suprême la faculté de faire
» penser la matière, conduit à l'athéisme : car
» un esprit pur, qui ne peut spiritualiser le
» monde, n'a point de pouvoir sur lui ; &
» dès que la puissance suprême est limitée
» par un être quelconque, cet être est tout,
» & le DIEU théologique n'est plus rien.

» Tous les dogmes sur la substance intel-
» lectuelle reposent sur ce principe, que la
» matière & la pensée sont deux êtres essen-
» tiellement contradictoires. Examinons ce
» principe, & voyons si la colonne résistera
» en l'attaquant par la base.

» La métaphysique, qu'on pourroit définir

» la science de ce qui n'est pas, ne s'est jamais rabaissée à nous éclairer sur ce qui est:
» elle n'a jamais assez étudié la propriété des
» corps, pour prononcer sur leur essence.

» D'où sait-elle que l'étendue & la pensée
» ne peuvent être les propriétés de la même
» substance? Vous ne concevez pas, dites-
» vous, une pareille union; mais concevez-
» vous aussi que Sirius gravite vers notre
» monde planétaire, ce Sirius éloigné de
» nous au moins de cinq cent mille fois notre
» distance au soleil? Cependant la gravitation
» existe; & Newton, avec cette clef, a ouvert
» toutes les portes de l'univers.

» Non-seulement vous ne connoissez pas la
» matière, mais la pensée même se dérobe
» aux regards de votre entendement. En vain
» Locke, Condillac & Helvétius ont levé un
» coin du voile qui vous en cachoit le mé-
» chanisme; vous opposez des injures à leurs
» doutes philosophiques, & vous niez leurs
» expériences, au lieu de les refaire.

» L'ame, dites-vous, ne peut avoir les
» propriétés de l'étendue: elle n'est ni lon-

» gue, ni large, ni colorée, ni divisible :
» mais il en est de même du mouvement de
» la gravitation & des autres modifications de
» la matière ; cependant on ne s'est jamais
» avisé de mettre au rang des esprits purs le
» pouvoir qui meut les corps, & celui qui
» les fait tendre vers le centre de leurs sphè-
» res : on ne les a pas logés dans le monde
» intellectuel avec les ames des héros, les syl-
» phes & les archanges.

» Encore, si l'on vouloit réduire le maté-
» rialisme en système, ne seroit-il pas difficile
» de donner les propriétés de l'étendue à la
» pensée. Il est certain que l'ame ne forme
» des idées qu'à l'aide des mots qui les repré-
» sentent ; & ces mots démontrent la maté-
» rialité de ces idées : la pensée se divise,
» puisqu'elle a un commencement, une du-
» rée & une fin : le principe qui la produit
» agit dans l'espace ; il communique avec
» les corps ; & il faut bien qu'il soit maté-
» riel, puisque nos sens suffisent pour le
» juger.

» Le matérialiste peut être audacieux, mais

» du moins il est plus conséquent que le
» disciple de Platon. En n'admettant qu'une
» substance dans le monde, je coupe le nœud
» gordien ; mais mes adversaires, en y intro-
» duisant deux substances qui ne subsistent
» que pour se combattre, ne le coupent ni ne
» le dénouent. »

CHAPITRE IV.

De la philosophie respectable qui distingue l'Ame de la matière.

PARTIE II.

L'ABYME est traversé, & je me retrouve sous un ciel riant avec les grands hommes, à qui je dois mon immortalité.

Platon est peut-être le premier sage qui ait relevé la dignité de l'espèce humaine, en ne confondant pas le principe qui me fait penser, avec celui qui fait végéter une rose & mouvoir un polype ; mais de ce qu'on a été une foule de siècles sans soupçonner la nature de l'ame, s'ensuit-il qu'elle n'existe que dans l'entendement d'un philosophe ? Copernic n'a deviné que fort tard le vrai système planétaire ; cependant l'astronomie existe de tems immémorial, malgré les rêveries des observateurs de la Chaldée, & les erreurs des Chinois qui ont calculé les éclipses.

Il falloit bien que Platon ne fut pas tout-à-fait un visionnaire, puisque dans le pays du monde où on a abusé le plus de l'art de disputer, on embrassa avec avidité son hypothèse, comme celle qui expliquoit le mieux tous les phénomènes de la nature. Les sophismes d'Épicure, de Pyrrhon & de Diagoras disparurent, & les dialogues du disciple de Socrate restèrent.

Marc-Aurèle crut que l'infini séparoit l'ame de la matière. Ce Marc-Aurèle à qui nous devons le meilleur code de morale qui soit sorti de la main des hommes, & qui éclaira, en écrivain de génie, la terre, qu'il gouverna en sage.

A peine l'Europe fut-elle sortie de la barbarie, qu'elle se fit gloire de penser d'après Platon. On vit même les enthousiastes de ce philosophe chercher à concilier sa doctrine avec celle de nos livres saints, & croire encore honorer l'évangile.

Il est difficile de citer des autorités plus respectables que celle des philosophes qui adoptèrent le platonisme & qui le perfectionnèrent. Quels noms a-t-on à opposer à ceux de Descartes, de Leibnitz, de Pascal & de

Malebranche ? Le suffrage seul de Newton suffiroit pour écraser le matérialisme, si dans des matières soumises à l'examen de la raison, le suffrage d'un grand homme pouvoit balancer un syllogisme.

Au reste, les partisans des deux substances opposent des raisons à celles de leurs adversaires ; ainsi ils combattent à armes égales dans le champ de bataille de la métaphysique.

« Plus je replie mon âme sur elle-même, » dit le spiritualiste, moins je puis me per- » suader qu'il faille la confondre avec cette » faculté de recevoir les impressions des objets » extérieurs, que j'appelle la SENSIBILITÉ » physique, & avec celle de conserver l'impres- » sion de ces mêmes objets, que je nomme la » mémoire : la sensation n'est point la pensée, » & le principe qui me fait tressaillir de vo- » lupté en touchant le sein de mon amante, » n'a point de rapport avec celui qui me fait » trouver la solution des problèmes d'Archi- » mède.

» Si la matière pouvoit penser, la pensée

» seroit toute entière dans chacun des points
» de l'étendue ; & alors la trompe d'un élé-
» phant & le calice d'une tulipe, pourroient
» raisonner comme le sensorium d'un philo-
» sophe ; ou bien la pensée seroit éparse dans
» toute l'étendue, & alors elle seroit divisible
» avec elle : on auroit le quart d'une idée &
» un dilemme, ainsi qu'un nombre arithméti-
» que pourroit être divisé avec fractions.

» J'ai des perceptions, mais où est le MOI
» qui les combine & qui les modifie ? Si ce
» MOI est matériel, la perception ne pouvant
» affecter qu'un point de l'espace où il est ren-
» fermé, il se trouvera qu'il pense à la fois
» & ne pense point.

» Si ce MOI, qui apperçoit, qui veut, qui
» compare, a pour siége une partie du senso-
» rium , il y aura autant de MOI que des
» points dans cette partie du cerveau qui peu-
» vent être affectés d'une perception : ainsi ,
» au lieu d'une ame , en voilà cent mille ; &
» l'individu humain n'en sera pas mieux gou-
» verné.

» Épicure, Freret & la Mettrie n'ont adopté

» leur système erroné, que parce qu'ils n'ont
» pas défini les êtres que leur plume décom-
» pose. Avant d'examiner si un corps pense,
» il falloit se demander ce que c'est qu'un
» corps; la physique leur auroit bientôt dé-
» montré que sous ce nom il ne faut entendre
» qu'un assemblage de substances hétérogènes;
» & l'embarras de désigner dans l'homme la
» substance qui est le sujet de la pensée, les
» auroit ramenés, s'ils avoient eu de la bonne
» foi, au principe de l'immatérialité, qui est le
» dogme de la nature.

» Le système de l'ame spirituelle, ainsi que
» celui de l'ame matérielle, ont chacun leurs
» difficultés : c'est le sort de tout système ;
» mais le premier est bien plus digne du phi-
» losophe, parce qu'il relève son être, & qu'il
» aggrandit à ses yeux le théatre de la na-
» ture.

» Ce système est sur-tout bien plus conso-
» lant pour l'homme juste qui franchit les
» limites de son existence, & veut voir, dans
» le mal physique auquel il est en proie, le
» gage de la félicité qu'il espère, lorsque son

» ame, dégagée de ses entraves, s'élancera
» dans le sein d'un DIEU bienfaicteur, dont
» il a été l'image. L'immortalité de l'ame re-
» pose bien plus sûrement sur la base de la
» spiritualité, que sur celle du matérialisme.
» Il faut toute la sagacité du génie pour lier
» ce dogme des ames sensibles avec le système
» d'Épicure & de Pythagore ; mais il découle
» sans peine des principes sublimes de Platon
» & de Marc-Aurèle.

» Résumons. — Le matérialiste n'est point
» un scélérat; mais aussi le spiritualiste n'est
» point absurde. Puisque nous voulons tous
» deux étudier l'homme, laissons là cette lan-
» terne sourde de Diogène, qui n'éclaira ja-
» mais que celui qui la porta. Observons sans
» préjugé de secte ; raisonnons paisiblement,
» & ne persécutons personne. »

CHAPITRE V.

Des vérités que le sage soupçonne dans la psychologie.

PARTIE II.

ON mettroit en deux lignes tout ce que nous savons sur la théorie de l'ame; mais ce que nous ignorons sur cette matière, ne pourroit être exposé que dans d'énormes volumes.

Cependant comme j'écris pour tous les hommes, je me crois obligé de m'étendre un peu sur les vérités que le sage soupçonne dans la psychologie, & de me resserrer sur les questions où il ne peut que douter.

Il en est, parmi ces dogmes, que le sage desire plutôt qu'il ne les soupçonne. Je n'aurai point le courage barbare de m'appesantir sur les nuages qui les entourent: tant qu'une vérité cruelle n'est pas démontrée, l'illusion flatteuse qui la remplace doit entrer dans l'évangile de la raison.

ARTICLE I.

L'Ame exifte.

LE philofophe qui croit que tout eft matière, & celui qui croit que tout eft intelligence, font peut-être d'accord fur l'ame; ils en nient également l'exiftence.

<small>L'HOMME SEUL.</small>

Comme tout ce qu'on voit eft matière, on eft d'abord porté à fuppofer que l'étendue eft l'effence de tout ce qui exifte : ce raifonnement convient à la pareffe de l'efprit humain, & on l'adopte, non parce qu'il eft jufte, mais parce qu'il épargne des recherches.

Les hommes d'un génie actif, qui n'examinent les effets que pour découvrir les caufes, raifonnent différemment ; ils difent qu'un être fans vie & fans organe ne fauroit exifter ; que les foffiles ne forment point une matiere brute, par la raifon que la nature n'agit en eux que d'une manière fourde & enveloppée ; enfin, qu'il y a une force active répandue dans l'univers qui domine plus ou moins dans tous les êtres visibles : delà ils concluent que l'intelligence forme la substance de tout ce que nous voyons, & que la matière n'est qu'un instrument dont se sert cette substance pour déployer son énergie.

Ce système de Berkeley est un peu plus spécieux que l'hypothèse du matérialisme, mais il ne soutient pas les regards de la raison, parce qu'il renverse l'échelle des êtres, qu'il ramène le rêve philosophique de l'ame universelle, & qu'il anéantit notre intelligence en voulant lui donner le sceptre de la nature.

Il paroît qu'il existe en nous une substance qui raisonne, essentiellement opposée à la substance qui digère, le méchanisme de leur union nous est parfaitement inconnu ; c'est le grand problême de la nature, dont l'homme est la solution, mais DIEU nous en a caché la méthode.

Un pyrrhonien nioit le mouvement ; un homme de bon sens, pour toute réponse, se contenta de marcher devant lui. Si un philosophe nioit devant moi l'existence de l'ame, je lui dirois : tu parles ; tu veux me convaincre ; tu es affez réfuté.

Je juge de l'exiftence de mon ame par une confcience intime, tandis que je ne juge des êtres qui m'environnent que par analogie.

Ce fentiment intérieur qui conftitue la penfée, eft compofé de la fenfation de mon exiftence actuelle, du fouvenir de mon exiftence paffée, & de l'efpérance que j'exifterai encore (a). Ainfi je porte fans ceffe en moi une triple certitude que j'ai une ame : le fens intime, l'idée du tems, la fenfation des objets extérieurs, tout fe réunit à me préferver de la pénible anxiété du fcepticifme.

(a) Les végétaux ont la fenfation de leur exiftence actuelle ; mais peut-être il n'en ont pas d'autre. Il eft probable que les animaux réuniffent à cette fenfation le fouvenir de leur exiftence paffée ; mais il n'appartient qu'aux intelligences de joindre enfemble les trois fentimens. — Je ne penfe pas qu'on ait encore envifagé fous ce point de vue le fyftême des êtres animés ; il me femble qu'une telle idée entre les mains d'un bon philofophe, jetteroit quelques lumières dans le grand abyme de la métaphyfique.

ARTICLE II.

L'Ame paroit un être simple (a).

Nous ne connoissons point d'être simple parmi les corps : le point mathématique n'est qu'une abstraction ; Épicure est tombé avec ses atomes, & le grand nom de Leibnitz n'a pu procurer un instant d'existence à ses monades.

Quand on raisonne par induction, on tire de cette idée de fortes preuves pour la simplicité de l'ame ; la pensée a beau se modifier de cent façons diverses, je sens qu'elle est un être indivisible : ce MOI, qui apperçoit, qui compare & qui raisonne, doit être simple, parce qu'il n'est aucun des objets qu'il apperçoit,

---

(*a*) Plusieurs des principes psychologiques, que je vais poser se trouvent déjà, mais sous une autre forme, dans le chapitre précédent : mais je suis entraîné par la chaîne de mon ouvrage, à mettre ici en théorêmes ce qui étoit cidevant en syllogismes.

qu'il compare, & sur lesquels il fait de bons ou de mauvais raisonnemens.

Si j'approche de mon odorat une tige de julienne, si j'écoute un air de Philidor ou un duo de Pergolèse, si je me rencontre dans la solution d'un problême avec Archimède, le plaisir que je ressens ne se partage point entre deux principes; je compare les parfums, les sons mélodieux, ou les cacüls algébriques sans me partager, & j'éprouve les sensations les plus délicieuses, sans que les facultés de mon ame se confondent.

Si l'ame n'étoit pas simple, l'homme seroit un être contradictoire; pendant qu'une partie de mon ame savoureroit la mousse pétillante du vin de Syllery, une autre partie pourroit n'éprouver, en la goûtant, que la plus désagréable des sensations; pendant que je lirois Cinna, je serois en même tems enchanté & ennuyé; le principe de l'existence de DIEU me paroîtroit à la fois une vérité & un paradoxe.

Locke auroit-il donné atteinte à la simplicité de l'ame, en laissant douter si la matière ne peut pas penser ? N'est-il pas beaucoup plus vraisemblable que le sujet de la pensée étant un, tandis que celui de la matière est multiple, ces deux substances renferment des propriétés essentiellement inalliables. Au reste, je n'affirme qu'en tremblant dans une question où Locke a douté.

Il y a des modernes qui ont employé plusieurs volumes à combattre cette phrase de Locke. Comme ils s'appuyoient sur le système des idées innées, qu'ils réfutoient un paradoxe par d'autres, & qu'ils employoient beaucoup d'injures & peu de raisons (*a*), les hommes

---

(*a*) On peut mettre dans cette classe un P. de la Roche, qui a fait en deux gros volumes le traité *de la nature de l'ame, & de l'origine de ses connoissances* : cet auteur a eu quelque célébrité chez les hommes qui jugent des lumières par le zèle, & du talent par la cause; mais le philosophe ne fera jamais un grand métaphysicien ni un génie sublime de l'écrivain qui, après avoir lu Locke, défend le paradoxe des idées innées ; qui admet toutes les rêveries de Descartes & de Malebranche, non parce qu'ils raisonnent avec justesse, mais parce qu'ils sont Descartes & Malebranche; qui fait de Bacon un matérialiste, parce qu'il distingue l'ame sensitive de l'ame intelligente, *tom.* I, *p.* 166. --- Qui refuse aux bêtes mêmes des sensations, *ibid. p.* 184. --- Qui se propose d'éclairer les hommes

simples & droits ont jugé de la cause par ses défenseurs, & ils sont devenus partisans de Locke sans l'entendre.

D'un autre côté, un homme connu par l'étendue de ses connoissances, a défendu Locke, sans le nommer, par tous les sophismes qu'une imagination brillante peut produire (*a*). Il a donné à l'erreur les livrées de

---

dans les abymes de la métaphysique, & qui dit gravement que l'être de la connoissance habituelle est une perception persévérante, mais sombre & foible, *tom.* 2, *p.* 64, & qu'il y a dans les enfans, & dans les barbares des idées à la fois sombres & réelles indistinctes & invariables, foibles & perpétuelles, *ibid. p.* 72. --- Qui affirme qu'un enfant conçoit très-bien que DIEU est un esprit pur, infiniment parfait, éternel, &c. *ibid. p.* 182. --- Qui assure que le gracieux est le dominant de la musique, *ibid. p.* 232, & que la beauté du style d'Athalie fait une des preuves triomphantes de notre religion, *ibid. p.* 256. --- Qui ose dire qu'un souverain est juste & sage quand il condamne des enfans innocens au supplice de leur père coupable, *ibid. p.* 352, &c. &c. &c. Tant d'erreurs de la part d'un homme qui n'a rien créé ne donnent aucun droit à la célébrité : dans un siècle philosophique, il faut, pour se faire lire, éclairer les hommes, ou que ses erreurs du moins portent l'empreinte du génie : tels ont été Descartes, Locke, Malebranche & Leibnitz.

(*a*) Voici quelques réflexions sur une note célèbre du premier discours du livre de l'esprit.

l'esprit; & le commun des lecteurs l'a pris pour la vérité.

Malgré tant de causes qui affermissent sur la terre l'empire du préjugé, l'idée d'une ame matérielle semblera toujours une contradiction à l'homme droit qui n'interroge personne mais qui réfléchit & qui étudie son cœur plutôt que les livres de métaphysique.

On devroit, peut-être, chercher dans la différence du physique de l'homme & de l'animal la cause de l'infériorité de ce qu'on appelle l'ame des animaux. — Cela paroît vrai pour le principe qui sent, plutôt que pour celui qui raisonne; au reste, ce principe sensitif n'est pas plus matière dans l'huître, que dans l'homme, qui est au plus haut degré de l'échelle animale; c'est vraiment une ame.

La différence d'organisation entre nos mains & les pattes des animaux, prive ces derniers du sens du tact & de l'adresse pour faire des découvertes. — 1°. Ce fait est contredit par l'histoire naturelle; le singe, quelques poissons anthropomorphes, comme l'anac d'Amboine, ou le pece-muger des mers du Brésil, & ces hommes marins, dont tant d'auteurs confirment l'existence, ont tous des mains comme nous, sans paroître avoir franchi les limites de l'animalité. *Voy.* le traité d'Aldrovande *de piscibus*; le *tom.* 17 de l'*hist. génér. des voyages*; Kircher, *art. Magnet. Lib.* 6; le second volume de *Telliamed*; les *considérations philosophiques sur la gradation naturelle des formes de l'être*, &c.

simples & droits ont jugé de la cause par ses défenseurs, & ils sont devenus partisans de Locke sans l'entendre.

D'un autre côté, un homme connu par l'étendue de ses connoissances, a défendu Locke, sans le nommer, par tous les sophismes qu'une imagination brillante peut produire (*a*). Il a donné à l'erreur les livrées de

---

dans les abymes de la métaphysique, & qui dit gravement que l'être de la connoissance habituelle est une perception persévérante, mais sombre & foible, *tom*. 2, *p*. 64, & qu'il y a dans les enfans, & dans les barbares des idées à la fois sombres & réelles indistinctes & invariables, foibles & perpétuelles, *ibid. p.* 72. --- Qui affirme qu'un enfant conçoit très-bien que DIEU est un esprit pur, infiniment parfait, éternel, &c. *ibid. p.* 182. --- Qui assure que le gracieux est le dominant de la musique, *ibid. p.* 232, & que la beauté du style d'Athalie fait une des preuves triomphantes de notre religion, *ibid. p.* 256. --- Qui ose dire qu'un souverain est juste & sage quand il condamne des enfans innocens au supplice de leur père coupable, *ibid. p.* 352, &c. &c. &c. Tant d'erreurs de la part d'un homme qui n'a rien créé ne donnent aucun droit à la célébrité : dans un siècle philosophique, il faut, pour se faire lire, éclairer les hommes, ou que ses erreurs du moins portent l'empreinte du génie : tels ont été Descartes, Locke, Malebranche & Leibnitz.

(*a*) Voici quelques réflexions sur une note célèbre du premier discours du livre de l'esprit.

l'esprit; & le commun des lecteurs l'a pris pour la vérité.

Malgré tant de causes qui affermissent sur la terre l'empire du préjugé, l'idée d'une ame matérielle semblera toujours une contradiction à l'homme droit qui n'interroge personne mais qui réfléchit & qui étudie son cœur plutôt que les livres de métaphysique.

On devroit, peut-être, chercher dans la différence du physique de l'homme & de l'animal la cause de l'infériorité de ce qu'on appelle l'ame des animaux. — Cela paroît vrai pour le principe qui sent, plutôt que pour celui qui raisonne; au reste, ce principe sensitif n'est pas plus matière dans l'huître, que dans l'homme, qui est au plus haut degré de l'échelle animale; c'est vraiment une ame.

La différence d'organisation entre nos mains & les pattes des animaux, prive ces derniers du sens du tact & de l'adresse pour faire des découvertes. — 1°. Ce fait est contredit par l'histoire naturelle; le singe, quelques poissons anthropomorphes, comme l'anac d'Amboine, ou le pece-muger des mers du Brésil, & ces hommes marins, dont tant d'auteurs confirment l'existence, ont tous des mains comme nous, sans paroître avoir franchi les limites de l'animalité. *Voy.* le traité d'Aldrovande *de piscibus*; le *tom.* 17 de l'*hist. génér. des voyages*; Kircher, *art. Magnet. Lib. 6*; le second volume de *Telliamed*; les *considérations philosophiques sur la gradation naturelle des formes de l'être*, &c.

Si l'ame devoit être confondue avec le corps qu'elle anime, on jugeroit de la force de l'intelligence par le diamètre de la machine; & il se trouveroit que le corps svelte & effilé de Virgile auroit bien moins d'ame que l'épaisse circonférence de Vitellius.

Ceux qui font de l'ame une matière extrêmement subtile, ne semblent guère moins absurdes. Qu'est-ce que des atomes intelligens? Où seroit leur centre de réunion? Comment un petit cube de matière enchaîne-t-il le passé

2°. Toutes nos idées ne viennent pas du sens du tact. Je voudrois bien savoir, par exemple, quel rapport il y a entre lui & le calcul des infiniment petits.

La vie des animaux, en général plus courte que la nôtre, ne leur permet pas d'observer comme l'homme, & d'avoir autant d'idées. --- En général les poissons, qui habitent un élément plus uniforme que le nôtre, vivent plus que nous. On a connu des carpes âgées de cent-cinquante ans : de plus la longueur de la vie ne prouve pas l'étendue des idées: Molière observoit plus les hommes en un quart-d'heure, qu'Annibal de Marseille ne les a observés en cent vingt ans.

Je n'étendrai pas d'avantage cette critique ; c'est à ceux qui liront le livre de l'esprit à la continuer ; ils réfuteront toujours cet ouvrage avec équité, quand ils distingueront l'auteur de ses paradoxes ; & qu'ils n'auront ni l'ame d'emprunt des sectaires, ni le petit esprit des persécuteurs.

avec l'avenir, décompose-t-il l'entendement humain, fait-il la henriade ?

Les partisans de l'ame matérielle n'expliqueront jamais comment un seul MOI peut être composé d'un million d'idées ; comment une perception peut avoir des degrés de masse ou de vitesse ; comment l'activité de l'ame peut se concilier avec la force d'inertie qui semble le partage de la matière.

L'ame est donc un être simple : cependant elle peut éprouver à la fois deux sentimens, & percevoir deux idées ; car elle juge & elle a des plaisirs relatifs ; il ne lui faut qu'un instant indivisible pour goûter la symmétrie d'un édifice, l'ensemble d'une tragédie, ou l'harmonie d'un chœur de Rameau.

Cette théorie, toute juste qu'elle paroît, ne demande point à être discutée. Dans presque toutes les questions de la métaphysique, il faut se borner à dire, *cela existe* : pour le *comment*, il est l'écueil des philosophes, parce qu'avec nos cinq organes & notre foible intelligence, il ne nous a pas été donné de pénétrer dans l'essence des êtres.

ARTICLE III.

Du Paradoxe ingénieux des deux ames.

IL n'est pas aussi aisé de démontrer l'unité de notre ame que sa simplicité : en effet, on voit, au premier coup d'œil, si peu d'analogie entre la faculté de sentir & celle de combiner des idées, qu'on a dû naturellement soupçonner en nous deux principes. Ce nouveau genre de manichéisme est un des plus ingénieux paradoxes que l'esprit humain ait inventés ; si cependant c'est un paradoxe.

Pythagore, Bacon & le comte de Buffon pensent tous les trois que l'homme intérieur est double. Il y a un principe qui le fait raisonner, & un autre qui le fait sentir (*a*).

(*a*) Il est bien plus agréable d'être éclairé par le comte de Buffon, que par Pythagore. Voici comment cette idée d'un double principe est développée dans *l'histoire naturelle*. ---
« Il est aisé, en rentrant en soi-même, de reconnoître l'exis-
» tence de ces deux principes : il y a des instans dans la vie, il
» y a même des heures, des jours, des saisons où nous pouvons

L'entendement n'est point la SENSIBILITÉ, & la SENSIBILITÉ n'est point le corps; mais l'harmonie de ces trois substances compose cet être inexplicable qu'on appelle l'homme.

» juger, non seulement de la certitude de leur existence, mais
» aussi de leur contrariété d'action. Je veux parler de ces tems
» d'ennui, d'indolence, de dégoût, où nous ne pouvons nous
» déterminer à rien, où nous voulons ce que nous ne faisons
» pas, & faisons ce que nous ne voulons pas ; de cet état
» ou de cette maladie à laquelle on a donné le nom de va-
» peurs, état où se trouvent si souvent les hommes oisifs, &
» même les hommes qu'aucun travail ne commande. Si nous
» nous observons dans cet état, notre MOI nous paroîtra di-
» visé en deux personnes, dont la première, qui représente
» la faculté raisonnable, blâme ce que fait la seconde, mais
» n'est pas assez forte pour s'y opposer efficacement & la
» vaincre ; au contraire cette dernière étant formée de tou-
» tes les illusions de nos sens & de notre imagination, elle
» contraint, elle enchaîne, & souvent elle accable la pre-
» mière, & nous fait agir contre ce que nous pensons, ou
» nous force à l'inaction, quoique nous ayions la volonté
» d'agir.... Le plus malheureux de tous les états est celui
» où ces deux puissances souveraines de la nature de l'homme
» sont toutes deux en grand mouvement, mais en mouvement
» égal & qui fait équilibre ; c'est-là le point de l'ennui le plus
» profond, & de cet horrible dégoût de soi-même qui ne nous
» laisse d'autre desir que celui de cesser d'être, & ne nous per-
» met qu'autant d'action qu'il en faut pour nous détruire, en
» tournant froidement contre nous des armes de fureur. »

Ce syſtême peut être faux ; mais il me plaît par la manière lumineuſe avec laquelle il explique les phénomènes de l'animalité & de l'intelligence ; il ſemble donner aux hommes de génie la clef de la nature.

L'Homme seul.

———

M. de Buffon analyſe bien mieux les deux principes de l'homme avec ſa brillante philoſophie, que ne le feroit Pythagore avec ſes allégories & les figures incohérentes de ſon ſtyle oriental.

Pour le célèbre chancelier Bacon, il eſt certain qu'il reconnoît deux ames, l'une ſenſitive & l'autre raiſonnable. Il prétend que la première eſt commune à tout ce qui reſpire, & il compte au nombre de ſes propriétés la molleſſe de l'air pour recevoir l'impreſſion qui lui a été donnée, & l'activité de la flamme pour agir ſur les corps. Voici le texte : --- *Veniamus ad doctrinam de animâ humanâ... hujus duæ ſunt partes ; altera tractat de animâ rationali quæ divina eſt ; altera de animâ irrationali... hæc originem habet quemadmodùm in brutis à limo terræ... aëris mollitie ad impreſſionem recipiendam, ignis vigore ad actionem vibrandam dotata.... In brutis hæc anima eſt anima principalis, cujus corpus brutorum organum ; in homine organum tantùm & ipſa anima rationalis.*--- De augment. ſcientia, lib. 4, cap. 3.

Cette queſtion ſera éclaircie ailleurs ; on verra dans le drame raiſonnable, que comparer des ſenſations, c'eſt raiſonner ; & en accordant de l'intelligence aux bêtes, je tâcherai de ne point rétrecir les limites éternelles qui ſemblent ſéparer l'ame de la matière.

L'homme est souvent en contradiction avec lui-même : tout est expliqué par le combat instantané des deux principes.

L'ame semble naître avec le corps, se développer avec ses organes, & se dissoudre avec la machine qu'elle gouverne : tout cela peut arriver au principe sensible ; mais le principe intelligent, toujours semblable à lui-même, malgré la prison qui le renferme, ne descend dans l'abyme de la tombe que pour y déposer ses chaînes, & remonte ensuite libre & pur dans le sein de la Divinité.

Depuis que les hommes disputent, ils sont partagés sur l'ame des bêtes. Des physiciens qui les voyoient agir avec intelligence, leur donnèrent une ame semblable en tout à la nôtre ; Descartes, qui craignoit l'inquisition, en fit des automates : nos philosophes obvient à tout, en leur faisant part de notre principe sensible ; ils prétendent n'être par-là ni absurdes ni dangereux.

Malheureusement ce système ne soutient pas les regards de la raison : d'abord les bêtes ont en partage non-seulement la SENSIBILITÉ, mais encore une partie de notre intelligence; de plus, la nature, qui réserve la magnificence pour ses plans, mais qui met la plus grande épargne dans leur exécution, ne loge pas deux ames dans un corps, lorsqu'une seule pourroit le gouverner : ainsi l'unité de l'ame est encore un problême, & c'est peut-être un triomphe pour le métaphysicien, qui ne se regarderoit plus que comme un être passif, si on lui ôtoit la liberté de disputer.

ARTICLE IV.

L'Ame est un être actif.

QUAND le tissu léger des fibres nerveuses est agité, l'ame répond à ce mouvement, & elle a une perception; ainsi il n'y a point d'action de la machine organisée sur l'esprit, qu'il n'y ait une réaction de l'esprit sur la machine (*a*).

Cette activité de l'ame est une espèce de force motrice dont on peut calculer les effets, mais dont on ne sauroit déterminer la cause : & il en est de même de tous les premiers principes; DIEU nous a donné le grand livre de la

_____

(*a*) Quelques philosophes ont dit que l'ame étoit passive, parce qu'elle recevoit le mouvement des fibres sensitives. Ils l'ont comparée à un corps en repos, qu'un autre fait mouvoir en lui communiquant de son mouvement dans une proportion rélative à la vitesse & aux masses; mais d'abord un corps n'agit pas sur l'esprit comme les corps agissent entr'eux : de plus, en admettant l'hypothèse des corps en mouvement, il est certain qu'un corps en repos résiste au mouvement par sa force d'inertie : ainsi les adversaires de l'activité de l'ame n'ont justifié une erreur de métaphysique, que par une erreur de méchanique.

nature; mais il en a ôté le frontispice & les titres des chapitres.

Cette force motrice de l'ame, constitue ce que nous nommons la volonté; car l'essence de la volonté consiste dans le pouvoir d'agir; & l'exercice de ce pouvoir est ce qu'on appelle la liberté.

Tous les hommes n'ont pas le même degré d'activité dans l'ame; il y a parmi eux des êtres stupides sur lesquels les sensations ne font que glisser, qui ne combinent presque jamais, & dont l'indolence se refuse au travail pénible de penser : toute l'action d'un Caffre ou d'un Chichimecas semble se borner au jeu extérieur de ses organes.

Il n'en est pas de même des hommes de génie; l'activité de leurs ames semble ne devoir se mesurer qu'à la puissance de la nature. César, Locke & Richelieu ne recevoient jamais deux sensations sans les comparer; ce qui n'effleuroit pas les cerveaux ordinaires, laissoit dans les leurs des traces profondes; lorsque le peuple n'avoit que de légères sensations, ils avoient de grandes idées.

ARTICLE V.

L'Ame est libre par la pensée.

JE touche à un des plus beaux privilèges de la nature humaine : privilège qui doit suffire au malheureux pour le consoler du tourment d'exister ; mais dont les hommes en général sentent peu l'excellence, parce qu'ils ne craignent pas de le perdre.

Nous ne savons point si la pensée constitue l'essence de l'ame, ou si elle n'en est qu'une des principales facultés ; mais nous pouvons du moins affirmer que l'ame est libre par la pensée.

Le sentiment intérieur & les organes des sens fournissent à l'homme les matériaux de ses pensées ; l'ame les combine à son gré, les déplace, les analyse & les décompose : la nature a plus étendu son despotisme sur les objets de ses idées, que le fanatisme n'a étendu celui des sophis de Perse sur ces millions d'esclaves qu'ils gouvernent.

J'ai parlé d'efclaves ; mais fi je juge des hommes par la plus noble partie d'eux-mêmes, naturellement il n'y en a point. Quelle eft la puiffance qui peut captiver la penfée d'un être intelligent ? Elle eft libre malgré les fophifmes d'un fanatique, les caprices d'un divan, ou le cimeterre d'un defpote.

S'il y a des ames qui foient devenues efclaves, il ne les faut chercher que parmi les hommes mal organifés, les defpotes & les perfécuteurs.

L'ame, par la penfée, fecoue le joug de toutes les puiffances de la terre ; elle franchit auffi les limites de la nature, & parcourt l'immenfe région des abftractions ; il ne lui en coûte pas plus pour créer des monftres que pour percevoir des objets fenfibles ; tout me prouve l'étendue de fa liberté, & rien ne m'en défigne les bornes : Pafcal pouvoit la définir comme il définiffoit la nature, un cercle infini dont le centre eft par-tout, & dont on ne voit nulle part la circonférence.

CHAPITRE VI.

De ce que nous ignorons en psychologie, pneumatologie, ontologie, &c.

Partie II.

Il y a plusieurs années que je travaille à faire de la psychologie la physique expérimentale de l'ame : chaque pas que je fais semble m'éloigner de ma carrière ; je cherche des axiomes, & je ne trouve que des doutes ; je voudrois parcourir une plaine riante & unie, & je ne rencontre que des abymes dont mon œil même frémit de mesurer la profondeur.

Voici les problêmes que je me suis proposé d'examiner ; je n'ai encore trouvé aucune solution qui m'ait pleinement satisfait : je puis être ignorant, mais du moins je le suis de bonne foi.

C'est aux philosophes plus hardis que moi à me conduire sans boussole dans les terres australes de la métaphysique ; cependant je suis

suis convaincu que ni Locke, ni même Malebranche, n'auroient voulu me servir de pilotes.

Puisque le hasard ne sauroit être le premier principe, pourquoi tout ce qui existe n'est-il pas nécessaire ?

Tous les grands phénomènes de la nature ne pourroient-ils pas être comparés à ces hiéroglyphes qu'on découvre de tems en tems dans les monumens de l'Égypte ; ici je vois un fleuve, là un serpent qui mord sa queue, ailleurs une figure d'homme à tête de chien ; mais ce fleuve est-il le Nil ? ce serpent est-il l'Être suprême ? ce monstre est-il le dieu Anubis ? Il n'y a que les contemporains d'Hermès qui pussent nous expliquer le sens de ces caractères mystérieux ; il n'y a aussi que l'Être des êtres qui sache le pourquoi de tout ce qui existe.

L'ontologie n'est-elle pas en général, pour

des intelligences auſſi bornées que nous, la ſcience des effets ſans les cauſes ?

🙦 🙦

L'ame, diſent les philoſophes, eſt une ſubſtance : mais qu'eſt-ce qu'une ſubſtance ? L'ignorant ſe tait ; le ſavant déraiſonne, & le ſilence de l'un n'eſt pas plus obſcur que le jargon ſcientifique de l'autre.

🙦 🙦

Notre ignorance, ou, ſi l'on veut, nos lumières ténébreuſes ſur l'eſſence des choſes, viennent peut-être de ce que nous tirons la plupart de nos connoiſſances de nos ſens : ſeroit-il donc impoſſible qu'un être à qui la nature auroit donné plus d'organes qu'à l'homme, que Micromegas, par exemple, vît les roues & les poulies de la grande machine dont nous ne voyons que les opérations ?

🙦 🙦

Le métaphyſicien peut-il calculer l'intervalle immenſe qui ſe trouve entre l'eſſence réelle des choſes & l'eſſence nominale ?

🙦 🙦

Prouve-t-on par la raiſon qu'il y a des

esprits purs ? S'ils existent, sont-ils supérieurs aux êtres mixtes ?

Qu'est-ce que l'espace pur, ou l'étendue spirituelle, admise par Clarke & Newton ? Ces hommes de génie se sont-ils contredits, ou leurs lecteurs manquent-ils d'intelligence ?

Quand Descartes a affirmé (*a*) que nous avions de l'esprit une notion plus claire que de tout autre être, n'a-t-il pas voulu seulement faire entendre qu'il avoit beaucoup plus d'esprit que la plupart de ses lecteurs ?

Tous les êtres ont-ils une conscience intime de leur existence ?

Que désigne le nom d'ame donné au principe qui nous anime ? On voit les planètes décrire d'immenses ellipses, & on prononce le mot de mouvement ; on voit une pierre

---

(*a*) *Voyez* réponses aux cinq objections contre la seconde méditat. métaphys.

tomber, & on prononce celui de gravitation; mais y a-t-il des êtres réels qu'on puisse nommer ame, mouvement & gravitation (a) ?

※ ※

Pour connoître l'ame, ne seroit-il pas nécessaire de l'envisager hors de l'influence des sens, & loin du jeu des fibres organiques ? Mais la raison conçoit-elle mieux une ame humaine séparée du corps, qu'une mer sans eau, & une montre sans rouages ?

※ ※

Une ame sans corps, ou un corps sans ame, donneroient-ils une idée, même imparfaite, de l'homme ?

※ ※

Philon & Avicenne donnoient une ame intellectuelle aux étoiles; Simplicius, trois de

---

(a) On a donné le nom d'ame à la collection des attributs des êtres qui pensent, & celui de matière à la collection des attributs des corps; mais l'ame & la matière ne sont que des êtres métaphysiques. Ce principe universellement reconnu, auroit épargné aux hommes bien des erreurs, &, ce qui n'est pas moins triste, bien des crimes à ceux qui ont voulu punir ces erreurs.

nos sens, & Saint Thomas, une ame sensitive: faudroit-il en conclure que la nature de l'homme ne diffère pas de celle des signes du zodiaque ?

L'HOMME SEUL.

※ ※

Il y a eu des philosophes qui ont affirmé que notre ame n'étoit pas distinguée de DIEU: d'autres nous ont fait part de celle des intelligences supérieures; une foule de métaphysiciens a confondu notre ame avec celle du monde. Ne seroit-il pas plus simple de dire que l'homme a son ame, comme DIEU a son intelligence, comme la rose a le principe qui la fait végéter ?

※ ※

Après des méditations profondes, il m'a semblé que l'ame d'une foule d'êtres qui jouent un grand rôle sur la scène du monde, pouvoit se définir le jeu de leurs organes.

※ ※

Connoît-on mieux la génération des ames que leur essence ?

※ ※

Tertullien fait venir en droite ligne nos ames de celle d'Adam (*a*), & l'inventeur des monades appuie par ses raisonnemens l'idée de cet arbre généalogique : cette opinion n'a-t-elle pas le même degré de vraisemblance que celle de ces théologiens luthériens, qui enseignent, comme un article de foi, que les ames sont engendrées par les ames (*b*) ?

※ ※

Si l'ame n'existoit pas dans ce qu'on nomme le germe avant qu'il fût développé, concevroit-on le méchanisme de leur union ? faudroit-il supposer les ames errantes dans le vague de l'espace, & attendant, pour animer les corps, les caprices de l'amour ?

※ ※

L'esprit, dans cette espèce de germe, a-t-il une conscience intime de son existence ?

※ ※

Anima, velut surculus quidam ex matrice Adami in propaginem deducta, & genitalibus semine foveis commodata, pullulabit, tàm intellectu quàm & sensu. Tertull. de animâ, cap. 19.

(*b*) Christophle Wolffline, *dissertat. choisies.*

Pourquoi l'esprit ne se rappelle-t-il pas la gradation de son intelligence depuis qu'il habitoit dans ce germe, jusqu'au moment où il eut des sensations, & delà jusqu'au tems où il commença à raisonner ?

※ ※

Comment l'homme passe-t-il de l'état d'être capable de sentir & de penser, à celui d'être qui sent & qui pense ?

※ ※

Par quelle singulière méchanique une substance non étendue peut-elle être unie à une substance étendue ?

※ ※

Quelle est la nature de l'action de l'ame sur la matière ? Nous sentons bien qu'il y a un agent dans l'homme; mais comment opère cet agent ? Nos brillantes théories ne se bornent-elles pas toujours à calculer les effets & à déraisonner sur les causes ?

※ ※

Pourquoi les facultés de l'esprit, qui n'est

point corps, suivent-elles les progrès de l'organisation du corps, qui n'est point esprit ?

※ ※

Comment l'ame agit-elle dans l'intérieur de l'homme, & réagit-elle sur la matière ? Qu'est-ce que son mouvement, puisqu'elle n'est pas étendue ?

※ ※

Est-ce raisonner avec justesse que de dire : telles qualités appartiennent nécessairement à l'esprit, parce qu'il est évident qu'elles sont contradictoires avec les propriétés de la matière ?

※ ※

Nous, qui raisonnons avec tant d'esprit sur la matière, avons-nous quelqu'idée claire de ses propriétés ? Qu'est-ce que l'étendue ? Quand l'antiquité l'a définie, *partes extrà partes*, elle a dit : l'étendue est l'étendue ; ce qui n'est pas prodigieusement lumineux.

※ ※

Y auroit-il quelque rapport secret entre l'activité de l'ame & l'activité de la matière ? *Si ce* rapport existe, le compas de la métaphysique peut-il le mesurer?

※ ※

Quelle est la nature de ces esprits animaux dont les vaisseaux même qui les filtrent sont hors de la portée de nos microscopes; qu'on a soupçonnés avoir beaucoup d'analogie avec le fluide électrique (*a*), & qui ont tant de pouvoir pour remuer les facultés de notre ame? Cette matière singulière nous est-elle plus connue que la matière subtile, ou la matière cannelée?

※ ※

Peut-on imaginer, avec quelques psychologues, dans les esprits des nerfs, une composition analogue aux cinq sens, & qui se divise au gré de l'ame, comme les sept couleurs de la lumière à la voix de Newton?

※ ※

Qui pourroit m'expliquer pourquoi mes sensations me trompent moins que mon entende-

---

(*a*) Le célèbre comte de Tressan a fait plus que le soupçonner; car il l'a démontré en pleine académie.

ment ? Je ne prends point une rose pour une perle, mais tous les jours je prends de petits effets pour de grandes causes ; il semble que la vérité soit dans les objets, plutôt que dans mon esprit, qui les compare.

※ ※

Quels sont les rapports entre les idées que l'ame reçoit par un sens, & les idées qu'elle reçoit par un autre ? Pourquoi le méchanisme de chaque sens a-t-il ses règles à part ? Il y a un intervalle infini entre le parfum d'une rose & les couleurs brillantes du prisme de Newton, & cependant mon ame peut jouir à la fois des deux sensations ; elle unit deux sentimens inalliables.

※ ※

Dans le phénomène de la vision, comment les faisceaux lumineux agissent-ils sur la rétine ? comment la rétine agit-elle sur le nerf optique ? & comment le nerf optique agit-il sur l'ame ?

※ ※

Y a-t-il des molécules organiques ? Si par

hasard elles existent, quel est le pouvoir de l'ame sur ces atomes sensibles ?

❦❦

Est-il croyable que la volonté & l'entendement soient deux facultés parallèles, & que leurs opérations soient semblables (*a*) ?

❦❦

Quelles sont les bornes qui distinguent dans l'homme l'agent libre, de l'agent nécessité ?

❦❦

Je suis libre; mais pourquoi mon œil, ma langue & ma main obéissent-ils à ma volonté, & que mon sang n'y obéit pas ?

❦❦

L'idée de Locke, que la nécessité de chercher son bonheur est le fondement de la liberté, ne seroit-elle qu'un paradoxe ?

❦❦

On dit que l'idée est un mode de l'ame;

(*a*) *Voy. action de* DIEU *sur les créatures*, septième section, *p.* 240; — ouvrage que son auteur seul a été à portée d'entendre.

mais peut-on avoir une idée claire d'un mode, quand on n'en a point de la substance?

❧❧

Le mouvement d'une fibre organique fait naître une idée ; mais qu'est-ce qu'une fibre organique ? Est-elle composée d'autres fibres qui se subdivisent à l'infini ? ou bien est-elle composée de corpuscules élémentaires ?

❧❧

Pouvons-nous avoir une idée claire des modifications de l'ame ? concevons-nous comment elle devient rouge en voyant de l'écarlate, & comment elle sent le musc lorsqu'on approche ce parfum de l'odorat ?

❧❧

Quel est le siège de l'ame, ont demandé les philosophes ? est-ce le cœur ? est-ce le corps calleux ? est-ce le centre ovale, ou le tissu nerveux ? faut-il le placer, avec Descartes, dans la glande pinéale; avec Willis, à l'origine de la moëlle allongée ; ou avec Boerhaave, dans la substance médullaire du cerveau ? Un spiritualiste seroit moins étonné de l'absurdité des réponses que de celle de la question,

Quoi ! dira-t-il, pense-t-on que l'ame soit renfermée dans le corps, comme une essence est contenue dans un vase ? placer l'ame dans le plus petit coin du cerveau, est une erreur aussi grande que de la loger dans le soleil.

※ ※

L'anatomie semble avoir prouvé que le cerveau est le centre unique où aboutissent les faisceaux, soit de fibres sensitives, soit de fibres intellectuelles ; mais la théorie de l'ame n'en est pas plus avancée. Quel est le philosophe capable de nous tracer l'histoire des opérations du principe pensant qui réside en lui ? & quand même il en auroit le pouvoir, cette anatomie d'un individu pourroit-elle s'appliquer au système général des êtres ?

※ ※

La raison nous éclaire-t-elle davantage sur la destinée future de l'ame, que sur son origine ou sur son essence ? Elle nous dit qu'elle est immortelle ; mais elle s'arrête là. Nous verrons dans la suite si, en ce genre, la religion a été plus heureuse que la philosophie dans le choix de ses hypothèses.

CHAPITRE VII.

Histoire de l'Ame.

PARTIE II.

Voici le canevas d'un ouvrage qui manque au genre humain ; son exécution suppose la sagacité de Boyle dans les expériences, la brillante imagination de Malebranche, la profonde raison de Locke, les connoissances universelles de Leibnitz, & peut-être la plume de Montesquieu ; mais si ce livre étoit bien fait, il rendroit inutile l'encyclopédie & les bibliothèques.

L'idée que je propose, ne doit m'inspirer aucune fierté ; je ressemble à l'artiste qui indique le bloc de marbre où des hommes de génie doivent sculpter l'Apollon de Belvedère, la Vénus de Médicis, ou l'Antinoüs modèles éternels du vrai beau pour tout ce qui n'est pas barbare.

La nature ne multiplie point les prodiges ; elle n'en a fait qu'un seul ; c'est la formation de l'univers : l'idée de ce prodige est éternelle comme son auteur.

Ce grand principe conduit au dogme de la préexistence des ames. Rien ne sort du néant, mais tout ce que nous voyons croît & se développe; les fossiles végètent, les plantes s'organisent, les animaux se multiplient; & l'ame seroit la seule dans le système des êtres qui n'existeroit que par les prodiges multipliés de la création !

Non, non, rien ne se crée dans la Nature, & rien ne s'anéantit; mais tout est développement & métamorphose.

L'ame existe dès le premier des instans dans ce qu'on appelle le germe organique des hommes. Cette existence d'un être intelligent, dans un point de l'étendue, ne peut se définir; mais c'est une énigme de la nature, & non pas une contradiction.

On a dit que l'ame ne pouvoit ni sentir, ni penser, ni vouloir, avant la fécondation de ce germe (a): cette assertion est hardie; car

―――――――――――――――――――
(a) *De la nature*, par J. B. Robinet, tom. 1, part. 4.

alors qu'eſt-ce que l'ame ? Mais s'il eſt difficile de ſe rendre à cette opinion, il l'eſt encore plus de la nier.

En ſuppoſant l'ame automate, juſqu'à la formation du fœtus, peut-on aſſigner l'inſtant où elle commence à faire uſage de ſes facultés ? Pythagore, qui faiſoit deſcendre les intelligences du zodiaque, croyoit qu'elles ne ſe rendoient dans les germes que quatorze jours après la conception de l'animal ; mais Pythagore parloit à des hommes perſuadés, non-ſeulement de ce qu'il diſoit, mais encore de tout ce qu'il devoit leur dire.

Je ne vois aucune difficulté à croire que l'ame, dès que ce qu'on nomme le germe eſt fécondé, a le ſentiment de ſon exiſtence ; mais ce ſentiment eſt de la plus grande foibleſſe : il faut que notre entendement s'agrandiſſe pour découvrir le fœtus intelligent, comme il nous faut un microſcope pour découvrir le fœtus matériel.

Ce fœtus a une tête, par conſéquent un ſenſorium, & le mouvement imprimé aux nerfs qui y répondent, ſe continue par l'organiſation

ganisation de l'animalcule, jusqu'à la destruction de la machine.

Si quelqu'un doutoit de la prodigieuse magnificence de la nature dans les infiniment petits, je le prierois d'observer que le microscope a découvert 5,100 œufs dans les ovaires d'une mère abeille (a); que Leuwenhoeck a compté 3,181 yeux sur la cornée d'un scarabée (b), & que la semence d'un seul puceron en a produit 5,904,900,000 avant la sixième génération (c).

Si nos regards ne pénètrent pas plus avant dans l'abyme des infiniment petits, nous ne devons en accuser que la foiblesse de nos microscopes; un *germe* est un monde d'être animés, dont chaque individu est lui-même le germe de mille mondes.

Dès que les esprits filtrés par le cerveau coulent dans les nerfs du fœtus, l'ame doit éprouver des sensations; mais il est probable

---

(a) *Biblia naturæ* de Swamerdam.
(b) *Théologie des insectes* de Lyonnet.
(c) *Mémoire sur les insectes* de Réaumur, *tom.* 6, *pag.* 565.

Tome II.   P

que l'organe du tact eſt le ſeul qui ait quelqu'activité, tous les autres lui ſont inutiles dans la priſon où il eſt renfermé, ils ne feroient qu'aggraver le ſentiment douloureux de ſon exiſtence.

Dès que l'ame tient à la nature par l'organe du toucher, elle a quelques ſentimens de PLAISIR & encore plus de ſenſations de douleur; le fœtus ne reſpire pas encore, & déjà il atteſte par ſes malheurs qu'il eſt homme.

Tant que l'embryon reſte ſous la forme d'une ovoïde dans la liqueur de l'amnios, il eſt ſans mouvement, & l'ame paroît ſans activité; mais dès que le corps ſe deſſine, que la tête s'organiſe, & que les battemens du cœur deviennent ſenſibles, l'homoncule commence à s'agiter dans ſa priſon ; cette faculté de ſe mouvoir, ſemble ſe communiquer à l'intelligence ; & l'action du corps ſur l'ame eſt toujours ſuivie d'une réaction.

Depuis qu'on a ſubſtitué les lumières de l'anatomie aux rêveries des ſages-femmes, on ne penſe plus que les impreſſions d'une mère influent ſur le cerveau de ſon enfant ; on n'explique plus par quelle sympathie un fruit vainement desiré par une femme, est représenté sur le corps d'un nouveau-né, & le physicien ne croit plus que des idées de frayeur ou de frivoles appétits soient écrits sur l'épiderme d'un fœtus (*a*).

L'embryon n'emprunte donc point l'ame de sa mère, il a la sienne propre ; tranquille au sein de l'amnios, tandis que les passions déchirent le tissu nerveux qui enveloppe sa demeure, il sent par son organe du tact, il s'agite dans sa liqueur, mais il n'a point encore de préjugés.

Enfin l'heure vient où le fœtus perce les membranes qui le captivent, abandonne un séjour qui ne peut plus le contenir, & res-

---

(*a*) Il est prouvé que le fœtus ne tient à la matrice que par par de petits mammelons extérieurs à ses enveloppes ; qu'il n'y a aucune communication entre le sang de la mère & les vaisseaux de l'enfant ; que le petit embryon a ses organes & ses mouvemens particuliers, &c. Voy. *l'hist. natur.* du comte de Buffon, *édit. in-*12, *tom.* 4, *pag.* 112 ; mais la marche de la vérité est si lente, qu'il se passera encore bien des siècles, avant que le sexe revienne de ses préjugés.

pire pour la première fois ; son ame s'ouvre alors toute entière aux impressions de la douleur ; l'air agite ses fibres, & comprime ses organes ; la lumière fatigue ses yeux qui commencent à s'ouvrir, & les premiers sons que forme sa voix, sont des soupirs plaintifs & des cris étouffés. L'homme, en entrant dans le monde qu'il doit habiter, tressaille d'horreur, comme un criminel à l'aspect de l'échafaud où il doit mourir.

Le nouveau-né n'apprend que par des efforts pénibles à faire usage de l'instrument de ses sens ; il éprouve ses organes, & chaque expérience lui coûte une nouvelle douleur ; pendant les quarante premiers jours il gémit & crie sans cesse ; après cet intervalle, il commence à pleurer, & c'est une preuve qu'il souffre moins ; bientôt les pointes de la douleur s'émoussent, les ombres qui couvroient le tableau de la vie, s'éclaircissent, & l'individu s'accoutume avec les sensations douloureuses qui suivent ou annoncent le PLAISIR.

A la naissance de l'homme, l'ame commence à déployer sa force motrice ; elle n'est pas encore libre, mais elle obéit moins que dans l'amnios ; elle preffent déjà qu'elle eft née pour régner.

Il paroît certain que l'ame exerce fa faculté de fentir en raifon du développement de fes organes ; mais le même principe s'applique-t-il à fon intelligence ? Quel eft le philofophe qui ofera fixer l'époque de la première penfée ?

J'ai bien de la peine à croire que le progrès du fyftême organique amène dans la même proportion celui du fyftême intellectuel ; Louis XIV, qui naquit avec des dents, n'eut sûrement pas autant de génie que ce Malebranche, qu'on prit jufqu'à vingt ans pour le plus ftupide des hommes.

D'un autre côté l'organifation parfaite des fens doit donner un plus grand reffort à l'intelligence. Montagne & Newton qui reçurent de leurs pères un corps bien conftitué, eurent auffi le génie le plus vigoureux. On fent, en lifant leurs écrits, que la nature eft épuifée, & qu'elle a rompu le moule de ces grands hommes.

Quoi qu'il en soit de l'époque où l'ame commence à exercer sa faculté de penser, on ne peut douter que sa première perception ne soit de la plus grande foiblesse; ce mouvement est, si j'ose m'exprimer ainsi, le crépuscule de l'entendement.

Il me semble qu'on pourroit comparer la première perception de l'homme enfant avec la plus fine de l'Ourang-outang dans la force de son âge. Cette nouvelle manière d'envisager la nature, pourroit éclairer le philosophe sur les nuances insensibles qu'elle observe dans la grande échelle des êtres.

Pourquoi en effet l'homme naissant ne ressembleroit-il pas à l'animal perfectionné? Pourquoi l'animal au premier moment de sa vie, n'auroit-il pas la stupidité du végétal le plus développé? Pourquoi le végétal dans son germe ne se confondroit-il pas avec les fossiles?

Cette idée peut n'être qu'un paradoxe ; mais elle fait penser, & par-là elle a quelque chose de commun avec les grandes vérités.

Dès que l'ame a acquis assez d'activité pour

distinguer les perceptions nouvelles d'avec les perceptions passées, elle fait usage de sa mémoire. Cette nouvelle faculté multiplie les occasions de combiner les sensations ; elle crée pour l'enfant un nouveau monde, comme le télescope a créé un nouveau ciel pour les astronomes.

L'HOMME SEUL.

Cependant toutes les idées qui affectent l'homme, lorsque son corps est encore dans un état d'inertie, n'ont pas la même vivacité ; si les fibres sensitives ne causent que des impressions douloureuses, l'ame fait effort pour ne pas s'y arrêter ; si le sentiment est celui du PLAISIR, elle le rend, par sa réaction, plus durable ; & voilà l'origine de cette faculté intellectuelle qu'on nomme l'attention.

Malgré tous ces progrès de l'entendement, l'ame n'a fait encore qu'un pas dans l'immense carrière qu'elle doit parcourir ; tant que l'enfant est privé de l'usage de la parole, il a plutôt la faculté de l'intelligence qu'il n'est intelligent.

Je touche à l'époque d'une révolution dans l'esprit humain. Comment, par de simples battemens de la langue & des lèvres, l'homme a-t-il lié fociété avec tous les habitans de la terre ? Par quel prodige inconcevable l'être qui penfe a-t-il entrepris de parler ?

Le premier langage de l'homme ne confifte qu'en des cris mal articulés & quelques geftes qui les accompagnent. Voilà les fignes naturels par lefquels il exprime fes befoins, & il y a loin de là aux fignes arbitraires qu'on leur a fubftitués.

On peut étendre le langage des cris en variant leur intonation : tel eft, dit-on, l'idiome des Hottentots : ces fauvages s'entendent, non parce qu'ils parlent, mais parce qu'ils ont une forte de mufique.

Le langage des fignes peut aufli fe perfectionner ; on fait qu'à Rome il y avoit des acteurs qui exécutoient en pantomime les tragédies les plus compliquées. Encore aujourd'hui chez les monarques afiatiques les muets du ferrail ont de longues converfations avec l'eunuque qui les préfide ; ils ont encore plus d'éloquence avec les femmes.

L'art a fubftitué au langage des cris & des

gestes, ce langage de convention qui consiste à articuler des mots arbitraires, & à combiner à l'infini ces articulations ; l'éducation rend aujourd'hui ce langage familier, & l'enfant au berceau apprend en deux mois, ce que le génie n'a pu créer qu'après plusieurs siècles de travaux.

L'enfant, qui entend plusieurs fois prononcer le même mot, y attache une idée, surtout si ce mot exprime un de ses besoins ; bientôt l'ame, qui se plaît à exercer sa force motrice, tente de rendre l'idée qu'elle a conçue. J'entends la machine organisée parler, & voilà l'être intelligent.

La sphère de l'entendement s'agrandit de plus en plus : les idées des hommes de génie servirent primitivement à perfectionner les mots ; maintenant les mots prononcés par l'enfant servent à perfectionner ses idées.

Depuis que l'homme parle, son intelligence ne fait plus que des pas de géant. Je crois voir Gama qui double le cap de Bonne-Espérance : le premier pas est fait, & les Indes orientales sont découvertes.

Il n'y a pas si loin de l'art de parler à l'art d'écrire, que des signes naturels à l'art de parler ; il est fort simple qu'un homme qui connoît l'utilité de la parole, desire de se faire entendre dans des lieux où il n'est pas ; & s'il aime la gloire, dans des tems où il ne sera plus : il ne faut qu'un amant passionné pour inventer l'écriture ; mais trente Léibnitz suffiroient à peine pour créer la première langue.

A la naissance des sociétés l'homme ne fit de l'écriture qu'une représentation physique des objets qu'il vouloit exprimer ; ensuite il substitua à ces hiéroglyphes des figures de convention ; mais tant que l'écriture ne désigna que des idées, on ne put se faire entendre qu'en traçant péniblement des figures ou en multipliant prodigieusement les caractères. Un prêtre égyptien devoit consumer un tems infini à dessiner des figures symboliques : un lettré chinois, dont la langue est composée de quatre-vingt mille caractères, doit passer sa vie à apprendre à lire ou à écrire, & c'est autant de tems perdu pour le génie.

L'écriture qui substitue les signes représentatifs des mots aux signes représentatifs des idées, est la meilleure, parce qu'elle est la plus simple. Il en est d'elle comme de la monnoie, qu'on a préférée à l'échange des effets pour faciliter le commerce.

L'homme qui a le bonheur de naître chez un peuple qui parle & qui écrit, a de prodigieuses avances pour perfectionner en lui l'art de penser; l'éducation est sa seconde nature, elle l'enrichit des idées de mille hommes & lui épargne mille ans de travaux.

Que Pascal naisse chez les Hottentots ou chez les Chichimecas, qui sifflent au lieu de parler, & qui n'ont pas même d'hiéroglyphes; ses fibres intellectuelles seront toujours paralytiques; mais il naît en France, & à quatorze ans il crée la géométrie.

On s'apperçoit que l'ame dont je trace l'histoire, n'habite plus le corps d'un enfant: déjà elle s'apprivoise avec les abstractions; déjà les idées universelles, les êtres moraux, les substances métaphysiques existent dans son intelligence; c'est alors que l'auteur de la henriade fait Œdipe, & que Montesquieu jette les fondemens de l'esprit des loix.

Un jeune homme étend la sphère de son entendement, en plaçant les idées dans sa tête sous la forme d'un arbre encyclopédique, le génie trouve cette méthode, & l'éducation la donne.

Il ne faut pas s'imaginer qu'un jeune homme pense de la même façon qu'un enfant, & comme il pensera dans un âge mûr : les objets sont toujours les mêmes, mais le miroir où ils se réfléchissent ne l'est pas ; l'ame voit sans cesse, mais elle change aussi sans cesse de télescope.

Si la jeunesse est l'âge d'or de la vie, c'est que l'ame est alors plus apparente dans l'homme ; on la découvre aisément au travers du voile transparent de la physionomie ; la sérénité du visage marque la douce harmonie des pensées ; chaque passion y imprime son caractère, & le corps n'est plus qu'un tableau mobile, où tout ce qui se passe dans le principe intérieur est représenté.

Non seulement le visage d'un jeune homme

décèle l'ame agitée par le choc des passions véhémentes, mais leurs nuances même les plus insensibles viennent s'y caractériser. Des yeux ternes, un teint décoloré, un son de voix affoibli m'annoncent que son ame a perdu sa sérénité; des soupirs étouffés, des muscles tendus, des larmes qui coulent, attestent la gradation de sa douleur; si outre cela il lui échappe des cris, je juge du déchirement qu'éprouvent ses fibres sensitives; mais je le crois au dernier période du désespoir, si je vois tout-à-coup son teint devenir livide, ses cheveux se hérisser & sa bouche rester entr'ouverte; c'est alors que la machine semble se dissoudre sous le poids de l'infortune; c'est alors que le grand Corneille fait dire à un des personnages de Suréna :

Non, je ne pleure point, madame, mais je meurs.

Je crois voir le triomphe de l'ame sensitive dans la jeunesse de l'homme; cette aurore de la vie s'éclipse bientôt; l'âge viril vient, & une autre faculté semble remplacer le principe sensible, c'est le principe intelligent.

Oui, si le bonheur de la jeunesse est dans

le sentiment, celui de l'âge mûr est dans la pensée ; l'homme fait obéit moins à l'effervescence du sang ; il ne mesure plus le tems par les PLAISIRS, mais par la succession rapide des idées ; toute son existence semble concentrée dans son entendement ; c'est alors que le génie se montre, ou bien il ne sera jamais.

C'est à l'historien de l'ame à faire ici le tableau des connoissances humaines, à marquer le centre de réunion où toutes nos grandes vérités se touchent, à faire connoître les philosophes qui ont contribué à la masse générale des idées, & à suivre la marche de l'intelligence depuis le Samojede, qui s'exprime en sifflant, jusqu'à Locke, qui écrit sur l'entendement humain.

C'est dans l'âge viril que l'homme mérite ce nom par excellence ; son ame a appris par ses défaites à triompher des sens ; il pense & sa raison a moins à gémir des maux physiques qui l'environnent : on diroit qu'il ne tient à la vie que par la faculté de réfléchir. Voyez comme Archimède enivré de PLAISIRS intellectuels, fent peu le coup mortel dont il eft frappé; il continue à chercher la folution de fon problême, fans s'appercevoir qu'il n'eft plus qu'une intelligence.

Il eft pour l'ame un point dans fon midi, où elle réfléchit tous fes rayons; enfuite fes facultés fe dégradent, les fibres intellectuelles perdent leur élafticité, l'entendement fe couvre de nuages; & quand la machine commence à fe diffoudre, le philofophe, au milieu de fes ruines, cherche l'intelligence comme il la cherchoit fous les enveloppes de l'amnios.

C'eft ici que la philofophie doit expliquer comment, dans le corps du vieillard, qui fe confolide, fe defsèche l'humide radical qui eft le principe de la vie; pourquoi les fibres fenfitives perdent leur reffort, & quel rapport il y a entre le dépériffement des fens & l'éclipfe de l'intelligence.

En réuniffant fous le même point de vue les quatre âges de l'ame, on découvre qu'elle n'exifte d'abord que par le fentiment de la douleur: dans la jeuneffe elle fent avec plus de vivacité encore, mais du moins elle est dans l'élément du PLAISIR; l'âge viril vient, & elle règne par la pensée; lorsque l'homme s'approche de la tombe, elle pense encore, mais sa pensée est douloureuse; elle regrette de n'avoir plus aucune espèce de jouissance.

Enfin l'heure fatale sonne, l'argile humain se décompose, & la tombe s'ouvre pour recevoir une vaine poussière. Que devient alors cette intelligence dont l'homme étoit si fier ? La grande ame de Turenne est-elle anéantie ? Le génie de Newton survivra-t-il à sa cendre, que je vois renfermée dans Westminster, avec celle des rois, qu'elle honore ?... Examinons.

CHAPITRE VIII.

L'Immortalité de l'ame.

L'IMMORTALITÉ de l'ame, je le sais, n'a pas encore été démontrée à la façon des géomètres: je m'y arrêterai cependant, parce que c'est le dogme de la nature pour les hommes sensibles, & ce dogme est à mes yeux une des bases de la morale universelle : de toutes les questions de la psychologie, celle-ci est la seule où la simple théorie conduise à la vertu.

L'HOMME SEUL.

ARTICLE I.

De l'Origine du dogme de l'immortalité.

EST-IL vrai que le feu célefte qui m'anime doit s'éteindre un jour dans l'abyme de la tombe, & qu'il n'y a entre moi & le néant que ce point fugitif de l'exiftence qu'on nomme la vie ?

Le dangereux Epicure l'a dit, auffi bien que l'obfcur Pomponace, & les fophiftes chez les peuples à demi éclairés, & le fénat de Rome lorfqu'il n'y avoit plus de Romains.

Cependant le fentiment intérieur dépofa fans ceffe contre cette doctrine défefpérante : le cri de la nature, plus fort que tous les fyllogifmes, empêcha toujours l'efpèce humaine de graviter vers l'anéantiffement.

Il falloit expliquer ce concours du fens intime & de la réflexion à prolonger les limites de notre exiftence; & les apôtres du dogme qui nous anéantit, n'ont pas manqué de fubtilités pour réfoudre ce problème.

Nous croyons, disoit Hobbes, *que ce qui est sera toujours, & que les mêmes effets doivent nécessairement découler des mêmes causes.* Voilà donc la paresse qui crée des dogmes, & la pensée devenue active par le principe même d'inertie qui la fait tendre au repos.

Non, dit un autre philosophe plus justement célèbre que le sophiste de Mamelsbury ; c'est l'amour qui a fait naître le sentiment de l'immortalité (*a*) ; l'amour, qui, pour flatter la douleur d'une veuve éplorée, lui montre dans une cendre triste & froide, l'époux qu'elle regrette, & dont elle espère être aimée encore.

Vous vous trompez, prétend l'auteur du livre *de l'origine du monde*, l'homme ne se croit immortel, que parce que la vanité le maîtrise (*b*) ; fier d'occuper un point dans l'espace, il se croit une branche nécessaire du grand système des êtres, & parce qu'il est,

---

(*a*) *De l'esprit*, disc. III. ch. 6.
(*b*) Voy. second. part. pag. 38.

il se flatte que la nature lui a promis d'être toujours.

Toutes vos opinions sont erronées, écrivent les penseurs de l'Angleterre ; lisez les annales de l'espèce humaine, & vous verrez que la politique est la base de la croyance de l'immortalité : c'est pour enchaîner les hommes à la vertu que Siphoas donna ce dogme à l'Egypte, Xamolxès aux Thraces, & Zoroastre à la Bactriane : tous ces législateurs étoient des fourbes ; mais il est permis de l'être sans doute, quand on ne trompe les hommes que pour les empêcher de s'entre-détruire.

Prétendus philosophes, s'écrie de la chaire où il dogmatise, l'enthousiaste qui a fait le *système de la nature* ! l'immortalité a fait le malheur du globe, & cette croyance fatale est encore un des crimes du sacerdoce : le ministre des autels la répandit parmi les peuples pour devenir le maître des rois ; en créant pour les sectaires une vie future, il leur laissa habilement entrevoir qu'il en ouvroit ou fermoit à son gré les avenues ; & peu à peu la perspective qu'il offrit d'un monde imaginaire, lui aida à conquérir celui qu'il habitoit (*a*).

Apôtres de l'anéantissement, comme tous vos systêmes s'écroulent les uns sur les autres ! c'est qu'ils sont votre ouvrage : votre cœur étoit plus vrai, il ne faisoit point de systême, & c'est lui seul que vous deviez consulter.

Vous épuisez toute votre dialectique à empoisonner l'origine du dogme sacré qui vous

---

(*a*) *Systême de la nat.* tom. I, chap. XIII. Tout ce chapitre est destiné à prouver, que l'immortalité est à la fois absurde & impossible ; il est vrai que l'auteur est si peu persuadé de la vérité de son systême, qu'il dit, dans le même endroit : « Imposons un silence éternel à ces superstitieux mélancoliques qui ont l'audace de blâmer un sentiment dont il résulte tant d'avantage pour la société ; n'écoutons point ces philosophes indifférens, qui veulent que nous étouffions ce grand ressort de nos cœurs ; ne nous laissons point séduire par les sarcasmes de ces voluptueux qui méprisent une immortalité vers laquelle ils n'ont pas la force de s'acheminer. *Syst. de la nat.* tom. I, pag. 298. » — Quand on rapproche ce texte des assertions audacieuses du chapitre où il est renfermé, on est tenté de prendre le livre tout entier pour un jeu de l'imagination, comme le poëme en faveur de la peur, & l'éloge de la fièvre.

blesse : ce dogme existe donc dans les ames que vous n'avez pas perverties ! — Eh ! que m'importent vos explications, vos critiques & vos vains paradoxes ? Quand je comprends l'oracle, ai-je besoin du prêtre qui me les interprète ?

ARTICLE II.

Des Sages qui ont cru à l'immortalité.

Nous ne connoissons ce globe que d'hier, du moins à en juger par le peu d'antiquité de ses monumens historiques : cependant on peut affirmer qu'il n'y a eu aucun peuple policé qui ait fait, du dogme de l'anéantissement, la base de son évangile : on a toléré quelquefois les sophistes, mais la terre ne les a pas mis au rang de ses législateurs.

Dans cette Inde qu'on peut regarder comme le berceau de l'espèce humaine, on a de tems immémorial cru à l'immortalité ; les sages y mouroient les yeux tournés vers l'orient, comme pour hâter l'instant où ils devoient renaître ; les veuves sensibles se brûloient sur le bûcher de leurs époux pour éterniser leurs amours & leurs jouissances.

L'Egypte, qui fut long-tems heureuse, malgré la fange de ses marais, ses despotes & ses pyramides, avoit trouvé le moyen d'enchaîner ses souverains à la vertu, en les soumettant au-delà de la tombe à un jugement qui honoroit ou flétrissoit leur mémoire : là on embaumoit les corps pour prolonger pendant plusieurs siècles l'illusion de leur existence ; on surchargeoit la terre d'obélisques pour vivre dans le souvenir des générations à naître, & l'homme ne sortoit de la vie qu'entouré de l'immortalité (*a*).

Ces Thraces, qui pleuroient à la naissance de leurs fils & se livroient à la joie quand ils les conduisoient au tombeau (*b*), ne regardoient cette vie que comme une nuit qui précède un beau jour; & ils attendoient la mort avec la même impatience qu'un vaisseau égaré dans les ténèbres attend le retour de la lumière.

_____

(*a*) Suivant Hérodote, les Egyptiens furent les premiers qui dirent que notre ame étoit immortelle : *hi primi extiterunt qui dicerent animam hominis esse immortalem.* Lib. 2. — Mais comme cet historien les croyoit rassemblés, en un corps de peuple depuis plus d'onze mille ans ; son époque peut tomber au berceau du monde ; ce qui n'est point du tout favorable au système de Lucrèce, & de Pomponace.

(*b*) *Hérod.* lib. V, *& Solin,* cap. X.

Les Celtes, un des plus anciens peuples de la terre, partageoient à cet égard la croyance de tous les états policés; & celle de leurs colonies qui vint habiter les Gaules, y porta ce dogme si consolant pour l'espèce humaine (*a*); il est vrai que les druides l'empoisonnèrent, en persuadant à la multitude superstitieuse, que c'étoit faire le bonheur de leurs enfans, que de les brûler dans des paniers d'osier sur les autels de leurs dieux anthropophages: mais ne confondons pas le texte sacré du code de la nature, avec les commentaires coupables du sacerdoce.

Ce principe, que ce qui existe ne peut être anéanti, est si enraciné dans le cœur, qu'on l'a rencontré jusques dans les landes sauvages du nouveau monde. Le baron de la Hontan, qui avoit vecu dix ans au Canada, assure que ses habitans se flattoient tous de renaître un jour plus heureux que les Européens qui venoient les subjuguer; puisqu'autrement le

---

(*a*) Cæsar. *commentar. de bell. gallic.* Lib. 6, & Pomp. mela. Lib. 3, cap. 1.

dieu qui les laissoit exterminer parce qu'ils avoient le courage d'être libres, seroit le plus affreux des tyrans : — raisonnement moins métaphysique que ceux de Leibnitz, mais peut-être aussi concluant que tous ceux de sa *Théodicée*.

Si de la multitude on remonte aux grands hommes, faits pour la gouverner, & aux sages, nés pour l'instruire, on verra chez eux la même logique & les mêmes espérances.

Warburton a prouvé que tous les législateurs de l'antiquité crurent l'ame immortelle (*a*); il n'en excepte que Moïse, & encore cette partie de son ouvrage a été vivement attaquée par le docteur Louth, & l'Angleterre n'a osé décider entre le critique & Warburton.

On a dit que le dogme de l'immortalité de l'ame n'étoit pas antérieur à Phérécide, & on s'est appuyé, pour le prouver, sur un texte des tusculanes; mais l'immortel Ciceron est

---

(*a*) Voy. les quatre vol. de sa *divine légation de Moïse*, qui lui valurent tant de satires & un si bon évêché.

bien loin de foutenir de fon autorité refpectable le dogme deftructeur d'Epicure : il dit que Phérécide fut le premier qui enfeigna le principe de l'éternité des ames (*a*) ; & ce n'eft qu'avec la dialectique de la mauvaife foi qu'on peut traduire le mot d'éternité par celui d'immortalité.

Diogène Laërce eft plus pofitif quand il dit que Thalès apprit le premier aux Grecs que l'ame étoit immortelle (*b*) ; mais il le dit fur la foi du poëte Cherilus ; & qu'eft-ce que le témoignage d'un compilateur de contes, fondé fur l'oui-dire d'un poëte oublié ?

Oui, j'ofe le dire, tous les hommes qui ont eu des droits à nos hommages, ont rejeté l'idée de l'anéantiffement, idée cruelle qui flétrit l'ame, dégrade le génie, & étouffe le germe des grandes chofes.

Je voulois parler de la foule des fages qui

(*a*) *Pherecydes Syrus primùm dixit animas hominum effe fempiternas*, Tufcul. quæft. lib. 1.

(*b*) *Vit. Thalet.*

ont mérité & prêché l'immortalité : je vais m'arrêter un moment sur le petit nombre de philosophes qui ont rejeté cette doctrine. — Je serai plus court, & mon but se trouvera également rempli.

ARTICLE III.

Des Ennemis de l'immortalité

DES êtres passifs qui, dans leur longue vie, n'avoient jamais fait de bien à la terre, des sophistes méprisés malgré leur audace, & des tyrans dévorés de remords, tous individus qui avoient le plus grand intérêt à entrer tout entiers dans la tombe, se sont réunis à placer le néant au bout de leur carrière.

Je pardonnerois aux conquérans & aux fanatiques de croire que tout meurt avec eux: ils ont besoin de s'aveugler sur l'opprobre qu'imprimera à leur cendre la postérité des hommes qu'ils ont assassinés avec le glaive de la guerre ou avec le poignard de la religion: mais malheureusement ce sont les êtres les plus persuadés de l'immortalité : c'est pour éterniser le souvenir du joug qu'il a imposé aux nations, que Sesostris bâtit des pyramides; & le moine Clément assassine les rois pour être inscrit dans le martyrologe.

Il y a eu peut-être des peuples chez qui l'on n'a point rencontré la notion de l'immortalité de l'ame ; mais c'étoient quelques castes misérables de sauvages (*a*) dont l'autorité est nulle pour les penseurs de bonne foi ; ces espèces d'Orang-outangs, occupés uniquement dans leurs forêts à chasser & à vivre, ignoroient plutôt le dogme sacré qui prolonge notre existence, qu'ils n'y portoient atteinte.

Quand aux peuples policés, s'il en est à qui

(*a*) Encore ne faut-il pas adopter tous les contes que font sur ce sujet tous les voyageurs qui sont aveugles, ou les philosophes qui ont voulu l'être : par exemple on s'appuie de l'autorité de Barbot, pour dire que les habitans du royaume de Benin nient l'immortalité de l'ame ; or voici une anecdote, tirée de cet auteur : — Quand le roi de cette partie de l'Afrique vient à mourir, on renferme dans le caveau où est le cadavre, des esclaves vivans ; le lendemain on lève la pierre, & un seigneur demande par l'ouverture aux nègres, s'ils ont rencontré le roi : si ces malheureux donnent encore quelque signe de vie, on referme le caveau, & on répète le lendemain la même cérémonie, jusqu'à ce qu'on n'entende plus rien ; alors on conclut que les esclaves ont rencontré sa majesté, & qu'ils l'accompagnent dans son voyage. — *Voyez* Barbot, *pag.* 366.

cette doctrine ait paru quelque tems dangereuse, il faut l'attribuer aux conséquences absurdes qu'en tiroient les sophistes, plutôt qu'à la doctrine même : tel est l'esprit de la loi de proscription portée en Egypte contre le platonisme : les enthousiastes du disciple de Socrate depuis long-tems abrégeoient leurs jours pour atteindre plutôt à la vie fortunée dont on leur offroit la perspective. Céombrote d'Ambracie s'étoit précipité du haut d'une tour ; des élèves du philosophe Hégésias s'étoient noyés, & l'épidémie des morts volontaires commençoit à infecter l'Asie & l'Afrique, lorsque Ptolémée, philadelphe, défendit, sous peine du supplice, d'enseigner dans ses états le dogme de Platon sur l'ame ; mais il est évident que cette loi égyptienne eut pour but de prévenir les suicides, plutôt que d'anéantir l'idée sublime de l'immortalité.

On réduiroit peut-être à un petit nombre de sophistes sans principes ou de mauvaise foi, les promoteurs du dogme de l'anéantissement.

L'athée Protagoras écrivit un traité contre

l'immortalité de l'ame, que nous n'avons plus; c'étoit un porte-faix d'Aldère, qui, en arrangeant des fagots, méditoit sur les premiers principes; devenu chef de secte, il tint école d'athéisme, & se fit payer chèrement des leçons qu'il donnoit pour anéantir la morale de la nature. Athènes, quoique le centre du tolérantisme, condamna ce sophiste à l'exil & ses livres au feu; sa doctrine périt avec la flamme qui consuma ses ouvrages.

Epicure, ainsi que son disciple Lucrèce, n'eut jamais de principe fixe sur la métaphysique: cet homme qui avoit banni du monde philosophique les nombres de Pythagore, les idées de Platon, & les formes d'Aristote, réalisoit le vuide; il disoit que l'homme étoit libre, & il fondoit sa liberté sur la déclinaison des atomes, tantôt il faisoit mourir l'ame, & tantôt il l'envoyoit végéter dans les intermondes où il logeoit ses fantomes de divinités. Ce philosophe composa trois cents volumes sur les premiers principes; s'il avoit rencontré la vérité, il n'auroit écrit que deux pages.

Voici

Voici un texte plus précis contre l'immortalité ; il est de Pline le naturaliste : « Ce qui » suit le dernier de nos jours est de même na- » ture que ce qui précéda le premier instant où » nous vîmes la lumière ; & le corps & l'ame » n'ont pas plus de sentiment après la mort, » qu'ils en avoient avant la naissance ; mais la » vanité humaine, qui cherche toujours à s'é- » tendre, a imaginé, jusque dans les régions » fantastiques de l'avenir, une nouvelle exis- » tence ; delà sont nés le principe de l'immor- » talité de l'ame, le dogme de la métempsycose » & la doctrine du culte des ombres... On » s'est conduit comme si la vie de l'homme étoit » essentiellement différente de celle des ani- » maux (*a*). » Mais ce texte isolé n'est peut-

---

(*a*) *Omnibus à suprema die eadem, quæ antè primam, nec magis à morte sensus ullus, aut corporis aut animæ, quàm antè natalem. Eadem enim vanitas in futurum etiam se propagat : & in mortis quoque tempora ipsa sibi vitam mentitur, aliàs immortalitatem animæ, aliàs transfigurationem, aliàs sensum inferis dando, & manes colendo... ceu verò ullo modo spirandi ratio hominis à cæteris animalibus distet.* — Plin. *histor. natur.* Lib. VII. cap. 56.

être que l'opinion de quelque ancien sophiste, que Pline transcrit sans la garantir; comme il a fait de tant de contes métaphysiques, chimiques & historiques dont fourmille son histoire naturelle: au reste quand même Pline auroit adopté la doctrine de l'anéantissement, de quelle autorité peut être une simple opinion dénuée des preuves qui la justifient? Contentons-nous de déplorer que ce beau génie qui avoit tant de droits à l'immortalité, ait condamné son ame à l'oubli dont il a sauvé ses ouvrages.

On cite encore Sénèque le philosophe; mais jamais ce sophiste n'a eu d'idée à lui; son imagination vagabonde se promène dans tous les systêmes, & n'en adopte aucun: il est épicurien quand il veut aduler les femmes, & stoïcien quand il veut en imposer aux hommes; tantôt il prétend que nous entrons tout entiers dans le monument; tantôt il dogmatise en faveur de l'immortalité (*a*); ses livres conduisent au

---

(*a*) Il suffit de mettre en regard deux textes contradictoires de Sénèque pour apprecier ses jugemens.

scepticisme; mais lui-même ne s'en doute pas; il ne faut ni louer sa morale, ni relever ses erreurs, ni même examiner ses paradoxes.

Les blasphêmes de Sénèque le tragique, ont encore moins de poids que les sentences

L'HOMME SEUL.

« Quand on traite, dit-il, de l'éternité de nos ames, il » faut regarder comme une preuve du plus grands poids » le concert unanime des hommes à craindre ou à espérer une » autre vie; & dans une pareille matière c'est le sentiment » général qui me détermine.

Cùm de animarum æternitate disserimus, non leve momentum apud nos habet consensus hominum aut timentium inferos aut colentium : utor hâc publicâ persuasione.

Il y a un peu loin de cette doctrine à celle qu'il expose à Martia pour la consoler dans ses malheurs. Nous venons d'entendre le philosophe; voici le sophiste :

« Souviens-toi, dit-il, que la douleur n'a aucune prise sur » les morts; toutes ces peintures redoutables qu'on nous fait » des enfers, sont le fruit de l'imagination des poëtes, qui ont » voulu se jouer de notre crédulité; il n'y eut jamais de » prison ténébreuse pour les ombres, ni de Léthé, ni de » fleuves vomissant des flammes, ni de tribunal de Rhada- » mante; la mort termine tout, & au-dela il n'y a ni plaisir » ni peine; la mort nous rend à cet état passif où nous étions » avant que de naître.

Cogita nullis defunctos malis affici : illa quæ nobis inferos faciunt terribiles, fabulam esse : nullas imminere mor-

erronées de Sénèque le philosophe; il est vrai qu'on a chanté sur le théâtre de Rome, ce vers de la troade :

Post mortem nihil est, ipsaque mors nihil.

Mais ne déclame-t-on pas quelquefois sur le nôtre ce vers de Sertorius ?

L'honneur & la vertu sont des noms ridicules.

Ne renvoie-t-on pas le spectateur dans Atrée, & Thyeste avec cette affreuse moralité ?

Et je jouis enfin du fruit de mes forfaits.

Ces blasphêmes dramatiques peuvent annoncer le mauvais goût du poëte, mais non les erreurs de sa croyance.

Des athées de mauvaise foi qui ont dogma-

---

tuis tenebras, nec carcerem, nec flumina flagrantia igne, nec oblivionis amnem, nec tribunalia, & reos : luserunt ista poëta, & variis nos agitavêre terroribus : mors omnium dolorum & solutio est & finis, ultrà quam mala nostra non exeunt, quæ nos in illam tranquillitatem in qua antequàm nasceremur, jaceremus, reponit. Conf. ad Marc cap. 19.

tifé, non pour éclairer l'homme, mais pour faire secte, après avoir enrôlé sous leurs drapeaux des sophistes sans principes, & des poëtes sans autorité, ont voulu flétrir jusqu'à la mémoire des grands hommes, en leur prêtant leurs erreurs & leurs paradoxes.

De tous les attentats de ce genre, celui qui blesse le plus ma sensibilité, est une calomnie odieuse contre Marc-Aurèle; l'auteur effréné du *systême* a osé ranger ce sage parmi les apôtres de l'anéantissement, parce qu'il dit *que la mort n'est que la dissolution des élémens dont chaque animal est composé* (*a*) : comme s'il ne s'agissoit pas ici uniquement de l'ame sensitive ! comme si le livre de Marc-Aurèle ne fourmilloit pas de passages qui attestent l'immortalité du principe intelligent (*b*) ! mais peu importe

―――――――――

(*a*) *Systême de la nature.* Tom. 1, pag. 289.

(*b*) *Ce qui est venu de la terre retourne à la terre ; mais ce qui avoit une céleste origine retourne dans les cieux.* Voyez Marc-Aurèle lib. VII, pag, 50.

J'ai été composé de matière & de quelque chose qui agit en moi comme cause : & comme ni l'un ni l'autre n'ont été faits

à ce patriarche de l'athéisme, pourvu qu'il éblouisse les femmes, qu'il étonne ses lecteurs, & qu'il déclame.

Vers le tems où Marc-Aurèle, simple théiste, écrivoit pour l'immortalité, un Tatien, un Irenée, un Arnobe & un Justin, qui, soit en qualité de platoniciens, soit en qualité d'apologistes du christianisme, auroient dû combattre pour la même cause, soutenoient que l'ame naturellement meurt avec le corps qu'elle habite (*a*) : il est vrai qu'ils ne le prouvoient pas; & le philosophe est dispensé de répondre,

---

de rien, ni l'un ni l'autre ne seront anéantis. Ib. lib. V, pag. 13.

Conserve dans sa pureté le génie qui t'anime, comme si dans l'instant tu devois le rendre. Ib. lib. III, pag. 12.

En quel état faut-il que se trouvent & le corps & l'ame quand la mort arrive? cette vie est courte : elle est précédée & suivie d'une éternité. Ib. lib. XII, pag. 7.

Je me sers, pour tous ces passages, de l'élégante & fidelle traduction de M. de Joly.

(*a*) Voy. Tatian. *orat ad Græc.* cap. 25. — Irenæ *adv. hæret.* lib. 2, cap. 64. — Arnob. *lib. contr. gentes* & Justin. *dial. cum Triphone.*

foit à de fimples doutes, foit à de fimples affertions.

Depuis cette époque jufqu'à Montagne, l'intervalle qui s'eft écoulé eft rempli par des barbares qui ne penfoient pas, ou par des énergumènes qui s'égorgeoient pour les *univerfaux*, les *entéléchies* & les *quiddités*: il eft fort inutile de rechercher ce que penfoient alors les hommes, au travers de ce fatras de queftions captieufes, frivoles ou abfurdes, qu'on a honorées pendant douze cents ans du nom de métaphyfique, & qui n'ont fervi qu'à faire douter s'il y avoit réellement une métaphyfique.

Montagne, Lamotte Levayer, Bayle & d'autres apôtres du fcepticifme, en apprenant à douter de tout, ouvrirent toutes les portes de l'incrédulité; & la doctrine de ces beaux génies venant à germer dans des efprits foibles, y produifit l'athéifme & le dogme de l'anéantiffement.

On chercha des raifons pour prouver le fyftême de la mortalité; & n'en trouvant point de satisfaisante, on eut recours à de frivoles autorités : on cita avec complaisance le mot de Toland à l'agonie : *je vais dormir* ; & celui de Rabelais, qui rendit le dernier soupir en disant : *je vais chercher un grand peut-être.*

Depuis on a fait, de l'idée que tout périt avec nous, un de ces premiers principes qui prouvent tout & qu'on ne prouve pas ; les sophistes du haut de leur empirée ont regardé en pitié le philosophe de la nature qui avoit la stupidité de croire à un DIEU rémunérateur & vengeur ; & ils ont combattu contre Platon & Marc-Aurèle, avec la logique des épigrammes.

Je ne connois que cinq ouvrages, où descendant dans l'arene, & combattant à armes égales, les auteurs aient entrepris d'étayer de syllogismes le paradoxe de la matérialité : c'est le livre qui a pour titre, *de l'origine du monde & de son antiquité*, la *lettre de Thrasibule*, l'*homme machine*, le *bon sens* & le *systême de la nature* : aussi c'est à les réfuter que je vais employer le reste de ce chapitre ; je serai court, parce que j'ai pour but de discuter & non de disputer ; & je serai modéré, parce que je ne me défie pas de la bonté de ma cause.

ARTICLE IV.

Principes pour résoudre le problême de l'immortalité.

PARTIE II.

BOINDIN disoit dans les cafés, & après lui un sophiste a écrit dans ses *lettres à Eugénie*, & après ce précepteur d'Eugénie, un prétendu Mirabaud a répété, dans son *systême de la nature*, que l'homme étoit une horloge qui ne sonnoit plus les heures dès qu'on venoit à la briser (*a*); mais l'être intelligent n'est point une horloge: le tems, qui altère les rouages de sa frêle machine, ne peut rien contre le principe qui le fait penser: le père de Montagne, Newton & le chancelier d'Aguesseau sentent en vain leur corps se dissoudre; leurs ames sublimes existent encore dans toute leur vigueur, quoiqu'elles n'habitent plus que des ruines: la pendule n'oscille plus; le grand

___
(*a*) Voy. *lettre à Eugénie*, tom. I, pag. 120, & *systême de la nature*, tom. I, pag. 262.

ressort est brisé; & l'esprit, toujours actif, marque encore sur le cadran le symbole de l'immortalité.

Notre globe s'altère, dit l'instituteur d'Eugénie, *les mers changent de place, les montagnes s'écroulent, tout ce qui respire, meurt à la fin, & l'homme seul prétendroit à une durée éternelle* (a)? Sans doute, si le principe intelligent est un être particulier dans la nature, je ne vois pas pourquoi il subiroit toutes les altérations de la matière : il doit, comme le sage des stoïciens, rester immobile au milieu des mondes qui s'écroulent.

Mais supposons pour un instant que l'ame n'est que de la matière supérieurement organisée ; je voudrois bien savoir ce qu'on entend par l'anéantissement : ce qui est peut-il cesser d'exister ? Notre corps lui-même n'est pas anéanti, il ne fait que changer de modifications ; les êtres que nous voyons, prennent sans cesse de nouvelles formes ; tout est dans l'univers développement ou métamorphose,

---

(a) *Lettr. à Eugénie*, tom. I, pag. 141.

mais rien n'est annihilé ; & l'on voudroit que le principe qui pense en moi se détruisît, tandis que la substance qui végète se conserve ? rien ne meurt dans la nature, & l'ame vient mourir ?

L'ame périt-elle à la façon du corps ? Mais la mort de tout être sensitif, n'est que la dissolution de ses parties : or la pensée est une ; l'unité intellectuelle ou le MOI individuel ne peuvent se partager ; mon ame est toute entière, ou nulle : elle ne peut donc se dissoudre, & par conséquent mourir.

DIEU, dit-on, ne nous doit rien... Sophistes cruels ! DIEU ne nous doit-il pas le bonheur, puisqu'il nous le rend nécessaire ? Puisque l'existence de mon ame sur la terre est pénible, elle cessera donc de l'être un jour ; puisque le premier principe est bon, mon ame est donc immortelle.

L'ame est immortelle sans doute, & j'en suis convaincu, puisque je souffre ; & le tyran qui m'opprime, en est convaincu aussi, puisqu'il a des remords.

Ce dogme est trop nécessaire à la paix du

genre humain pour n'être qu'une erreur; si l'ame étoit mortelle, l'enfer pour nous seroit sur la terre, & le néant au-delà.

L'HOMME SEUL.

Le partisan de l'anéantissement semble l'ennemi né de la société, parce que sa doctrine n'est favorable qu'au despotisme des rois & à la perversité des scélérats : aussi quand César, plaidant pour Catilina, voulut établir le dogme de la mortalité de l'ame, Caton, le grand Caton ne s'amusa point à le réfuter; il se contenta de dire qu'il étoit un mauvais citoyen; & la postérité a confirmé le jugement de ce grand homme, malgré les talens du vainqueur de Pharsale, son génie & ses victoires.

Le sceptique, pour croire une vie à venir, demande des preuves métaphysiques : mais pourquoi récuse-t-il cette foule de preuves morales qui l'accablent ? Il est probable que s'il étoit accablé de preuves métaphysiques, il demanderoit encore, pour croire, des preuves morales; il desire trop d'être anéanti, pour desirer d'être éclairé.

Ames sensibles, pour qui ce foible ouvrage est écrit, voulez-vous une démonstration de votre immortalité ; jetez un regard autour de vous ; voyez seulement la discorde des élémens & les crimes des rois.

L'homme vertueux gémit sur la terre; mais, en mourant, il devient libre, il n'y a que son persécuteur qui mérite d'être anéanti.

Voyez l'histoire de Clarisse ; c'est une des plus belles preuves de l'immortalité de l'ame qu'ait produit l'esprit humain : les argumens de Clarcke, de Pascal & de Descartes sont bien foibles auprès d'une page de Richardson.

Je vais tenter de donner une autre démonstration dans le genre de celle de Clarisse ; c'est l'histoire pathétique de Jenny Lille ; si en la lisant on est ému, je triomphe, & l'ame est immortelle.

Tom. 2. Page 271.

ARTICLE V.

Histoire de Jenny Lillé.

JACQUES II régnoit en Angleterre, si c'est régner que de s'agiter péniblement pour faire trembler ses sujets, de lutter avec la verge flétrissante du despotisme, contre l'épée de la liberté, & de se mettre sans cesse à la tête de ses courtisans pour combattre des hommes.

Jacques n'étoit point méchant par système, mais il avoit l'esprit foible & le cœur pusillanime; & chez un peuple qui a un grand caractère, la stupidité de Claude fait autant de mal que les crimes de Néron.

Un bâtard de Charles II, persécuté avec furie par son successeur, & devenu l'idole de l'Angleterre, voyoit de loin se former l'orage qui menaçoit le trône; ce seigneur étoit le célèbre duc de Monmouth, le plus bel homme de la Grande-Bretagne, & revêtu, outre cela, des grandes qualités que la beauté ne fait que supposer: s'il avoit eu la moitié de la politique du prince d'Orange, ce dernier n'eût jamais été que le ſtathouder de Hollande; mais il ne laiſſa pas mûrir le projet de révolution qu'il méditoit, il crut que ſon nom & la haine qu'on portoit à ſon rival, ſuffiſoient pour lui créer une armée; & il périt, comme le comte d'Eſſex, avec le titre de rebelle, qu'il méritoit peut-être moins que celui d'inſenſé.

Il étoit aiſé au dernier des Stuards de ramener à lui les cœurs de ſes ſujets, en faiſant parade d'une clémence qu'il pouvoit exercer ſans péril; mais il ſemble que la grandeur d'ame ſoit toujours l'apanage des talens: le vainqueur de Monmouth fut petit & cruel; il fit couler à torrens le ſang des partiſans de ſon rival, & il ſe vengea comme un empereur de Maroc, lui qui n'étoit que le premier citoyen de Londres.

Il eſt rare qu'un Tibère n'ait des Séjans pour miniſtres de ſes fureurs. Jacques II ordonna à ſon chancelier Jeffreys, & au colonel Kirke, de faire périr ſur l'échafaud tous les rebelles qui avoient échappé au combat de Sedgemor: ces ſatellites impitoyables exécutèrent ces ordres

dres en esclaves qui brûlent de devenir tyrans à leur tour ; le colonel assassina donc avec le glaive de la guerre, & le chancelier avec le glaive des loix (*a*).

Bridgewater devint le théatre des assassinats réfléchis du colonel : en entrant dans cette ville, il fit conduire au gibet, sans la moindre information, dix-neuf de ses principaux habitans : comme il se faisoit un jeu de sa cruauté, il faisoit exécuter ses victimes pendant qu'il buvoit la santé du roi ou celle du chancelier. Il lui tomba un jour dans l'esprit de faire pendre le même homme jusqu'à trois fois, pour prolonger les horreurs de son supplice. Les tigres qui servoient de ministres à ses fureurs, étoient ses soldats, & il les appelloit ses moutons.

(*a*) Il faut voir dans le Tacite de l'Angleterre, l'histoire des fureurs de ce nouveau Sejan. Il y avoit à Londres une anabaptiste dont la bienfaisance s'étendoit sur les wighs comme sur les toris, & sur les protestans comme sur les personnes de sa secte. Un partisan de Monmouth obtint un asyle chez elle, & dans la suite osa trahir sa bienfaictrice, & déposa contre elle ; ce monstre obtint grace pour sa perfidie, & l'anabaptiste fut brûlée vive pour sa charité.

Auprès de ces scènes de barbarie, l'innocence & l'amour offroient dans Bridgewater un spectacle charmant pour les ames honnêtes & sensibles : c'étoient deux amans dignes de l'estime de toute la terre, que le ciel étoit sur le point de récompenser de vingt ans de malheurs & de vertus.

Jenny Lille n'étoit plus dans cette aurore de la jeunesse, où l'ame étonnée d'elle-même, pressent le plaisir, plutôt qu'elle ne sait le goûter ; elle avoit atteint cet âge plein de vigueur que la nature a fixé pour l'union des sexes, où les facultés se développent, où le caractère s'annonce, & où toutes les passions parlent avec énergie : âge heureux que ne connoîtront jamais ces automates énervés qu'on marie à quinze ans, & qu'on force à devenir hommes avant qu'ils cessent d'être enfans.

Elle n'avoit de son printems que les charmes de la beauté, & cette ingénuité qui les fait valoir. Ses vertus appartenoient toutes à l'été de l'âge, & il n'y avoit point d'homme qui ne tînt à honneur de les partager.

L'infortune avoit légérement imprimé son

sceau sur les roses de son teint ; elle n'en étoit pas moins belle, mais elle en étoit plus intéressante.

Sydnei aimoit Jenny : il ne le disoit pas; mais son regard parloit pour lui ; & la beauté ingénue ne tient guère contre l'éloquence du regard : au reste Sydnei étoit digne de Jenny, par sa figure & par son ame; il étoit philosophe, & il n'avoit que vingt ans ; il faudroit le comparer à Lovelace, si Lovelace eût été honnête homme.

Sydnei & Jenny étoient tous les deux maîtres de leur destinée ; du moins personne dans Bridgewater ne savoit qui les avoit fait naître; on les honoroit comme des intelligences descendues du ciel, & qui n'avoient pu être produites par les voies ordinaires de la nature.

Sydnei, depuis trois ans, oublioit ses chagrins pour s'occuper de ceux de son amante. Il cherchoit à la pénétrer ; mais son ame inaccessible se fermoit à ces doux épanchemens que l'amour demande sous le voile de l'amitié; sa persévérance fut enfin récompensée : venez, lui dit Jenny, sous ce berceau de myrte qui nous dérobe à tous les regards; mon ame toute entière s'ouvrira devant vous; la nuit commence à couvrir ce jardin de son crêpe lugubre. — Puisse-t-elle ensevelir à jamais dans son sein la mémoire des malheurs dont je vais vous faire le récit.

Sydnei trembloit que le secret de son amante ne fût fatal à son amour; mais il brûloit de l'entendre; il se laissa conduire vers le berceau; son cœur palpitoit avec force, & Jenny en redoubla les battemens par ce prélude terrible:

Sydnei, j'ai vécu; j'ai rempli, par mes malheurs, la carrière que la nature m'a tracée; j'adore les décrets de la providence; mais l'opprobre ou l'effroi ont empoisonné tous les instans de ma vie: fidelle à mon DIEU & aux loix de mon pays, je vais à vingt-six ans commander mon cercueil, & Cromwel est mort dans son lit.

Cromwel! l'affreux Cromwel!... mais laissons en paix les scélérats, quand ils reposent sous la tombe.... — Sydnei, écoutez-moi: J'avois un père; il devoit son rang, sa fortune & ses titres à son roi; il étoit l'ami de Charles I : l'infortuné ! il ne put mourir de son effroi, ce jour terrible où Londres vit la tête sanglante de ce monarque, rouler sur l'échafaud de Witheall, pour le punir d'avoir épargné les fanatiques qui lui ont survécu.

Mon père, qui n'avoit pu sauver un régicide à sa nation, ne se consola de l'inutilité de ses efforts, qu'en dérobant l'héritier de la couronne aux pièges de ses persécuteurs; il contribua à l'évasion de ce prince, & quand il fut en sûreté, il attendit en paix que Cromwel le punît d'avoir diminué le nombre de ses remords.

Une si belle action ne se découvrit que la dernière année du règne de ce tyran; mon père fut aisément convaincu d'avoir procuré un asyle au sang des Stuards; & il fut conduit au supplice, comme coupable de haute trahison, par les traîtres qui avoient assassiné Charles I avec le glaive des loix.

Je n'avois alors qu'un an; cet illustre criminel me prit entre ses bras sur l'échafaud; & me montrant au peuple : Anglois, s'écria-t-il, si mon sang ne suffit pas à l'hydre du fanatisme, voici l'unique rejeton de ma race : frappez, mêlez notre cendre à celle de vos rois ; ma famille va s'éteindre ; mais un jour la postérité n'en prononcera le nom qu'avec celui de la patrie que vous n'avez su défendre. --- Et toi, ma fille, si tu survis à ton père, n'oublie jamais que tu es Angloise, & que l'opprobre de devoir la vie à un régicide, ne peut être effacé qu'en m'imitant. ---

Sydnei, à la fin de ce récit, étoit tombé involontairement aux genoux de sa maîtresse ; il la regardoit avec cet enthousiasme religieux qu'on doit à une victime de la patrie ; mais son cœur gémissoit en secret, comme s'il ne pouvoit rencontrer une héroïne sans s'exposer à perdre son amante.

Jenny aimoit trop Sydnei pour ne pas entendre son silence ; elle le releva avec émotion, laissa échapper une larme sur sa main, & de ce ton qui va jusqu'au cœur, elle continua ainsi :

Mon ami, le spectacle de votre sensibilité a été le premier plaisir que mon cœur ait goûté. — A peine étois-je en âge de réfléchir sur les malheurs de mon père, que je fus obligée de pleurer sur les erreurs de ma mère. Cette femme, à qui on ne peut reprocher que de n'avoir pas été au-dessus de son sexe, qui fut plus malheureuse que coupable, qui parut peut-être vile à ses propres yeux, mais qui sera toujours respectable aux miens, acheva d'empoisonner en moi le sentiment de l'existence. La proscription lui avoit ravi son rang, ses titres & sa fortune; lasse de lutter contre l'adversité, elle changea de nom, & épousa en secret un de ces fougueux parlementaires qui établirent sur le meurtre de leur roi leur fantôme de république. L'anarchie aristocratique périt bientôt avec Cromwel qui l'avoit fait naître; l'Angleterre ouvrit les yeux sur vingt ans de démence & de fanatisme, & la haine que le peuple avoit conçue pour les tyrans, se convertit en horreur contre les régicides.

Ma mère & son époux se retirèrent en Hollande; ce pays renfermoit le peuple le plus libre de la terre; mais les assassins de Charles I ne pouvoient trouver d'asyle dans une contrée où il y avoit encore des hommes. Quatre Anglois se chargèrent de venger la patrie & les rois : ils entrèrent un soir dans la maison que nous occupions à la Haye, & fondirent, l'épée à la main, sur leur malheureux compatriote.

Quoique dix ans se soient écoulés depuis ce désastre, l'image en est encore toute entière dans mon ame. — Le coupable, à la vue du danger, saute sur son épée; les assassins l'environnent: ma mère, la chevelure éparse, le sein à demi nu, les yeux étincelans, s'élance au milieu des combattans. — Quel héroïsme de courage, Sydnei, s'il eût été employé pour défendre mon père !..... Elle s'arrêta un instant, comme pour donner à sa douleur le tems de s'exhaler; & reprenant son récit: ma mère, dit-elle, tenta en vain de dérober la victime au fer des assassins; sa beauté, l'intrépidité avec laquelle elle osa défendre son époux, avec les seules armes de la nature, ne firent qu'irriter ces féroces royalistes; l'ami de Cromwel fut percé de onze coups d'épée, & sa femme, blessée, en se débattant, au-dessous du sein, tomba évanouie sur son cadavre.

Pendant que cette scène horrible se passoit, je dormois dans un cabinet séparé par un jardin de l'appartement de ma mère : tout-à-coup la porte s'ouvre ; j'entends une personne gémissante se traîner péniblement vers mon lit ; je me lève à demi avec les convulsions de la terreur, & je tends une main glacée à l'objet que mon imagination prend pour un fantôme : je me sens alors saisie avec force par des bras ensanglantés ; le silence de la nuit, les cris inarticulés d'une mourante, l'idée sinistre des spectres, dont mon esprit est occupé, tout redouble mon horreur ; j'invoque le secours de ma mère ; mais à peine ce mot fatal est-il prononcé, que la personne qui me tient embrassée, tombe avec grand bruit, & m'entraîne dans sa chûte : nous perdîmes toutes deux connoissance.

Je ne sais pas combien de tems dura ce sommeil de mort ; mais à peine mes yeux commencèrent-ils à s'ouvrir, que je me vis environnée de femmes étrangères qui cherchoient à me rappeller à la vie; j'ignorois encore l'horrible scène de la veille, & je ne regardois la foiblesse de mes sens, la sueur froide dont j'étois inondée, & ce spectre livide & sanglant qui m'avoit tenu embrassée, que comme l'effet d'un songe qui avoit altéré les organes de mon imagination. Mon illusion ne fut pas de longue durée; dès que j'eus la force de me soutenir, je m'approche de mon lit, une lampe à la main, j'entrouve les rideaux & je vois…. à l'instant je jete un cri terrible, ma lampe tombe & s'éteint, & mes genoux se dérobent sous moi…… Sydnei, c'étoit ma mère, c'étoit le spectre…… La tendresse conservoit l'usage de mes sens, & je vivois pour souffrir; je me précipite sur ce corps presque inanimé, & je le tiens étroitement embrassé: peu à peu les membres glacés de ma mère reprennent une partie de leur ressort: elle entrouve un œil mourant; & dès qu'elle me reconnoît, elle me fait le récit de l'horrible tragédie qui l'avoit privée d'un époux, & qui alloit bientôt me priver moi-même de l'unique bien qui me faisoit encore chérir l'existence. J'allois ranimer un peu son espérance, & lui inspirer la sérénité, qui me manquoit à moi-même. Non, ma fille, me dit-elle, contemple ma blessure, vois le sang que j'ai répandu, je sens que je n'ai plus que quelques instans à vivre…. je n'ai que trop vécu….. Ah! si j'avois ton innocence!…. si je n'avois pas épousé…. Je vois que tu me pardonnes, & je meurs…..

Sydnei, pendant ce récit, avoit éprouvé toutes les sensations de son amante; ses yeux avoient les mêmes mouvemens, son visage prenoit les mêmes teintes, sa bouche sembloit partager sa respiration. — O Jenny! s'écrie-t-il tout-à-coup en se précipitant à ses pieds, tu as épuisé la coupe de l'adversité, le ciel & la terre t'abandonnent….. eh bien! tu n'en es que plus digne de moi.

Sydnei, je t'ai assez estimé pour te faire cette horrible confidence; j'ai pour père, un homme mort sur l'échafaud, ma mère a épousé un régicide; je suis sans titres, sans ressource & sans fortune; je ne puis déguiser ma naissance sans passer pour la plus vile des Angloises; je ne puis l'avouer sans être plus vile encore ; je marche sans cesse entre l'infortune & l'opprobre.... plains la triste Jenny, ne la méprise pas ; mais fuis-la pour jamais.

Moi, te fuir !.... DIEU & moi, voilà les seuls êtres dans la nature qui t'aiment encore.... Non, je ne t'abandonnerai pas à ta destinée ; les aveux que tu m'as faits augmentent, s'il est possible, ma vénération & ma flamme. Accorde-moi ta main ; c'est à ton époux à te consoler de la perte d'un père, de l'ingratitude de ta patrie, & du mépris de l'univers.

Respectable Sydnei..... mais non, ta vertu te seroit funeste, tu partagerois l'infortune que je porte avec moi depuis ma naissance : je ne t'épouserois pas, je t'entraînerois dans ma tombe.

Eh bien ! que je sois heureux un instant, & je consens de mourir..... Jenny...... vous vous troublez... ce regard.... Partagez-vous mon émotion ?.... Puis-je embrasser mon épouse ?....

Oui, je la suis, Sydnei..... il ne faut pas

que j'abandonne la vie sans avoir connu la félicité.... sans avoir justifié la providence.

Sydnei, ivre d'amour & de joie, embrassoit encore les genoux de Jenny, lorsqu'on entendit frapper avec force à la porte du jardin. Cet amant généreux essuie les larmes de joie qu'il venoit de répandre, se dégage des bras de son amante, & une lampe à la main, s'avance avec inquiétude vers la porte, & l'ouvre. — A l'instant des soldats se jettent sur lui, & on l'arrête au nom du roi ; le prisonnier jeta un cri d'effroi : Jenny accourut, & aussi-tôt la porte fut refermée.

Jenny éperdue, attendit long-tems dans le jardin l'issue de cette aventure ; elle monta ensuite en chancelant dans son appartement, se jeta sur un fauteuil, & s'abandonna à toute l'amertume de ses réflexions.

Sydnei, au point du jour, fut conduit chez le colonel Kirke ; le conseil de guerre étoit assemblé dans son cabinet ; on se hâta d'enchaîner l'accusé, & le colonel vint lui-même l'interroger.

LE COLONEL.

Sydnei, on vous accuse d'avoir trempé dans la rebellion du duc de Monmouth.

SYDNEI.

Milord, je fus l'ami du frère de mon roi, mais je ne suis point un rebelle.

LE COLONEL.

Monmouth fut un traître, & ses amis le sont aussi. — Comment osez-vous faire l'aveu d'une amitié si coupable ?

SYDNEI.

Je ne suis point assez lâche pour flatter un Juge ou pour trahir un ami. — Le duc de Monmouth m'a sauvé la vie, je l'ai honoré pendant sa prospérité, j'ai gémi sur ses erreurs, & je ne sais point outrager sa mémoire.

LE COLONEL.

Vous avez du moins été instruit de sa conspiration ?

SYDNEI.

Le duc de Monmouth m'estimoit trop pour

penser à faire de moi un rebelle ; c'est le combat de Sedgemor qui m'a appris ses projets, son crime & sa défaite.

LE COLONEL.

Mais après le combat de Sedgemor vous avez offert un asyle à ce traître ?

SYDNEI.

Je vois bien, milord, que je n'ai plus que quelques instans à vivre ; mais je ne les avilirai pas par le mensonge ou par la lâcheté. — Oui, j'ai tenté de dérober le duc de Monmouth au supplice : s'il avoit été vainqueur, je me serois à jamais banni de l'Angleterre ; mais dès qu'il a été malheureux, je n'ai plus vu en lui qu'un ami.

LE COLONEL.

Sydneì, j'admire votre franchise. — Que pensez-vous du roi Jacques, & de son ministre Jeffreys ?

SYDNEI.

Milord, prononcez ma sentence.

LE COLONEL.

Répondez au nom du roi.

SYDNEI.

Vous le voulez. — Je respecte mon prince ; je voudrois mourir pour lui, plutôt que sur un échafaud. — Mais quand on choisit un fanatique pour son ministre, & un soldat pour juger des citoyens.... on n'est pas digne de commander à des Anglois.

LE COLONEL.

Il prononce lui-même son arrêt : qu'on le traîne à l'échafaud.

On conduisit l'intrépide Sydnei dans un cachot pour y rester jusqu'à l'exécution de la sentence. A peine y fut-il entré, qu'il s'ouvrit la veine avec une aiguille, & écrivit, avec son sang, ce terrible billet adressé à Jenny.

« Chère épouse, votre oracle est accom-
» pli..... on m'a condamné comme rebelle,
» mais je meurs vertueux & digne de vous. —
» Fuyez cette terre cruelle qui dévore ses ha-
                                    » bitans.

» bitans. — Confolez-vous: votre époux ne
» meurt pas tout entier; fon ame vous attend
» au-delà de la tombe.

Le geolier, féduit par la vue d'un diamant,
fe laiffa engager à prendre ce billet & le porta
lui-même à fon adreffe.

Quand j'aurois le ftyle de Rouffeau, & le
génie de Richardfon, je peindrois foiblement
les tranfports impétueux de Jenny à la lecture
du billet fatal de fon amant; ces inftans pathé-
tiques qui déchirent l'ame, fe fuppofent & ne
fe définiffent pas.

Jenny n'a point recours à la froide reffource
des gémiffemens; elle vole chez le colonel
Kirke, & lui demande une audience fecrète.
Dès qu'elle l'apperçoit, elle tombe à fes genoux: mylord, s'écrie-t-elle en reprenant haleine prefque à chaque mot, vous avez condamné à la mort le chevalier Sydnei.....
c'eft le plus vertueux des hommes..... c'eft
mon époux.... Elle ne put en dire davantage, mais les larmes dont fon vifage étoit
inondé, le mouvement de fes lèvres tremblan-
tes, & les palpitations de fon fein plaidoient

éloquemment en fa faveur. Le féroce guerrier ne foutint pas long-tems le fpectacle de tant de charmes & de tant de douleurs : Jenny, dit-il, je fuis ici le feul arbitre de la deftinée de votre époux ; mais fi je le rends à vos larmes, par quel prix..... Si vous le rendez, grand DIEU ! vous ne ferez que jufte aux yeux du ciel, mais vous ferez aux miens le plus généreux des hommes.

Chaque mot de Jenny enflammoit encore davantage le tyran ; il la relève, la fait affeoir auprès de lui ; & lui faififfant la main, madame, dit-il, que Sydnei eft coupable à mes yeux ! il eft votre époux ?....

Jenny rougit & recule fon fiège ; le colonel rapproche le fien ; & ferrant avec ardeur le bras de l'infortunée, quoi, dit-il, tant de charmes feroient au pouvoir d'un traître !

Sydnei un traître !.... Eh bien ! mylord, s'il l'eft, c'eft fa grace que j'implore.

Belle étrangère, vous demandez fa grace. Que ces regards ardens font bien fûrs de l'obtenir, mais par quel prix.....

Eh ! que peut une malheureufe qui n'a hérité de fes pères que l'opprobre & le défefpoir, pour fatisfaire le miniftre des rois? Ah! fi j'étois moi-même fur le trône, je croirois, par un vil falaire, dégrader la vertu.

Non, non, Jenny, un inftant de foibleffe ne peut dégrader un cœur tel que le vôtre... Eh! que craignez-vous? La nuit couvrira de fon ombre ce fecret terrible, & demain les embraffemens d'un époux épureront...

Barbare, je t'entends; c'eft de mon opprobre que tu attends le prix de ton odieufe clémence; tu feras adultère, afin d'être jufte....

Et vous aimez votre époux?...

Va, laiffe-moi.... je confens d'être malheureufe; mais je ne veux pas être vile.... J'ai lu d'un feul regard dans les replis de ton ame criminelle; tant d'iniquité de ta part me démontre l'innocence de mon époux: qu'il meure.... Lui mourir!.... Homme barbare, je retombe à vos genoux; au nom de tout ce qui vous eft cher fur la terre, rendez à ma douleur votre victime; n'exigez pas d'une femme éplorée le plus affreux des facrifices; permettez que je puiffe encore lever vers le ciel des regards fereins ; ne me forcez pas à un attentat que les remords d'une vie entière ne fauroient effacer.

Un tigre auroit respecté tant de vertu ; le tyran n'en devint que plus ivre d'amour & plus avide de crimes. Non, dit-il, je ne fais point facrifier ma félicité à de frivoles fcrupules; ce foir je ferai le plus fortuné des hommes, ou vous n'aurez plus d'époux.... Je confens cependant à ménager votre jufte délicateffe ; ce palais eft expofé aux regards du public ; — c'eft chez vous que je veux tomber à vos pieds, & vaincre vos mépris ; ce foir je m'y rendrai en filence & fans fuite : fi votre porte eft ouverte, votre époux a fa grace ; finon, tremblez.

Soldat féroce !... & tu crois que la voix d'un homme fuffit pour me faire trembler ? va, j'ai l'ame plus haute que toi, puifque je n'ai point encore fait l'apprentiffage du crime : effaie de fauver mon époux, & de me faire fubir, à fa place, le fupplice des traîtres ; tu verras, fi j'ai mon innocence, avec quelle fierté je monterai fur l'échafaud ; l'époufe de

Sydnei craint DIEU & l'opprobre, mais elle se croit faite pour braver les tyrans.

Adorable furie, je me crois assez grand pour vous pardonner ce soir tant d'outrages.... ce soir.....

Jenny sort, la rage dans les yeux, & la mort dans le sein ; elle entre d'abord dans le berceau qui a été témoin de ses derniers sermens, & se jetant à genoux : arbitre suprême de mes jours, s'écrie-t-elle, je ne t'impute point mes malheurs ; — tu es sans doute le DIEU du bien, puisque c'est moi qui l'attefte..... mais si ma vie fut pure, si le cœur de Sydnei est digne de toi, — enlève-moi dans ton sein & sauve-moi d'affreux blasphêmes.

Cette prière terrible ne fait qu'aigrir le fiel qui la dévore ; elle monte dans son appartement ; & jetant un regard sur son lit, voilà, dit-elle, la place que Sydnei devoit occuper : sa place n'est plus que dans mon cœur.... Sydnei.... Ah ! quand je serois assez malheureuse pour vivre encore, qui pourroit jamais remplir cette place fatale ? Je n'eus qu'un père, je n'aurai jamais qu'un époux.

Mon époux !.... il mourra, & j'ai pu le sauver ! & j'ai pu !.... quelle horrible alternative ! de subir la haine de la terre, ou de la mériter.

Mais si ma vertu étoit moins cruelle ! si je ne livrois à mon tyran que ce corps que la mort va bientôt engloutir ! si, tandis que des amantes vulgaires sacrifient leur vie à un amant, je sacrifiois mon honneur à un époux !.... je n'y survivrois pas.... n'importe, soyons vile & mourons.

Jenny ne laisse point à son délire le tems de se calmer, elle se précipite vers la porte de sa maison, l'ouvre avec agitation, remonte & tombe évanouie aux pieds du lit qu'elle alloit profaner.

Quand elle eut repris l'usage de ses sens, elle appréhenda un souvenir funeste; & prenant un vase où étoit renfermée une liqueur assoupissante dont elle usoit tous les soirs pour se procurer quelques heures de sommeil, elle double la dose, ne prononce que ces mots, Dieu ! Dieu ! avale le breuvage & s'endort sur un fauteuil.

Le colonel, vers le minuit, se rend chez Jenny, trouve sa porte entr'ouverte, jouit du fruit de ses crimes.... & le monstre se croit heureux.

Vers le point du jour le sommeil léthargique de Jenny se dissipe; elle voit à ses côtés le tyran, & ne doute plus de son opprobre. — Barbare, s'écrie-t-elle, je n'accuse que moi de tant d'infâmie; je te pardonne; fuis, & rends-moi mon époux.

Votre époux, dit le colonel? il vous attend dans la place publique: venez, Jenny...... & voyez. A ces mots, il l'entraîne vers la fenêtre du cabinet, l'entr'ouvre, & lui montre le cadavre de Sydnei, suspendu à un gibet de trente pieds... Ah! monstre, s'écrie-t-elle.... Elle dit, & tombe morte à ses pieds.

ARTICLE VI.

Réflexion sur l'histoire de Jenny.

JE ne connois point d'argument métaphysique plus fort que la preuve morale que je viens d'expofer. Pour peu qu'on réfléchiffe fur ce mouvement d'ofcillation dans la fociété, qui tend à placer d'un côté les biens & le bonheur, & de l'autre la mifère & l'opprobre, on verra qu'il y a des milliers d'hommes auffi malheureux que Jenny, & peut-être moins coupables. Quand il n'y en auroit qu'un feul, l'induction contre la Divinité feroit auffi terrible : fi ce malheureux eft anéanti, ce monde eft l'ouvrage du mauvais principe, la providence eft une chimère, & DIEU eft le plus affreux des tyrans.

Je nais avec le germe des maladies les plus cruelles ; je m'en confole par la tendreffe d'un père, & il me déshonore ; je me jette dans les bras de ma patrie, & elle me perfécute ; je prie l'Être fuprême de m'enlever dans fon fein, &

il m'anéantit. — Quelle est la religion où mon existence ne seroit pas alors le crime de la Divinité ? Quel est le législateur qui auroit droit de m'interdire le blasphême de Brutus ?

Ce raisonnement doit frapper le théologien comme le philosophe, & l'artisan comme le géomètre, parce que tous ces êtres sont sensibles.

Platon, Clarke & Descartes m'ont étonné, mais ne m'ont point convaincu : que m'importent les raisonnemens sublimes de ces métaphysiciens sur l'immortalité de l'ame ? mon esprit n'accorde son assentiment qu'à l'évidence, & non à l'autorité ; & l'unique fruit que je tire de la lecture de ces grands hommes, c'est de desirer que leur ame soit immortelle comme leur génie.

Il n'en est pas de même de la preuve que fournit l'horrible dissonnance que le mal physique & le mal moral introduisent au milieu de l'harmonie de l'univers. Le pâtre, qui végète, sent qu'il est malheureux, comme le sage qui raisonne ; si l'ame est anéantie, tout le systême des êtres leur paroît l'ouvrage de la plus aveugle des intelligences ; mais si elle est immortelle, que leur importe la nature & les hommes ? DIEU leur reste, & le problême est expliqué.

Trois classes de philosophes peuvent attaquer le corollaire que je tire de l'histoire de Jenny. Examinons, dans le silence des préjugés, si le genre humain seroit assez malheureux pour que la cause que je défends ne fût pas celle de la vérité.

ARTICLE VII.

Du Systéme que tout est mal.

ON a vu dans tous les tems de pieux fanatiques, au teint blême & à l'esprit faux, qui ont avancé que tout étoit mal sur la terre: il n'y a point de paradoxe à dire que cette opinion conduit au dogme de l'anéantissement.

L'HOMME SEUL.

Si tout est mal, on doit en conclure que le premier moteur a manqué d'intelligence; or, comment une cause aveugle produiroit-elle un effet immortel ?

Si tout est mal, comment l'homme a-t-il l'idée du bien ? comment peut-il mériter l'immortalité ?

Si tout est mal, quelle confiance nous reste-t-il dans le premier principe ? desirer notre félicité, c'est desirer d'être anéanti.

Tout est mal, stupide misanthrope ! & le soleil t'éclaire, & tu respires l'air serein de la liberté ! & tu as le pouvoir sublime de faire des heureux !

Il y a du mal sans doute sur la terre, puisque tes sophismes y introduisent la crainte & le désespoir; mais j'écouterai les philosophes, & je serai bien; la mort me placera dans le sein de la Divinité, & je serai encore mieux.

ARTICLE VIII.

De l'Opinion que la quantité du mal est nécessairement égale à celle du bien.

UN philosophe moderne qui a cru penser d'après la nature, en ne pensant que d'après lui-même, a dit que le bien & le mal étoient nécessairement dans une égale proportion (*a*): ce créateur de l'équilibre n'a pas vu que son hypothèse n'étoit pas favorable au dogme de l'immortalité.

Si la somme des biens est égale pour tous les hommes à celle des maux, la Providence s'est acquittée envers nous, & elle ne nous doit pas l'immortalité.

Mais ce système d'équilibre ne seroit-il pas fondé sur des sophismes ? Son inventeur s'appuie sur les principes des métaphysiciens, & sur les calculs des géomètres ; n'auroit-il pas eu tort d'étudier, pour résoudre un pareil pro-

---
(*a*) *De la nature*, par J. B. Robinet, *tom.* I, *ch.* 23.

blême, Euclide & Leibnitz, plutôt que le grand livre de la nature ?

Lamotte Levayer, à qui la philosophie doit plus qu'elle ne s'imagine, après avoir long-tems pefé les biens & les maux de l'exiftence, difoit qu'il ne voudroit point recommencer à vivre aux mêmes conditions fous lefquelles il avoit vécu ; cependant Lamotte Levayer avoit du crédit à la cour, de la fortune & des amis, & l'envie le croyoit heureux.

D'abord le bien phyfique n'eft nullement en proportion avec le mal phyfique : & un coup d'œil jeté fur le globe, fuffit pour le démontrer.

Des révolutions extraordinaires ont changé plus d'une fois fa furface; la mer a englouti de vaftes continens ; un feu forti des entrailles de la terre, a dévoré des villes puiffantes; des déluges fréquens, tels que ceux de Noé, de Deucalion & d'Ogygès, ont bouleverfé l'Europe & l'Afie ; alors des générations entières ont difparu, & notre petite planète a été fur le point de fubir le fort de ces foleils qui s'éteignent de tems en tems dans les déferts infinis de l'efpace.

On a vu des pestes, telles que celles du quatorzième siècle, faire le tour du globe, & enlever les deux tiers de l'espèce humaine dans les régions où elle eut le moins d'activité (*a*); ce fléau, s'il en faut croire nos annales, fut accompagné d'une vapeur de feu qui embrassa près de deux cents lieues d'étendue, & de nuages d'insectes venimeux qui étouffèrent par-tout la végétation dans son germe; vers le même tems le feu de la guerre embrasoit l'Europe; & les malheureux qui échappoient à la peste, avoient encore la force de s'entre-détruire.

Le nouveau monde, quoique plus récemment sorti du sein des eaux, n'a pas eu moins à se plaindre que l'ancien du mal physique; presque tous les hommes y sont atteints du mal vénérien: depuis le détroit de Magellan, jusqu'à la terre de Labrador, où il finit pour faire place au scorbut, qui n'est peut-être que le même fléau diversement modifié.

Lorsque l'Espagne descendit en Amérique pour en faire un désert, elle lui donna la petite

---

(*a*) Voy. *istoric di Mathxo Vilani*, lib. I.

vérole, qui enleva la moitié des Sauvages échappés au fer des conquérans & au bûcher des inquisiteurs ; & elle en reçut en échange cette maladie honteuse & cruelle qui empoisonne encore aujourd'hui dans les deux mondes les organes de nos plaisirs, & y tarit la source des générations.

Environ 150 ans avant la conquête de l'Amérique, la lèpre exerçoit ses ravages dans l'Europe; & nos historiens ont calculé qu'il y avoit dans la chrétienté dix-neuf mille hôpitaux destinés à traiter, je ne dis pas à guérir, cette horrible maladie; il est heureux que la lèpre & le mal vénérien ne se soient pas rencontrés sur le globe : car c'en étoit fait de l'espèce humaine.

J. B. Robinet prétend (*a*) que la vertu des spécifiques est proportionnée à la malignité des maladies. Que de réponses je ferois à ce paradoxe, si je voulois faire un livre aussi gros que le sien !

(*a*) *De la nature*, tom. 1, ch. 24.

Quel est le spécifique de la goutte, & de l'humeur corrosive qui forme les cancers ?

Vous dites qu'il est dans la nature, & que la postérité saura le découvrir : que m'importe ? Je meurs dans les tourmens, & mon petit-fils sera guéri ; voilà une grande consolation pour la génération présente. S'il n'y a point d'équilibre à présent, il n'y en aura jamais.

Quand même il y auroit des remèdes infaillibles pour chaque maladie, l'équilibre philosophique n'en seroit pas mieux conservé. La gravelle est un mal ; l'opération qui la guérit est-elle un bien ? Un instant me donne une pleurésie, & il faut souvent trois mois pour me guérir. Ce rapport se trouve encore moins dans l'ordre moral : aucun individu ne porte en soi un germe égal de vices & de vertus. Il y a dans la société mille Anitus pour un Socrate ; le juste vit obscur, & les grands criminels gouvernent l'univers.

Il est important de réfuter plus en détail le système de J. B. Robinet ; je m'apperçois qu'il a séduit jusqu'à des philosophes, soit parce qu'il a fallu un gros volume pour l'expofer, foit peut-être parce que c'eſt un ſyſtême.

Notre ingénieux écrivain appuie ſon opinion ſur ce principe, que les créatures perdent à chaque moment autant d'exiſtence qu'elles en reçoivent (a). Je ne découvre point dans cette idée la préciſion géométrique dont ſon auteur fait gloire : l'inſtant où l'homme acquiert, l'inſtant où il perd, & l'inſtant où il jouit, ne ſont ſûrement pas les mêmes ; de plus, l'enfant & le vieillard ne perdent une exiſtence pénible que pour acquérir une exiſtence douloureuſe. Il faudroit donc pour que l'équilibre fût conſervé, que les jeunes gens & les hommes faits fuſſent toujours heureux ; mais ſi quelqu'un avançoit un tel paradoxe, feroit-il néceſſaire de le réfuter ?

Un enfant & un vieillard ſont ſûrement malheureux : quelle eſt la compenſation pour un cinquième des hommes qui meurt avant l'âge viril ? Quelle eſt-elle pour ces malheureux qui vivent, & qui ne ſortent jamais de l'enfance ?

(a) *De la nature*, tom. 1, ch. 9, p. 53.

On m'oppoferoit en vain l'exemple des Sauvages. Il n'eft pas décidé qu'un Miffouris foit plus heureux que nous parce qu'il n'a pas tous nos befoins. De plus, les Miffouris & leurs femblables occupent quelques déferts, & les deux continens font peuplés de malheureux.

J. B. Robinet, toujours entraîné par l'efprit de fyftême, prétend que les êtres donnent toujours l'exiftence aux dépens de leurs organes (a) : cela eft vrai pour le cerf qui s'épuife dans la faifon du rut, & pour l'homme blafé qui veut jouir fans avoir des fens; mais le fage affermit fon exiftence en produifant fon femblable : tel fut le père de Montagne.

« Faites difparoître un mal, dit notre phi-
» lofophe, & vous fupprimerez un bien. Que
» deviendroient les fources chaudes où les
» paralytiques recouvrent le fentiment, fans
» les feux fouterrains que produifent les érup-
» tions du Véfuve & de l'Etna (b) ? » — Je ne fais, mais j'aimerois beaucoup mieux qu'il n'y eût ni volcans ni paralytiques.

(a) *Ibid. pag.* 93.
(b) *Ibid. ch.* 8, *p.* 52.

PARTIE II.

« Les plaintes de l'homme fur la cruauté » des animaux féroces, ne viennent que » d'une ignorance profonde de leur organi- » fation (*a*). » -- Eh! que m'importe que l'eſtomac du tigre ne puiſſe digérer que des chairs crues, qu'il ne ſoit porté à ſe déſaltérer que dans le ſang, & qu'il ne puiſſe ſe conſerver qu'en dévorant les membres mutilés de ſes victimes? Je demanderai toujours à la nature pourquoi elle a organiſé le tigre.

Le docteur Méad a très-bien prouvé que le poiſon de la vipère étoit néceſſaire à ſon exiſtence (*b*); mais quand la vipère n'exiſteroit pas, y auroit-il dans l'échelle des êtres un vuide qui feroit ſoupçonner DIEU d'impuiſſance?

Le chapitre le plus ſingulier du livre que j'examine, a pour titre : *compenſation des maux que la guerre produit*. L'auteur y dit en propres termes: *La guerre purge nos villes d'une foule de mauvais ſujets qui ne ſont bons qu'à ſe*

(*a*) *Ibid.* pag. 69.
(*b*) *Œuvres de Méad*, tom. I, pag. 73.

faire tuer (*a*). — Ceci ne peut être lu que par des hommes ; ainsi il est déjà réfuté.

Si J. B. Robinet n'a voulu que plaisanter en justifiant le fléau de la guerre, je le compare à Erasme, qui a fait l'éloge de la folie ; si son but étoit d'instruire, je respecte trop son ame & ses lumières pour le comparer à l'auteur de l'apologie de la saint Barthelemi.

Quand même il seroit nécessaire que la moitié du genre humain égorgeât l'autre pour se conserver, je croirois toujours qu'il y a sur la terre plus de mal que de bien. Les hommes assassinés sont malheureux, les assassins le sont encore davantage.

Il y a dans le livre *de la nature* beaucoup d'autres propositions dont l'auteur fait des

───────────────

(*a*) *Ibid. ch.* 17, *p.* 126. La suite de ce chapitre est très-conséquente : « D'habiles calculateurs, dit-on, démontrent » que le genre humain se doubleroit au moins dans l'inter- » valle de quatre siècles, s'il n'était livré qu'aux causes » naturelles de la mort ; or la terre, dans cette suppo- » sition, se trouveroit bientôt hors d'état de nourrir ceux » qui l'habitent ; donc, &c. » *Ibid. p.* 127. Ce calcul seroit admirable, si l'auteur avoit employé l'ironie de Socrate pour justifier les meurtres réfléchis ordonnés par les rois.

axiomes ; mais loin de servir à prouver d'autres assertions, ces axiomes auroient eux-mêmes besoin de preuves.

Est-il vrai que le principe de l'intérêt produise autant d'harmonie parmi les hommes que de désordres (*a*) ?

Est-il vrai que les biens & les maux s'accumulent ensemble sur la tête du despote (*b*) ?

Est-il vrai que les siècles d'ignorance ont fait moins d'honneur à l'humanité, & que les âges savans lui ont fait plus de tort (*c*) ?

Est-il vrai que le mal soit aussi naturel à l'homme que le bien (*d*) ?

Est-il vrai sur-tout que dans le total, la science des mœurs soit un système de maximes injustes intercalées à des principes d'équité(*e*) ?

Toutes ces maximes ne sont point démontrées : si elles l'étoient, le système qu'elles appuient s'écrouleroit encore ; car il s'ensui-

___

(*a*) *Ibid.* p. 111.
(*b*) *Ibid.* p. 119.
(*c*) *Ibid.* p. 122.
(*d*) *Ibid.* p. 143.
(*e*) *Ibid.* p. 166.

vroit que nous sommes encore plus malheureux que nous ne croyons l'être.

Les fastes du genre humain attestent qu'il y eut un tems où l'angle d'inclinaison de l'équateur sur le plan de l'écliptique étoit effacé. Il y avoit sûrement alors beaucoup de bien physique & peu de mal ; mais depuis la grande révolution que l'univers a subie, la nature s'est dégradée, comme un cèdre dont la foudre auroit brûlé les racines, & il y a aujourd'hui plus de mal physique que de bien.

Le système de l'équilibre n'est pas plus vrai pour les races que pour les individus. La race des blancs est en général malheureuse par le mal qu'elle se fait & par celui qu'elle cause ; les nègres accusent la nature & les blancs de leurs malheurs ; les nègres blancs s'en prennent également aux blancs, aux Nègres & à la nature.

L'arbre du bien & du mal n'a que deux branches ; mais le poids énorme de la dernière écrase l'univers.

ARTICLE IX.

De l'Optimisme.

PARTIE II.

SI jamais il y eut une entreprise qui caractérisât l'audace de l'esprit humain, ce fut lorsque des hommes de génie entreprirent d'anéantir le mal de dessus la terre, firent résulter, du désordre des parties, l'harmonie de l'ensemble, & voulurent forcer le genre humain à s'applaudir de ses désastres, comme un guerrier généreux, expirant sur le champ de bataille, s'applaudiroit des blessures qui l'ont fait triompher.

Les optimistes ont créé un monde comme Descartes : pendant qu'on admiroit les connoissances profondes des architectes, l'édifice a disparu.

Platon est je crois, le premier des optimistes. « Il n'y a, dit ce philosophe, que cinq
» corps solides réguliers, le tétraède, le cube,
» l'exaèdre, le dodécaèdre & l'icosaèdre : ainsi
» l'éternel Géomètre n'a pu créer que cinq

» mondes ; & des cinq il a choisi le meilleur, » qui est celui que j'habite, & où je compte » bien fonder ma *république*. »

Malheureusement il se trouve que notre planète n'est ni un cube, ni un tétraède, ni même un corps solide régulier, mais un sphéroïde applati vers ses deux extrémités ; & nos académiciens qui ont mesuré, pour le prouver, les degrés du pole & de l'équateur, sont un peu plus croyables que Platon, qui dans son cabinet arrangeoit des moules pour fabriquer des mondes.

Bolingbroke & Shaftesbury, meilleurs physiciens que Platon, donnèrent une autre base à son édifice de l'optimisme ; ils dirent qu'il n'y avoit point de mal réel, & que les prétendus maux des individus étoient le résultat du bien général ; Pope délaya cette idée dans les quatre chants de son essai sur l'homme ; & Londres, flattée de voir l'optimisme en beaux vers, l'adopta comme une des vérités éternelles de la nature.

Leibnitz posa le comble au château aérien ; il fit un système lié des diverses branches de l'optimisme, & crut alors avoir trouvé la clef du monde moral, comme Newton, son rival, avoit trouvé celle du monde physique.

Il faut voir dans l'inintelligible *Théodicée* de cet homme célèbre, combien il a été obligé de faire de sacrifices à la raison pour soutenir sa chimère du meilleur des mondes : c'est là qu'il dit *qu'un moindre mal est une espèce de bien* (*a*) ; c'est là qu'on voit *que si ce globe avoit été créé sans mal physique & sans mal moral, il n'en auroit pas été meilleur pour cela* (*b*). — Jamais Platon n'a tant déraisonné

___

(*a*) *Théod.* parag. 8, pag. 488.

(*b*) *Théod.* ib. & quand Leibnitz voit sa logique en défaut, il devient rhéteur ; au lieu de raisonner, il compare : par exemple, veut-il prouver que deux maux composent un bien, il renvoie à ce corps sec que produisent l'esprit de vin & l'esprit d'urine, mélangés suivant la théorie de Vanhelmont ; il fortifie son idée en ajoutant que plus d'un général d'armée, a fait une faute heureuse qui a causé le gain d'une bataille, & qu'on chante à la messe la veille de Pâques que le crime d'Adam a fait le bonheur du genre humain, puisqu'il a été si bien réparé. — Malheureusement le procédé chymique de Vanhelmont, l'erreur du général d'armée & l'antienne de Pâques n'expliquent rien en métaphysique ; & nous n'en sommes pas moins tourmentés par le mal physique & le mal moral, dans ce meilleur des mondes.

avec ses mondes cubes & ses mondes dodécaèdres : si d'ailleurs ce système dans Leibnitz n'étoit pas accompagné d'un appareil philosophique de connoissances qui en impose, il auroit fallu laisser à Candide seul le soin de le réfuter.

Toutes les idées de Platon, de Bolingbroke, de Leibnitz & de Shaftesbury se trouvent réunies dans une page éloquente d'*Emile*. Je vais la transcrire, avec mes réflexions, persuadé que si on n'est pas satisfait de mes réponses, on le sera du moins de ma bonne foi.

« Homme, ne cherche plus l'auteur du mal;
» cet auteur, c'est toi-même : il n'existe point
» d'autre mal que celui que tu fais ou que tu
» souffres, & l'un & l'autre te viennent de
» toi : le mal général ne peut être que dans le
» désordre; & je vois dans le système du monde
» un ordre qui ne se dément point : le mal par-
» ticulier n'est que dans le sentiment de l'être
» qui souffre ; & ce sentiment, l'homme ne l'a
» pas reçu de la nature, il se l'est donné. La
» douleur a peu de prise sur quiconque, ayant
» peu réfléchi, n'a ni souvenir ni prévoyance :

» ôtez nos funestes progrès, ôtez nos erreurs
» & nos vices, ôtez l'ouvrage de l'homme, &
» tout est bien. » *Emile*, tom. 3. édit. *in*-12.
pag. 81.

Je suppose qu'on lût ce fragment d'*Emile* à un nègre du Sénégal récemment fait esclave; croyez-vous qu'il laisseroit ces sophismes sans réponse ?

Homme, ne cherche plus l'auteur du mal; cet auteur, c'est toi-même : il n'existe point d'autre mal que celui que tu fais & que tu souffres, & l'un & l'autre te viennent de toi.

« Laissons là l'homme en général, diroit
» l'Africain, c'est un être métaphysique que
» je ne suis pas à portée d'atteindre : tu vois
» en moi un malheureux individu de l'espèce
» humaine, qui ne connoît l'existence que
» par le sentiment de la douleur, que la
» nature maltraite, que l'homme persécute, &
» que la philosophie vient tourmenter encore
» par ses dilemmes.

» Je n'ai point fait le mal moral qui existe :
» ce n'est pas moi qui me suis donné le despote
» nègre qui me vend à des Européens ; ce n'est

» pas moi qui ai engagé des brigands euro-
» péens à trafiquer de mon fang & de ma vie
» pour donner un prix au fucre & à la coche-
» nille.

» Comment ofe-t-on dire que j'ai fait le
» mal phyfique que je fouffre ? Eft-ce ma faute
» fi je fuis né fur les fables embrafés de l'Afri-
» que, plutôt que dans les plaines riantes &
» fertiles de l'Indoftan ? Eft-ce moi qui ai
» allumé dans les entrailles de ce volcan ces
» flammes qui ont dévoré ma famille ? Eft-ce
» moi qui ai forgé les chaînes dont on vient
» de charger mes mains, les mains de cet être
» que tu dis né pour la liberté & l'indépen-
» dance ? »

*Le mal général ne peut être que dans le défor-
dre ; & je vois dans le fyftême du monde un
ordre qui ne fe dément point.*

« Ce n'eft pas moi qui vais te répondre, ce
» font tes monumens aftronomiques & tes
» hiftoires.

» On s'accorde dans ton Europe à dire qu'il
» y eut un tems où l'angle d'inclinaifon de
» l'équateur fur le plan de l'écliptique étoit

» effacé : le monde physique étoit sûrement
» alors bien plus heureux qu'il ne l'est aujour-
» d'hui. Quoi ! le globe a subi une révolution
» qui a fait à jamais le mal de la moitié des
» hommes qui l'habitent, & l'ordre ne s'est
» pas démenti ?

» Laisse là ce globe où je souffre, & où tant
» de sophistes déraisonnent ; mais crois-tu que
» l'ordre des mondes ne se démente jamais ?
» Pourquoi donc ce soleil, en s'encroûtant,
» fait-il le mal général de tant de planètes ?
» Pourquoi y a-t-il dans les régions du firma-
» ment des mondes entiers qui s'anéantissent ?

» Si on examine ensuite cet ordre par rap-
» port aux intelligences qui habitent ces mon-
» des, croit-on les consoler par de vains so-
» phismes ? Par exemple, est-il dans l'ordre
» que les êtres qui vivent dans la comète de
» 1680, éprouvent dans son apogée un froid
» mille fois plus grand que celui de notre
» pole, & dans son périgée une chaleur mille
» fois plus vive que celle de la zone torride ? »

*Le mal particulier n'est que dans le senti-
ment de l'être qui souffre ; & ce sentiment,*

l'homme ne l'a pas reçu de la nature ; il se l'est donné.

« Quoi ! l'homme n'a pas reçu de la nature
» le sentiment de la douleur ? Pourquoi donc
» le premier instant où je vois la lumière,
» est-il un sentiment pénible d'existence, que
» j'exprime par mes gémissemens ? Quel est
» l'être intelligent qui n'a jamais souffert ? Et
» comment un sentiment que tous les indivi-
» dus de l'espèce humaine partagent, ne se-
» roit-il pas l'ouvrage de la nature ? »

La douleur a peu de prise sur quiconque, ayant un peu réfléchi, n'a ni souvenir ni prévoyance.

« La douleur a peu de prise ; mais quand
» elle en auroit encore moins, ce peu suffit
» encore pour que tout le système de l'opti-
» misme soit renversé de fond en comble.

» Ajoutons, qu'il n'est pas prouvé que
» l'homme qui ne réfléchit pas soit l'homme
» de la nature. »

Otez nos funestes progrès, ôtez nos erreurs & nos vices, ôtez l'ouvrage de l'homme, & tout est bien.

« Encore une fois, nos erreurs & nos vices
» n'ont point produit le mal physique; pour
» nos progrès, ils ont servi souvent à nous en
» montrer le remède.

» Si nous examinons la balance du bien &
» du mal, nous trouverons que l'homme a mis
» un poids égal dans les deux bassins.

» Non, tout n'est pas bien, puisque tout
» peut être mieux.

» Le soleil allume dans mes veines une fièvre
» ardente, & je la guéris en exprimant dans
» ma boisson le suc des végétaux.

» L'ignorance des nègres est une maladie
» nationale ; mais j'ai éprouvé qu'on pouvoit
» la faire disparoître, en étudiant les arts de
» l'Europe, en lisant ses livres, & en interro-
» geant la nature.

» Les monstres dont je suis esclave, ont une
» morale atroce; mais mon cœur mieux ins-
» truit s'en indigne & la désavoue.

» Je suis mal sur ce globe, avec mon soleil,
» mes maladies & mes chaînes ; mais je m'en
» console ; car je suis immortel & je serai
» mieux. »

Il seroit difficile, je pense, de répondre à ce nègre ou du moins il y auroit une barbarie extrême à le tenter.

Je n'ai jamais pensé à l'optimisme sans me rappeller l'inscription du pont de Babaroneck à Ispahan : *le monde est un pont ; hâte-toi de le traverser, mesure & pèse tout ce qui se trouve sur le passage, tu verras que le mal entoure le bien & le surpasse* (a) ; ce pont est plus véridique que *l'essai sur l'homme* & la *Théodicée.*

Ajoutons que l'optimisme est dangereux en morale : en effet, si ce monde est le meilleur des mondes possibles, pourquoi desirerions-nous un avenir plus heureux ? s'il est conforme à l'ordre général, que les roues qui font jouer la grande machine se détruisent par les frottemens, devons-nous desirer de survivre à nos malheurs ?

Heureusement l'optimisme n'est qu'un beau songe ; il y a assez de bien dans la nature pour nous faire chérir notre existence ; & il

---

(a) Voy. de Chardin, tom. VIII, pag. 220.

s'y trouve trop de mal pour ne pas nous en faire desirer une plus fortunée.

Des philosophes ont calculé que dans la vie ordinaire la somme des maux surpasse celle des biens (*a*). Il suffit de replier un instant son ame sur elle-même pour en savoir sur ce sujet autant que Fontenelle & Maupertuis.

Le bonheur & le malheur circulent ensemble dans le monde; mais la matière du dernier est plus homogène avec les parties constitutives de notre être.

On cherche dans presque tous les climats des remèdes au malheur d'exister; c'est pour cela que le François crée de nouveaux plaisirs, que le Sauvage s'enivre, & que l'Anglois se tue.

Quel est l'homme satisfait de son état, & qui voudroit à jamais en prolonger la durée? Si DIEU accomplissoit les desirs de la plu-

---

(*a*) *Voy.* œuvres de Maupertuis, *tom.* 1, essai de philosophie morale; & Fontenelle, *tom.* 3 de ses œuvres, *pag.* 244.

part de ses adorateurs, & supprimoit de leur existence tous les momens qui les importunent, le vieil Nestor ne vivroit peut-être que quelques heures.

L'HOMME SEUL.

Le bonheur est si peu fait pour nous, que le PLAISIR qui le compose, s'affoiblit par la jouissance : il n'en est pas de même de la douleur ; sa durée ne fait qu'en augmenter l'activité ; ce qu'on a souffert ne fait qu'ajouter au moment où l'on va souffrir.

Que doit-on conclure de cet exposé ? Que l'homme de bien ne doit pas se plaindre de la vie, ni appréhender la mort ; que les inventeurs de l'optimisme peuvent être des hommes de génie, mais que notre ame est immortelle.

CHAPITRE IX.

De l'Ame en qualité d'être sensible.

ON raisonne depuis plus de cinquante siècles sur l'esprit & sur la matière; cependant on ne connoît encore exactement aucune de ces substances. Les objets ne frappent point immédiatement sur l'ame; les sens sont le milieu interposé entr'eux & nous; & nous mourrions aveugles si nous ne tenions par cinq points à la nature.

La plus saine partie de l'antiquité a cru que les idées de l'homme venoient toutes de ses sens, & le peuple sur ce sujet, n'avoit pas d'autre croyance que les philosophes; il étoit égal alors, pour admettre ce principe, de ne pas raisonner, ou de faire l'analyse de l'ame; & l'ignorance sembloit conduire à la vérité aussi sûrement que les lumières de Pythagore & le génie d'Aristote.

Il y eut cependant quelques métaphysiciens

qui firent le procès aux sens, non par amour pour la vérité, mais afin de devenir chefs de sectes. Pyrrhon, qui pensoit que nos organes n'étoient destinés qu'à nous tromper, agissoit en conséquence de cette théorie, & lorsqu'il rencontroit un précipice en son chemin, il ne se détournoit jamais ; heureusement pour ce philosophe, que ses disciples l'accompagnoient dans toutes ses courses, & il vécut quatre-vingt-dix ans, toujours faisant usage de ses sens, & toujours déclamant contre eux.

Ce fou systématique eut peu de partisans ; il étonna son siècle ; mais avant sa mort son paradoxe étoit déjà oublié.

Les Romains, qui ne créerent rien en philosophie, adoptèrent l'idée grecque sur l'origine de nos connoissances ; & heureusement pour eux, cette idée se trouva une vérité.

Nos aïeux, qui étoient des barbares, ne rompirent point la chaîne ; ils firent retentir leurs universités de ce grand principe de l'école péripatéticienne, qu'ils étoient incapables de prouver ; ils déifierent Aristote, & n'eurent pas l'honneur d'être comptés au nombre de ses disciples.

Descartes, qui dans sa retraite de Déventer s'amusoit à détruire les mondes & à en créer d'autres, aspira à la gloire d'avoir raison contre le peuple & les philosophes de tous les siècles ; il renversa l'empire des sens, bâtit un système intellectuel dont il se réserva la clef ; & insensiblement les métaphysiciens adoptèrent ses idées, afin du moins de paroître les entendre.

Malebranche, né avec autant d'imagination que Descartes, mais qui se borna à la gloire d'être son premier disciple, Malebranche, dis-je, étoit assez philosophe pour observer la chaîne qui lie nos sens avec nos idées ; mais il se contenta de prouver que nos organes étoient le principe de nos erreurs, sans avouer qu'ils étoient aussi celui de nos lumières : il éclaira le peuple, & ne fit rien pour l'homme qui pense.

On verra dans l'article des *hommes-statues* par quel artifice ingénieux quelques philosophes sont venus à bout de défendre Aristote, de rectifier Descartes, & de jeter quelque clarté dans l'abyme de l'entendement humain.

Je me contenterai de donner ici une idée de l'ordre que j'ai cru devoir fuivre dans la matière que je traite, car tout philofophe doit au public la chaîne hiftorique de fes penfées.

Pour connoître ce que l'ame doit aux fens, il faut décompofer l'homme & fuivre fon intelligence depuis fon germe jufqu'à fon entier développement.

Après avoir étudié la nature du principe fenfible, il faut examiner fi l'homme eft le feul être qui l'ait en partage.

Ces queftions éclaircies conduifent à obferver la nature de nos organes; à diftinguer les fens internes des fens externes; à voir comment l'imagination, la mémoire, les habitudes, les paffions influent fur l'ame; en un mot, à établir ce principe : je fens, donc je fuis.

Si cette théorie eft bien entendue, on s'appercevra que la fenfation femble envelopper toutes les facultés de l'ame ; car comparer, juger, imaginer, se ressouvenir, &c. c'est être attentif ; & être attentif, c'est sentir ; avoir des passions, c'est desirer ; & desirer, c'est encore sentir. On ne peut faire un pas dans la métaphysique de l'ame, sans rencontrer le sentiment.

Plus les sensations se multiplient, & plus l'ame sent qu'elle existe : s'il étoit possible qu'il y eût un être à figure humaine sans organe du sentiment, on pourroit aussi prononcer qu'il est sans intelligence.

Cependant l'action propre de sentir ne réside pas dans l'organe du sentiment. Un homme qui dort les yeux ouverts, ne voit pas ; Pascal qui résout le problême de la cycloïde n'entend rien ; l'homme n'est sensible que par son ame, & non par ses sens.

Avant que d'entrer en matière, il est utile de prévenir les objections qu'on pourroit me faire contre l'idée de mes statues.

En général nous ne pouvons nous conduire dans le labyrinthe de la nature, si nous ne tenons le fil analytique entre nos mains ; le philosophe est comme le chymiste ; pour connoître, il doit décomposer.

Ce principe est vrai, sur-tout en métaphysique ; l'homme jouissant de ses cinq sens est une machine trop compliquée pour que nous puissions juger du principe de ses opérations ; l'historien de l'ame doit être alors aussi embarrassé que l'historiographe qui traiteroit de l'enfance de notre monarchie, lorsque l'état reconnoissant presqu'autant de souverains que de provinces, le mouvement politique est embarrassé par la multitude des rouages, le ressort principal n'influe que foiblement sur le jeu de chaque piéce, & le concours de tant de parties intégrantes nuit à l'ensemble de la machine.

C'est donc une idée très-sage de décomposer un homme pour étudier son méchanisme, de ne laisser développer ses sens que par une juste gradation, & de faire de cette anatomie métaphysique la base de la psychologie.

L'homme ainsi simplifié n'est qu'une statue ; c'est Pandore, qui doit la construction de ses organes au ciseau de Prométhée ; la philosophie est ce feu céleste qui l'anime ; les deux machines s'ouvrent par degrés aux plaisirs de l'existence, & la statue du philosophe respire pour connoître, comme celle du poëte pour aimer.

M. Diderot, un des philosophes dont la postérité connoîtra le mieux le mérite, paroît le premier qui ait projeté de devenir le Prométhée de la métaphysique (*a*). Il est

---

(*a*) Ce philosophe avoit trouvé que de tous les sens, l'œil étoit le plus superficiel, l'oreille la plus orgueilleuse, l'odorat le plus voluptueux, le goût le plus superstitieux & le plus inconstant, le toucher le plus profond & le plus philosophe. *Voy.* lettre sur les sourds & muets. — Mais écoutons-le parler lui-même ; il est si agréable de s'instruire & même de s'égarer avec lui.

« Ce seroit, à mon avis, une société plaisante que celle de
» cinq personnes dont chacune n'auroit qu'un sens ; il n'y a
» pas de doute que ces gens-là ne se traitassent tous d'insen-
» sés, & je vous laisse à penser avec quel fondement.
» C'est là pourtant une image de ce qui arrive à tout
» moment dans le monde ; on n'a qu'un sens, l'on juge
» de tout. Au reste, il y a une observation singulière à
» faire sur cette société de cinq personnes, dont chacune
» ne jouiroit que d'un sens ; c'est que par la facilité qu'elles
» auroient d'abstraire, elles pourroient toutes êtres géo-

triste qu'il n'en ait eu que le projet : n'étoit-il pas peintre, comme le Correge & Montesquieu ?

» mètres, s'entendre à merveilles, & ne s'entendre qu'en
» géométrie, *pag.* 22 — 25.

» Nos sens, partagés en autant d'êtres pensans, pourroient
» donc s'élever tous aux spéculations les plus sublimes de
» l'arithmétique & de l'algèbre, sonder les profondeurs de
» l'analyse, se proposer entr'eux les problèmes les plus
» compliqués sur la nature des équations, & les résoudre,
» comme s'ils étoient des Diophantes ; c'est peut-être ce que
» fait l'huître dans sa coquille...

» Cependant, ramenés sans cesse par le plaisir & le be-
» soin de la sphère des abstractions vers les êtres réels, il
» est à présumer que nos sens personnifiés ne feroient pas
» une longue conversation, sans rejoindre les qualités des
» êtres à la notion abstraite des nombres : bientôt l'œil
» bigarrera son discours & ses calculs de couleurs, & l'oreille
» dira de lui : *Voilà sa folie qui le tient* ; le goût : *C'est grand*
» *dommage* ; l'odorat : *Il entend l'analyse à merveilles* ; & le
» toucher : *Mais il est fou à lier, quand il en est sur ses*
» *couleurs.* Ce que j'imagine de l'œil convient également
» aux quatre autres sens ; ils se trouveront tous un ridi-
» cule, & pourquoi nos sens ne feroient-ils pas, séparés,
» ce qu'ils font bien quelquefois réunis ?...

» Il faut remarquer que plus un sens seroit riche, plus
» il auroit de notions particulières, & plus il paroîtroit ex-
» travagant aux autres. Il traiteroit ceux-ci d'êtres bornés ;
» mais en revanche ces êtres bornés le prendroient sérieuse-

Le comte de Buffon, l'abbé de Condillac & Charles Bonnet ont tous les trois fait une statue; ce sont trois morceaux de main de

» ment pour un fou. il se trouveroit que le plus sot d'en-
» tr'eux se croiroit infailliblement le plus sage; qu'un sens
» ne seroit guère contredit que sur ce qu'il sauroit le
» mieux; qu'ils seroient presque toujours quatre contre un;
» ce qui doit donner bonne opinion des jugemens de la
» multitude; qu'au lieu de faire de nos sens personnifiés une
» société de cinq personnes, si on en compose un peuple,
» ce peuple se divisera nécessairement en cinq sectes, la
» secte des yeux, celle des nez, la secte des palais, celle
» des oreilles, & la secte des mains; que ces sectes auront
» toutes la même origine, l'ignorance & l'intérêt; que
» l'esprit d'intolérance & de persécution se glissera bientôt
» entr'elles; que les yeux seront condamnés aux petites
» maisons comme des visionnaires; les nez regardés comme
» des imbécilles; les palais évités comme des gens insuppor-
» table par leurs caprices & leur fausse délicatesse; les
» oreilles détestées pour leur curiosité & leur orgueil, &
» les mains méprisées pour leur matérialisme; & que si
» quelque puissance supérieure secondoit les intentions
» droites & charitables de chaque partie, en un instant la
» nation entière seroit exterminée. » *Pag.* 250, &c.

Il ne faut point juger rigoureusement ce badinage digne de Fontenelle & de Lucien; l'auteur n'avoit peut-être pour but, que de faire une satire ingénieuse de nos mœurs. S'il avoit voulu faire l'histoire de l'ame, la statue auroit été moins savante, & le sculpteur l'auroit paru davantage.

maître qu'il est bon de connoître pour ne pas voyager sans guide dans les landes de la psychologie.

Aucune de ces statues ne se ressemble, parce que chaque artiste a sa manière. Pigal peut faire un buste d'Alexandre ; mais Pigal ne sera point Phidias ; la Phèdre de Racine & celle d'Euripide doivent être regardées comme deux originaux.

Nos trois philosophes sont cependant partis de la même idée ; c'est que nos connoissances tirent leur origine des sens. Cette importante vérité fut découverte par Aristote ; mais ce grand homme se contenta d'annoncer le résultat de son problême, sans faire part de la méthode dont il s'étoit servi pour le résoudre. Locke, qui a écrit avec tant de sagesse sur l'ame, a saisi un bout de la chaîne ; il a prouvé que les sens sont les seuls passages par lesquels la lumière peut entrer dans la chambre obscure de l'entendement ; mais il a affirmé que les facultés de l'ame étoient des qualités innées ; & ce philosophe, à qui on a tant reproché son scepticisme, s'est trompé parce qu'il n'a pas assez douté. Enfin, l'abbé de Condillac est venu prouver que nos facultés intellectuelles tiroient leur origine des sensations; & avec une idée aussi simple, il a organisé sa statue, & analysé notre intelligence.

Quoique Charles Bonnet ait travaillé après l'abbé de Condillac, & peut-être d'après lui; cependant, comme sa statue n'a pas la perfection de celle de son modèle, nous la ferons connoître après celle du comte de Buffon. Dans un ouvrage tel que celui-ci, ce n'est point l'ordre chronologique des idées qui intéresse, mais l'ordre philosophique.

ARTICLE I.

De l'Homme-statue du comte de Buffon.

LE comte de Buffon suppose un homme dont le corps & les organes sont parfaitement formés, & qui s'éveille tout neuf pour lui-même & pour tout ce qui l'environne. Voici l'histoire abrégée de ses premières pensées.

« Je me souviens de cet instant, plein de
» joie & de trouble où je sentis pour la pre-
» mière fois ma singulière existence ; je ne
» savois ce que j'étois, où j'étois, d'où je
» venois ; j'ouvris les yeux : quel surcroît de
» sensation ! la lumière, la voûte céleste, la
» verdure de la terre, le crystal des eaux, tout
» m'occupoit.... je crus d'abord que tous ces
» objets étoient en moi, & faisoient partie de
» moi-même.

» Je m'affermissois dans cette pensée nais-
» sante : lorsque je tournai les yeux vers l'astre
» de la lumière, son éclat me blessa : je fermai
» involontairement la paupière & je sentis une

» légère douleur ; dans ce moment d'obscurité,
» je crus avoir perdu presque tout mon être.

» Affligé, saisi d'étonnement, je pensois à
» ce grand changement, quand tout-à-coup
» j'entends des sons ; le chant des oiseaux, le
» murmure des airs formoient un concert
» dont la douce impression me remuoit jus-
» qu'au fond de l'ame ; j'écoutai long-tems,
» & je me persuadai bientôt que cette harmonie
» étoit moi.

» Occupé tout entier de ce nouveau genre
» d'existence, j'oubliois déjà la lumière, lors-
» que je rouvris les yeux.... je commençois
» à voir sans émotion, & à entendre sans trou-
» ble, lorsqu'un air léger dont je sentis la fraî-
» cheur, m'apporta des parfums qui me don-
» nèrent un sentiment d'amour pour moi-
» même.

» Agité par toutes ces sensations, pressé par
» les plaisirs d'une si belle & si grande exis-
» tence, je me levai tout d'un coup, & je me
» sentis transporté par une force inconnue.....

» Je portai la main sur ma tête, je touchai
» mon front & mes yeux, je parcourus mon
» corps ;

» corps; ma main me parut être le principal
» organe de mon exiſtence.... & je ſentis que
» mes idées prenoient de la profondeur & de
» la réalité.

» Tout ce que je touchois ſur moi, ſembloit
» rendre à ma main ſentiment pour ſenti-
» ment.... Je crus quelque tems que ſon mou-
» vement n'étoit qu'une eſpèce d'exiſtence
» fugitive, une ſucceſſion de choſes ſembla-
» bles; je l'approchai de mes yeux, elle me
» parut alors plus grande que tout mon corps,
» & elle fit diſparoître à ma vue un nombre
» infini d'objets.

» Je commençai à ſoupçonner qu'il y avoit
» de l'illuſion dans la ſenſation qui me venoit
» par les yeux.... & je réſolus de ne me fier
» dans la ſuite qu'au toucher, qui ne m'avoit
» pas encore trompé.... Cette précaution me
» fut utile; je m'étois remis en mouvement,
» & je marchois la tête haute & levée vers le
» ciel, je me heurtai légérement contre un
» palmier: ſaiſi d'effroi, je portai ma main
» ſur ce corps étranger, je le jugeai tel, parce
» qu'il ne me rendit pas ſentiment pour ſenti-

» ment; je me détournai avec une espèce d'hor-
» reur, & je connus pour la première fois qu'il
» y avoit quelque chose hors de moi....

» Persuadé que le toucher pouvoit seul m'as-
» surer de l'existence des objets extérieurs, je
» cherchai à toucher tout ce que je voyois; je
» voulois toucher le soleil, j'étendois les bras
» pour embrasser l'horizon, & je ne trouvois
» que le vuide des airs.....

» Ce ne fut qu'après une infinité d'épreu-
» ves, que j'appris à me servir de mes yeux
» pour guider ma main.... Mais comme ces
» deux sensations n'étoient pas d'accord entre
» elles, mes jugemens n'en étoient que plus
» imparfaits... Lassé de tant d'incertitude,
» fatigué des mouvemens de mon ame, mes
» genoux fléchirent, & je me trouvai dans
» une situation de repos.... J'étois assis à l'om-
» bre d'un bel arbre.... je saisis un de ses
» fruits... & je me glorifiois de la faculté que
» je sentois de pouvoir contenir dans ma main
» un autre être tout entier; sa pesanteur,
» quoique peu sensible, me parut une résis-

» tance animée que je me faisois un plaisir de
» vaincre....

» L'odeur délicieuse de ce fruit me le fit
» approcher de mes yeux : il se trouva près de
» mes lèvres ; je tirois à longues inspirations
» le parfum...... ma bouche s'ouvrit pour
» exhaler cet air embaumé; elle se rouvrit pour
» en reprendre ; je sentis que je possédois
» un odorat intérieur plus fin, plus délicat
» encore que le premier ; enfin je goûtai.

» Quelle saveur ! jusque-là je n'avois eu
» que des plaisirs ; le goût me donna le senti-
» ment de la volupté.... Je cueillis un second
» & un troisième fruit , & je ne me lassois pas
» d'exercer ma main pour satisfaire mon goût ;
» mais une langueur agréable s'emparant peu à
» peu de tous mes sens, appesantit mes mem-
» bres , & suspendit l'activité de mon ame....
» mes yeux, devenus inutiles, se fermèrent....
» tout disparut ; la trace de ma pensée fut
» interrompue ; je perdis le sentiment de mon
» existence : ce sommeil fut profond, mais je
» ne sais s'il fut de longue durée, n'ayant
» point encore l'idée du tems , & ne pouvant

» le mesurer. Mon réveil ne fut qu'une seconde
» naissance, & je sentis seulement que j'avois
» cessé d'être....

» Quelle fut ma surprise, quand je fus ré-
» veillé, de voir à mes côtés une forme sem-
» blable à la mienne ! je la pris pour un autre
» moi-même ; loin d'avoir rien perdu pen-
» dant que j'avois cessé d'être, je crus m'être
» doublé.

» Je portai ma main sur ce nouvel être :
» quel saisissement ! ce n'étoit pas moi, mais
» c'étoit plus que moi, mieux que moi ; je
» crus que mon existence alloit passer tout
» entière à cette seconde moitié de moi-même.

» Je la sentis s'animer sous ma main ; je
» la vis prendre de la pensée dans mes yeux ;
» les siens firent couler dans mes veines une
» nouvelle source de vie ; j'aurois voulu lui
» donner tout mon être : cette volonté vive
» acheva mon existence ; je sentis naître un
» sixième sens.

» Dans cet instant l'astre du jour, sur la
» fin de sa course, éteignit son flambeau ; je
» m'apperçus à peine que je perdois le sens

» de la vue, j'exiſtois trop pour craindre de
» ceſſer d'être, & ce fut vainement que l'ob-
» ſcurité où je me trouvois me rappella l'idée
» de mon premier ſommeil (a). »

Il y a deux parties à diſtinguer dans ce morceau, la partie du ſtyle, & la partie philoſophique; la première eſt un chef-d'œuvre; l'ame eſt délicieuſement occupée de cette gradation de ſurpriſes, de vues, de jouïſſance & d'extaſes. On ne ſauroit rien ajouter au coloris de ce ſpectacle intellectuel; c'eſt l'ouvrage de Milton naturaliſte, c'eſt un tableau de métaphyſique, exécuté par Raphaël.

La partie philoſophique ne mérite pas le même enthouſiaſme; il eſt fâcheux que cet appareil brillant d'architecture, ce périſtile, ces colonnes d'ordre corinthien ne ſervent qu'à cacher un édifice qui s'écroule.

Obſervons la marche de cette ſtatue; voyons ſi ce n'eſt pas le poëte philoſophe qui parle ordinairement, au lieu de ſon perſonnage.

L'automate entre dans la vie par la ſenſa-

(a) Hiſt. nat. tom. 6 de l'édit. in-12, pag. 88, &c.

tion de la lumière ; mais puisque la vue est de tous les sens celui qui contribue le plus aux connoissances de l'esprit humain, pourquoi choisir un organe aussi compliqué pour faire l'analyse de l'ame ? dans un tel ouvrage, moins on est simple, & moins on est philosophe.

Les métaphysiciens qui ont fait des statues après le comte de Buffon, ne sont point tombés dans le défaut de leur modèle ; ils l'ont créée aveugle, & ont borné à l'odeur d'une rose toute son existence.

J'oserai même hasarder une conjecture sur le projet hardi d'animer des statues ; il me semble que l'homme n'est pas un être assez simple pour le soumettre au scalpel de l'anatomie ; il faudroit peut-être choisir pour son sujet un animal que la nature eût borné à deux ou trois sensations ; une huître automate m'éclaireroit davantage sur le principe sensitif que la Pandore de nos philosophes.

La statue est *pleine de joie*, & elle n'a pas encore joui ; elle est *pleine de trouble*, & elle n'a pas encore souffert.

Elle ne fait *qui elle eſt, où elle eſt, & d'où elle vient.* — Voilà l'épigraphe de l'eſſai ſur l'homme de Pope. Il eſt ſingulier que le poëte & le philoſophe ſe ſoient rencontrés, l'un en partant des connoiſſances les plus ſublimes, l'autre, de la plus profonde ignorance.

La ſtatue ouvre le yeux : auſſi-tôt *la voûte céleſte, la verdure de la terre, & le criſtal des eaux la tiennent occupée.* — Il s'en faut bien que le célèbre aveugle-né de Cheſelden eût les mêmes ſenſations quand il vit la lumière pour la première fois; il lui fallut deux mois d'expérience pour diſcerner la ſituation des objets, leur grandeur & leur figure. Locke avoit ſoupçonné cette ſingularité de la nature; le docteur Barclai avoit eu la gloire de l'annoncer; il ne reſtoit au comte de Buffon que celle de la contredire.

L'automate animé *tourne ſes yeux vers l'aſtre de la lumière.* — Quoi ! il a déjà épuiſé la jouiſſance de la voûte céleſte, de la verdure de la terre & du cryſtal des eaux ? Ses yeux ne viennent que de s'ouvrir, & il reſſemble déjà à ces hommes blaſés, qui répètent, ſur tous les grands tableaux de la nature, ce mot de l'oracle : *Ma bonne, j'ai tant vu le soleil !*

J'écoutai long-tems le chant des oiseaux, & le murmure des airs. — Eve dit la même chose dans la *paradis perdu*, lorsqu'elle rend compte à Adam de ses premières pensées (*a*); mais l'objet de Milton étoit de peindre, & non d'analyser. Pour notre statue, il n'y a encore ni oiseau, ni athmosphère ; elle est seule dans la nature.

Je rouvris les yeux. — Pourquoi restèrent-ils si long-tems fermés ? Les oiseaux ont chanté, & la statue n'a pas eu la curiosité de voir ces oiseaux ?

L'air m'apporte des parfums qui me donnent un sentiment d'amour pour moi-même. — La statue en ouvrant les yeux devoit déjà s'aimer ; car elle se croyoit *la voûte céleste, la verdure de la terre, & le cryſtal des eaux* : elle devoit s'aimer aussi en entendant le *concert des oiseaux*, car elle se croyoit toute harmonie.

(*a*) Vers le milieu du quatrième chant de ce poëme épique.

Preffé par les plaifirs d'une fi belle & fi grande exiftence, je me lève tout d'un coup. — Un fpectacle ou un concert n'obligent point à fe lever; on peut jouir de tous ces plaifirs fans fe mouvoir; fi la ftatue étoit couchée, il ne falloit pas moins qu'un coup de tonnerre pour la faire dreffer fur fes pieds; fi elle étoit debout, la fatigue devoit la faire tomber plutôt que la faire marcher.

Je me fentis tranfporté par une force inconnue. — En quel lieu ? Y a-t-il un lieu pour la ftatue ? Ce n'eft pas là la marche de l'homme de la nature.

Je portai la main fur ma tête. — Sait-elle qu'elle a une main ? Diftingue-t-elle fa tête dans *fa belle & grande exiftence* ? Pourquoi le premier mouvement de fa main eft-il le plus grand qu'elle puiffe faire ? Cette ftatue fe hâte bien d'être favante.

Mes idées prenoient de la profondeur & de la réalité. — Cette métaphore hardie eft digne du plus fublime méthaphyficien ; mais l'automate ne doit être ni métaphyficien, ni fublime.

La statue touche ensuite son corps ; rapproche sa main de ses yeux, se met à marcher, &c. --- Ce ne sont points les événemens qui lui donnent de l'expérience ; mais il semble qu'elle fasse des expériences pour s'instruire des événemens.

Je marchai la tête haute & levée vers le ciel. --- Cette assurance n'est guère dans la nature, quand on vient d'être blessé par l'éclat du soleil, & qu'on a perdu par cette blessure la moitié de son existence. Après cette réflexion que penser de la statue, lorsque quelques momens après elle veut toucher le soleil ? A-t-elle trouvé le secret de fixer cet astre ? Pandore est-elle une aigle ? ou Prométhée est-il devenu aveugle ?

Lassé de tant d'incertitude..... mes genoux fléchirent, & je me trouvai dans une situation de repos ... alors je saisis un fruit, &c. --- Si le peu de mouvement que la statue a fait n'a pu la fatiguer, elle ne doit pas goûter le repos; si le repos lui plaît, elle ne doit pas porter la main à l'arbre fruitier : j'entends toujours parler un homme d'esprit, mais je ne vois jamais la statue.

Ma bouche s'ouvrit pour exhaler le parfum de ce fruit, elle se rouvrit pour en reprendre... enfin je goûtai. — L'embarras de Prométhée paroît toujours, quand il s'agit de lier ensemble deux sensations de différente espèce; ce n'est pas le parfum d'un fruit qui doit engager l'homme de la nature à manger, c'est le besoin. Une tubéreuse flatte bien plus l'odorat qu'une pomme; la statue vivra-t-elle de tubéreuses?

Mes yeux devenus inutiles se fermèrent... tout disparut : la trace de mes pensées fut interrompue, & je perdis le sentiment de mon existence. — Je m'attendois ici à une théorie des songes; il étoit en effet fort simple, qu'après tant de surprises, de jouissances & d'extases, les traces du cerveau de la statue ne fussent pas totalement effacées. Cette situation étoit piquante pour le philosophe, parce qu'elle donnoit occasion de distinguer les actes spontanés de l'ame, des mouvemens de la machine. C'est ici que le sculpteur devoit rompre le silence; mais il se tait quand la statue dort, & il ne parle que quand elle veille.

Tout ce que le comte de Buffon ajoute sur la naissance d'un sixième sens est très-vrai, très-bien exprimé & très-philosophique; il se trouvoit alors également porté par son sujet & par son génie.— Observons qu'il est bien plus aisé de faire aimer Pandore que de la créer.

Il entroit dans mon plan de faire connoître la vérité, mais non de mortifier un des écrivains qui fait le plus d'honneur à son siècle, on peut critiquer le comte de Buffon, mais il faut toujours finir par l'admirer.

ARCICLE II.

De l'Homme-statue de Charles Bonnet.

L'OUVRAGE où l'on fait parler cette statue est un volume *in-*4°. (*a*) hérissé de théorêmes & de corollaires, dont chaque proposition tient à une chaîne qui se brise s'il s'en échappe un anneau ; ce livre est aussi difficile à lire que les élémens d'Euclide, ou un traité sur le calcul différentiel.

L'HOMME SEUL.

Il n'est pas aisé de suivre la marche de cette statue dans les abymes métaphysiques qu'elle ose franchir ; cependant, comme l'auteur qui l'a animée est, après Locke, un des hommes qui a réfléchi le plus profondément sur la nature de l'ame, il est nécessaire de donner une esquisse de ses idées : abréger ce philosophe, c'est engager à le lire, & non le faire oublier.

(*a*) Il a pour titre : *essai analytique sur les facultés de l'ame.* On l'a imprimé en 1760 à Copenhague.

La statue reçoit l'existence par l'organe de l'odorat; des corpuscules émanés d'une rose, forment une athmosphère odoriférante qui agit sur son nerf olfactif; & cet ébranlement se communique à l'ame : cette sensation suffit pour vivifier notre machine. Combien y a-t-il d'animaux que la nature a bornés à un seul sens, & qu'on peut regarder par-là, comme placés au dernier degré de l'échelle de l'animalité ?

Cet ébranlement des fibres de l'odorat ne peut cesser que par degrés, comme le son que rendroit un timbre d'argent sous le marteau; ainsi la sensation subsiste encore quand l'odeur n'est plus; l'ame peut donc comparer le premier instant de sa volupté avec le dernier moment de sa dégradation : cette comparaison suppose le desir de la jouissance; & l'effet de ce desir est l'attention. --- Tout cela est finement gradué; ce n'est point ici le lieu de laisser aux lecteurs intelligens des idées intermédiaires à suppléer; le sublime, pour le philosophe qui crée, consiste à franchir de grands intervalles; mais pour le philosophe qui analyſe, il conſiſte à ſe traîner lentement de vérités en vérités.

Charles Bonnet rappelle ſa ſtatue à l'exiſtence, en lui préſentant une tige d'œillet; ce parfum, différent de celui de la roſe, ébranle dans l'odorat de nouvelles fibres, deſtinées à faire naître de nouvelles ſenſations; car il en eſt du genre nerveux comme d'un inſtrument de muſique, on peut ſe repréſenter chacune des cordes comme un de nos ſens; la corde de la vue ne frémit pas comme celle du tact, ni celle du tact comme celle de l'odorat; de plus, dans la même corde ſenſitive le ſentiment ſe modifie, comme les tons varient ſuivant les proportions de la corde inſtrumentale : cette comparaiſon eſt plus lumineuſe que vingt ſyllogiſmes.

Si chaque eſpèce de ſenſation a ſes fibres particulières, il ſemble d'abord que l'odeur de l'œillet ne doit pas rappeller à la ſtatue celle de la roſe; le contraire arrive cependant; & ce phénomène s'explique par une autre comparaiſon. L'enſemble des fibres eſt une eſpèce d'horloge qui joue à la première impulsion; des corps de nature opposée peuvent la mettre en jeu, & l'indication de l'heure est la sensation qui résulte de ces divers mouvemens. — La comparaison de l'horloge est familière aux grands metaphysiciens : Leibnitz, avant Charles Bonnet, faisoit de l'ame une horloge; & Zénon, avant Leibnitz, se représentoit aussi le monde sous la forme d'une horloge. — Toutes ces horloges n'ont pas encore indiqué la vérité.

Si la statue n'avoit qu'une sensation, & qu'elle fût toujours au même degré, elle n'auroit point de réminiscence; pour qu'elle acquière cet faculté, il faut que les objets ébranlent plusieurs fibres sensitives, ou une seule en divers points. Cette liaison de plusieurs sensations constitue une espèce de personnalité (a).

(a) Notre auteur distingue ce MOI, d'un autre plus réfléchi, qui consiste dans l'action de replier son ame sur elle-même; le premier convient à la statue & aux brutes; le second à l'homme jouissant de toute son intelligence. — Il ne faut point chicaner un grand observateur sur ses défini-

Notre machine organisée n'a besoin que de deux sensations pour connoître le PLAISIR & la douleur; car ces modifications de l'ame ne viennent que de la diversité du mouvement des fibres; si les vibrations sont foibles, elles indiquent la naissance du PLAISIR; si elles sont rapides, elles annoncent sa vivacité; portez l'ébranlement à son dernier période, vous produirez la douleur; & cette douleur sera à son comble, si la violence de l'agitation cause dans les molécules des fibres une solution de continuité (*a*).

La statue qui jouit du parfum de l'œillet doit naturellement le préférer à celui de la

---

tions; il a droit de caractériser à sa façon des idées nouvelles, comme un astronome de donner des noms à de nouvelles planètes.

(*a*) Notre philosophe, qui aime beaucoup les digressions, propose sur ce sujet un problème singulier; il s'agit de savoir si DIEU ne pouvoit pas attacher à cette solution de continuité le plus grand degré de PLAISIR, comme il y a attaché la plus grande intensité de douleur. — J'aimerois sans doute à mourir dans le sein du PLAISIR; mais si telle étoit la loi de la nature, quel moyen me resteroit-il pour me conserver? La douleur est un Argus qui veille sans cesse aux portes de mon ame pour assurer mon existence.

rose ; car la première odeur agit sur elle, & la réaction de son ame augmente la vivacité de sa sensation, tandis que le sentiment de l'autre fleur va toujours en s'affoiblissant. De cette idée, qu'elle préfère, il s'ensuit qu'elle agit, qu'elle veut, & qu'elle est libre. — On ne sauroit être plus simple & plus fécond ; voilà la marche de la nature.

L'œillet & la rose ont disparu, & la statue sent encore, car elle desire les plaisirs qu'elle a perdus, & par-là elle excite en soi des mouvemens analogues à ceux qu'y faisoient naître les deux fleurs ; elle se procure alors une jouissance imaginaire, qu'elle voudroit élever au degré de vivacité de la jouissance réelle ; ses efforts sont sans succès ; épuisée par cet état de tension, le mouvement cesse dans les fibres, & l'ame tombe enfin en léthargie.

Si l'on répète plusieurs fois la sensation des deux fleurs, la statue acquiert des idées de succession ; car le même plaisir prolongé lui devient désagréable ; son organe s'use pour ce sentiment ; & elle sent naître l'ennui. Dans cet instant, où son ame est excédée du parfum de la rose, on ne peut lui préfenter l'œillet fans doubler le PLAISIR qui réfulte de cette feconde fenfation; elle compare l'odeur paffée à l'odeur préfente, & cette comparaifon multiplie les charmes de la nouvelle jouiffance.

Elle a auffi des idées de durée : car fi le PLAISIR eft gradué, il lui eft aifé de faifir deux inftans dans la fenfation, & de les calculer à fa manière.

Elle acquiert encore des idées de nombre, puifqu'elle a la confcience des deux modifications qu'elle a éprouvées : il eft vrai que, n'ayant pas l'ufage des fignes, elle ne peut dire *un* & *deux*; mais fi cette idée ne donne pas la notion du nombre, elle en eft du moins le fondement.

Enfin elle fe fait une idée de l'exiftence, puifqu'elle a des fenfations de différente nature & à différens degrés; la rofe n'eft pas un être pour elle; elle eft encore plus éloignée de pouvoir s'élever à la notion métaphyfique de l'être en général; mais les corpufcules odoriférans qui s'exhalent des fleurs lui donnent une idée de fa propre exiftence : cette idée n'est pas réfléchie comme la nôtre, elle n'est qu'un simple sentiment.

Toutes ces idées, ces perceptions & ces sentimens sont appuyés sur l'amour-propre, qui sert de mobile aux statues philosophiques ainsi qu'aux philosophes qui les font mouvoir.

Notre statue est déjà prodigieusement avancée dans la carrière de l'intelligence ; cependant elle n'a encore qu'un organe & deux sensations (*a*). — Cette théorie conduit le lecteur qui pense, à une idée lumineuse. Le polype paroît n'avoir qu'un sens ; l'animalité des fossiles se réduit peut-être à la faculté de se reproduire ; les sensations de l'huître semblent se borner à ouvrir & à fermer sa coquille ; mais cette simplicité dans les êtres n'est pas une preuve de stupidité : un sens peut suppléer à d'autres ; une coquille ouverte & fermée, peut renfermer mille combinaisons

---

(*a*) L'analyse de ces deux seules sensations remplit 554 pages dans le volume *in-*4°. de Charles Bonnet. — Il est si aisé à la nature de produire, & si difficile aux philosophes de rendre compte de ses productions !

que soupçonne aisément un philosophe qui n'est pas une huître.

La statue n'existe toujours que par l'organe de l'odorat. Le sculpteur lui présente successivement une giroflée, un jasmin, un lys & une tubéreuse; ces diverses sensations mettent en jeu toutes les fibres olfactives, fortifient la mémoire, & font naître l'habitude (*a*); si elles se succèdent agréablement, l'ame doit goûter les plaisirs de l'harmonie, & l'odorat perfectionné usurpe alors les plaisirs de l'oreille.

Le métaphysicien qui a animé cette statue observe ses mouvemens lorsqu'elle dort comme quand elle veille. Si quelque impression intérieure ébranle les fibres de la rose, cette

___

(*a*) Ainsi l'ame dorénavant aura presque toujours quelque sensation présente; car l'impulsion réciproque des faisceaux les uns sur les autres, l'action de l'ame, l'impulsion des mouvemens intérieurs donneront fréquemment lieu au rappel de différentes sensations qui en réveilleront d'autres; celles-ci d'autres à leur tour; & comme la chaîne est déjà fort étendue, il arrivera rarement qu'il n'y ait pas quelque chaînon qui soit ébranlé. — *Essai analyt.* ch. 23. Toute cette théorie suppose dans le métaphysicien une étude profonde de l'esprit humain.

sensation est reproduite, & l'ame jouit ; si l'ébranlement est fort, toutes les sensations concomitantes renaissent, & l'ame varie ses plaisirs; si les faisceaux nerveux sont ébranlés sans ordre, la statue n'a que des songes bizarres : mais quelle que soit la nature de ses idées, elle ne peut encore distinguer le sommeil de la veille. Elle est plus occupée à sentir qu'à réfléchir ; & voilà sur-tout en quoi elle diffère de la statue du comte de Buffon, qui paroît bien plus philosophe que sensible.

L'ame de la statue se borne, pendant qu'elle dort, à suivre l'enchaînement des idées qui se présentent ; c'est un tableau mouvant qu'elle contemple sans fatigue, & dont les teintes douces sont presque toutes à l'unisson; elle est simple spectatrice pendant le songe, & elle ne devient libre qu'à son réveil.

La statue, réduite au sens de l'odorat, passe sa vie à sentir des parfums ; elle habite un monde idéal où elle est heureuse ou malheureuse à sa manière; l'existence est un bien pour elle quand elle le compare au néant, c'est-à-dire à la privation du sentiment. Si elle a éprouvé long-tems des odeurs désagréables, l'approche d'une fleur lui fait goûter avec plus de vivacité toutes les douces palpitations du PLAISIR; si toutes ses sensations sont douloureuses, elle préfère encore le passage d'une douleur à une autre, à la permanence du même tourment; car cette variété soulage les fibres; elle rend le bien plus vif & le mal moins sensible.

On ne doit point s'étonner que la statue qui n'existe que par le sentiment des odeurs, acquière par degrés tant de connoissances; moins on a de sens, plus la nature les perfectionne; l'odorat, séparé de la vue, du goût, de l'ouïe & du tact, contracte la plus grande finesse; il sépare la douceur de divers parfums, que nous nous accoutumons à confondre; il rend saillantes les plus petites impressions des corpuscules odoriférans; il fait trouver les plaisirs de la variété, où l'homme perfectionné ne trouveroit que l'ennui de l'uniformité.

L'expérience confirme tous les jours cette remarque de notre philosophe; nous avons des quinze-vingts qui jouent aux cartes, & le célèbre aveugle Saunderson devint éperdument amoureux d'une femme dont il ne connoissoit la beauté que pour avoir passé la la main sur son visage.

Qu'arriveroit-il à une ame humaine qui transmigreroit dans le cerveau de notre statue ? Elle y éprouveroit exactement les mêmes sensations que l'automate, & n'en éprouveroit pas d'autres ; il n'y auroit alors aucune différence sensible entre l'intelligence d'un Calmouc & celle de Platon (*a*).

Il paroissoit difficile que la statue, bornée à l'organe de l'odorat, parût un être pensant. Le philosophe, pour prévenir l'objection, s'avise sur la fin de son ouvrage de joindre en elle l'usage de l'ouïe à celui de l'odorat ;

___

(*a*) Charles Bonnet tire de ce principe un singulier corollaire : c'est que quand toutes les ames seroient exactement identiques, il suffiroit que Dieu eût varié les cerveaux pour varier toutes les ames. — Ainsi, si l'ame d'un Huron eût pu hériter du cerveau de Montesquieu, Montesquieu créeroit encore. Voilà un nouvel argument en faveur du grand système de l'ame universelle.

il prononce devant elle le nom de rose en lui présentant cette fleur ; alors les fibres auditives sont ébranlées en même-tems que les fibres olfactives ; l'odeur de la rose réveille dans la suite l'idée du mot, & le son du mot réveille l'idée de la rose.

La statue, à force d'entendre répéter les mêmes mots, & d'y attacher des idées, parvient à exprimer par des sons articulés tout ce qu'elle connoît par le moyen de l'organe de l'odorat ; elle parle, & voilà un être pensant : son dictionnaire sans doute est fort stérile ; mais s'il étoit plus étendu, elle-même ne l'entendroit pas.

Charles Bonnet se tait dès que la statue parle : ainsi il termine son ouvrage où la plupart des métaphysiciens commencent leur psychologie.

Je ne veux point renverser cette statue : mais j'oserai dire avec toute la vénération que je dois avoir pour le philosophe qui l'a animée, qu'elle ne marche pas assez. Ne pouvoit-on pas, en la rendant plus naïve que celle du comte de Buffon, la rendre auſſi intéreſſante?

J'aurois deſiré que tous les ſens de cette ſtatue ſe fuſſent tour-à-tour développés; ſi, à la fin de ſa carrière, elle ne parloit pas, j'aurois autant de raiſons pour en faire une huître qu'un homme.

Il y a dans cet ouvrage trop de digreſſions ſur la théorie des idées, ſur l'ame des bêtes, ſur la queſtion obſcure de la liberté, ſur l'eſprit des loix, &c. Charles Bonnet ne ſe propoſoit d'abord que d'analyſer ſa ſtatue; & dans ſon livre, on voit deux traités complets, dont le moins étendu eſt cette analyſe.

Au travers des idées philoſophiques qui font le mérite de cet ouvrage, on en découvre quelques-unes qui ne font que ſingulières : telle eſt ſon explication phyſique des viſions des prophètes (a).

(a) L'on conçoit aiſément, dit notre auteur, que Dieu a pu préparer de loin, dans le cerveau des prophètes, des cauſes phyſiques propres à en ébranler, dans un tems déterminé, les fibres ſenſibles, ſuivant un ordre relatif aux

Ce qui fait le plus de tort à l'essai analytique, est l'ordre trop géométrique dans lequel il est écrit : c'est le défaut le plus sensible de ce livre, & celui dans lequel il étoit le plus difficile de tomber ; peu de personnes peuvent le lire, comme il n'y a que peu de philosophes qui pussent le composer.

Ne nous pressons point de critiquer ce beau livre de métaphysique ; si l'on craint de s'arrêter sur ses idées profondes, comme de fixer un abyme, il faut s'en prendre souvent à la foiblesse de sa vue, & non à la hardiesse du philosophe.

La statue que Charles Bonnet a vivifiée, n'est point un statue humaine ; mais qui oseroit en compléter l'analyse ? Si un artiste trouve un buste de Phidias, tentera-t-il de rétablir le héros qu'il représente dans sa grandeur naturelle ?

événemens futurs qu'il s'agissoit de représenter à leur esprit, *Essai analyt.* ch. 23, à la fin du *parag.* 676. Voilà donc des prophètes sans miracle.

ARTICLE III.

De l'Homme-statue de l'abbé de Condillac.

L'ABBÉ de Condillac s'est proposé de développer la génération de nos idées, & de prouver que toutes nos connoissances & nos facultés viennent des sens (*a*) ; si tous les pas de sa statue sont dirigés par le génie, il a eu la gloire de renouveller tout l'entendement humain.

Ce philosophe borne à quatre grandes scènes le drame hardi dont il a conçu l'idée : dans la première se développent, par une gradation heureusement ménagée, les sens qui, d'eux-mêmes, ne peuvent juger des objets extérieurs ; on voit dans la seconde l'ame communiquer, par l'organe du tact, avec les

---

(*a*) C'est son traité *des sensations*, en 2 *vol. in*-12, qu'on se propose ici d'analyser. Suivant son auteur, c'est mademoiselle Ferrand qui donna le plan de cet ouvrage ; ce qui n'est pas moins étonnant que l'entreprise de madame du Châtelet de commenter Newton.

objets qui l'environnent; la troisième renferme les leçons que le tact donne aux autres sens pour leur faire part de ses connoissances; enfin dans la dernière paroît un homme isolé qui jouit de tout ses sens, acquiert des idées, des besoins & de l'industrie, & d'un animal qui sent, devient un être qui réfléchit.

Il est tems d'observer la marche de cette statue. Je vois Pandore dans l'attelier de Prométhée. L'artiste a placé auprès d'elle une branche de jasmin, & le parfum qu'elle exhale a suffi pour lui donner l'existence; son ame, qui est toute neuve, doit se livrer avec force à l'impression qui se fait sur son organe: elle doit savourer avec transport les premières minutes de la vie, & voilà la naissance de l'attention.

Dès ce premier instant elle jouit; & si on substituoit au jasmin une odeur désagréable, elle souffriroit; car tout être sensible ne respire que pour le PLAISIR ou pour la douleur; il n'y a que la matière brute sur qui ces deux grands mobiles de la vie n'aient aucun pouvoir ; & qui me prouvera que la matière brute ait jamais exiſté ?

Pandore ne deſire encore rien ; elle eſt bien, ſans ſouhaiter d'être mieux ; ou mal, ſans ſouhaiter d'être bien ; ſes deſirs naîtront avec ſes connoiſſances, & deviendront brûlans avec l'amour.

Le jaſmin s'en va ; mais l'impreſſion reſte, & voilà la mémoire (*a*).

On préſente à Pandore un roſe : alors une nouvelle faculté de ſon ame ſe développe ; elle compare cette ſenſation nouvelle avec celle qui l'a précédée, & elle juge de leurs rapports ; ſes deſirs naiſſent avec ſes beſoins ; ſon imagination s'agrandit & augmente ſa ſphère d'activité ; & ſi ſon ame quelquefois devient paſſive, c'eſt lorſqu'une ſenſation eſt aſſez vive pour abſorber entiérement toute

---

(*a*) Puiſque le ſouvenir d'une ſenſation n'eſt diſtingué d'une ſenſation actuelle, que parce que dans le premier cas on ſent foiblement ce qu'on a été, & dans le ſecond on ſent vivement ce qu'on eſt ; s'enſuivroit-il que la mémoire n'eſt qu'une ſenſation déguiſée ?

sa SENSIBILITÉ : le PLAISIR est alors une espèce d'ivresse, où elle jouit à peine ; & la douleur un accablement, où elle ne souffre presque pas.

Pandore, ennuyée de sa rose, desire le jasmin qu'elle n'a pas ; plus elle desire, plus elle s'accoutume à desirer ; enfin ce sentiment s'élève au degré de la passion, & son ame ignorante brûle.... pour une fleur.

Aimer le jasmin, c'est haïr la rose : je me trompe ; elle ne se passionne pour des parfums, ou contr'eux, que parce qu'elle n'aime qu'elle-même.

Il y a long-tems que Pandore espère le retour de sa première odeur, & qu'elle craint la durée de celle dont elle jouit ; si alors Prométhée se rend à ses vœux, elle se souviendra dans la suite que son desir a été satisfait, elle exigera alors de nouvelles jouissances, & ainsi elle aura une volonté.

L'artiste, après avoir observé les sensations de sa statue, s'applique à étudier la génération de ses idées. Pandore, qui a vu que la rose lui a plu, & déplu tour-à-tour, s'exerce à séparer de la même sensation l'idée de PLAISIR & l'idée de douleur, & la voilà dans la région des abstractions ; dans la suite elle apperçoit que ces notions sont communes à plusieurs de ses manières d'être, & elle apprend à généraliser ses idées.

La marche de Pandore est hardie, mais elle est sûre, parce que la philosophie la dirige ; dès qu'elle peut distinguer les états par où elle passe, elle a quelque idée de nombre. Au reste, il n'y a rien de plus borné que son arithmétique ; sa mémoire ne sauroit saisir distinctement quatre unités, & au delà de trois elle voit l'infini.

L'habitude où elle est de voir les fleurs se succéder sur son sein, lui rendra cette variété vraisemblable, & lui donnera l'idée du possible ; peut-être même que la certitude où elle est que les parfums divers qu'elles exhalent ne peuvent se confondre, lui donnera quelque notion de l'impossible ; elle se souvient, elle jouit, elle espère, elle a donc une connoissance limitée du passé, du présent & de l'avenir ;

l'avenir (*a*) ; ſes ſonges lui retracent ſes plaiſirs ou ſes peines, & elle n'apperçoit aucune différence entre dormir & veiller ; elle a la conſcience de ce qu'elle eſt, auſſi-bien que le ſouvenir de ce qu'elle a été : ces deux ſentimens conſtituent la perſonnalité.

Il ſuit de cette analyſe que la ſtatue avec un

___

(*a*) L'abbé de Condillac fait ſur ce ſujet une digreſſion infiniment curieuſe. Il s'agit de prouver que l'idée de durée n'eſt pas abſolue, & que lorſque nous diſons : le tems s'écoule rapidement ou avec lenteur, ces mots ne ſignifient autre choſe, ſinon que les révolutions qui ſervent à meſurer le tems ne ſuivent pas la même ſucceſſion que nos idées.

Imaginons, ſuivant ce philoſophe, un monde auſſi compliqué que le nôtre, mais qui ne ſoit pas plus gros qu'une noiſette ; il eſt hors de doute que les aſtres s'y lèveront & s'y coucheront plus de mille fois dans une de nos heures ; ainſi pendant que la terre de ce petit monde tournera autour de ſon ſoleil, ſes habitans recevront autant d'idées que nous en avons pendant que notre terre fait de ſemblables révolutions ; dès-lors leurs années leur paroîtront auſſi longues que les nôtres.

Suppoſons enſuite un autre monde, auquel le nôtre ſeroit auſſi inférieur qu'il eſt ſupérieur à celui qu'on vient d'imaginer : ſes habitans ſeroient, par rapport à nous, comme nous par rapport aux habitans du monde noiſette ; & ſi nous interrogeons ſur la durée les animalcules & les géans, les pre-

seul sens a le germe de toutes nos facultés; son entendement fait avec un seul organe ce qu'il pouvoit faire avec les cinq réunis : la vue, le goût, l'ouïe, & sur-tout le tact; développeront l'intelligence de Pandore; mais l'odorat a déjà tout créé.

Si Prométhée avoit choisi d'autres sens pour

---

miers compteront des millions de siècles, lorsque les seconds, ouvrant à peine les yeux, répondront qu'ils ne font que de naître.

Cette hypothèse fait connoître que la notion de la durée est relative, puisqu'elle dépend de la succession de nos idées.

Elle prouve aussi qu'un instant de la durée d'un être peut coexister à plusieurs instans de la durée d'un autre; car nous pouvons imaginer des intelligences qui apperçoivent tout à la fois des idées que nous n'avons que successivement, & ce principe nous conduit jusqu'à la notion d'un esprit qui embrasseroit dans un instant toutes les connoissances que les créatures n'ont que dans une suite de siècles; cet être supérieur sera comme au centre de ces mondes où l'on juge si diversement de la durée; & saisissant d'un coup d'œil tout ce qui leur arrive, il verra le passé, le présent & l'avenir dans le même tableau. — Le fond de ce système est dans le premier tome du *traité des sensations*, depuis la page 110 jusqu'à la page 119.

Il y a beaucoup d'imagination dans cette idée; mais cette imagination s'accorde avec le sang-froid de la philosophie.

donner à sa statue le premier sentiment de l'existence, la marche de Pandore eût été la même,
& on auroit observé la même gradation de phénomènes dans le développement de sa SENSI-
BILITÉ comme dans celui de son intelligence.

<small>L'HOMME SEUL.</small>

Cependant le philosophe découvre, dans ces
nouvelles modifications de l'ame, des nuances
différentes sur lesquelles il est utile de s'arrêter. Si Pandore est appellée à la vie par la
résonnance d'un corps sonore, elle a une existence plus complette que par l'organe de
l'odorat; car, en lui supposant une oreille
très-fine, elle distinguera avec le son principal l'octave de la quinte & la double octave
de la tierce; & le plaisir qui résulte de l'harmonie de plusieurs sons est plus grand que
celui que fait naître le sentiment d'un seul
parfum.

L'oreille heureusement organisée de Pandore distinguera aisément le bruit du son,
parce que la première résonnance n'a jamais
d'harmoniques; & bientôt elle saura préférer
le concert de quelques oiseaux au fracas
inappréciable d'un rocher qui s'écroule.

Si elle réunit l'organe de l'ouïe à celui de l'odorat, elle s'accoutumera par degrés à distinguer deux ordres de sensations, & son ame croira avoir acquis une double existence.

Le goût contribueroit plus que l'ouïe ou l'odorat au bonheur de Pandore & à son malheur; car la faim est un besoin, & la nécessité de la satisfaire rend plus piquante la saveur d'un fruit, que l'odorat d'une julienne ou le concert de quelques rossignols.

Si la statue peut également sentir, entendre & manger, le goût peut nuire aux deux autres sens; l'existence de Pandore affamée sera toute entière dans son palais, & elle sera insensible aux parfums & à l'harmonie.

Faisons rentrer la statue dans le néant, & que le marbre ne s'anime que pour ouvrir ses yeux à la lumière; Pandore alors verra des couleurs, mais elle ne distinguera pas un globe d'un cube; elle n'embrassera même que confusément le tableau lumineux que lui présente la nature; comme, en entrant pour la première fois dans un édifice gothique, la multiplicité des ornemens nous empêche de juger de l'architecture.

L'œil de Pandore s'accoutume ensuite à fixer la couleur la plus éclatante ; si le faisceau des sept couleurs primitives vient se décomposer devant elle par le moyen du prisme de Newton, elle doit s'arrêter d'abord sur le rouge ; son œil fatigué cherche bientôt à se reposer sur une couleur moins vive, & elle rencontre l'orangé : il parcourt ensuite dans le même ordre le jaune, le verd, le bleu, le pourpre & le violet, jusqu'à ce qu'il ne trouve plus que le noir, & alors il est probable qu'il se fermera à la lumière.

La statue dans la suite apprend à fixer plusieurs couleurs à la fois ; alors elle doit se regarder comme une espèce de surface colorée, & elle aura une idée de l'étendue, mais très-imparfaite ; car la figure, le lieu & le mouvement n'existent point à ses yeux ; tout cela dépend pour elle d'une nouvelle création.

Prométhée étend l'existence de Pandore, en joignant en elle l'organe de la vue à ceux de l'ouïe, du goût & de l'odorat ; alors la chaîne de ses idées s'agrandit, les objets de ses jouissances se multiplient ; mais son ame, circonscrite dans un cercle étroit, ne peut encore vaincre toute son ignorance ; elle voit, sent, goûte & entend, sans soupçonner qu'elle a des yeux, un nez, une bouche & des oreilles. Si, tandis qu'elle goûte un fruit plein de saveur, on lui fait entendre un concert, on brûle de l'encens à ses côtés, & on présente à ses regards le spectacle magique du clavessin oculaire, elle se regardera comme une saveur qui devient successivement sonore, odoriférante & colorée ; tous ses jugemens sur les objets extérieurs doivent être faux, parce qu'elle pense qu'elle existe seule dans le vaste désert de la nature.

Il est tems que Prométhée développe le sens du tact dans ce marbre inanimé qui doit un jour brûler pour lui ; il est tems que cet organe naisse dans ce nouvel être pour l'instruire, sur les plus grandes jouissances ; l'artiste, qui veut jouir de tout le spectacle de sa création, borne d'abord sa maîtresse au dernier degré de sentiment ; Pandore, privée des autres sens, n'existe que par la conscience qu'elle a de l'action de ses membres, & surtout des mouvemens de sa respiration : voilà son sentiment fondamental, & elle doit la vie à ce jeu de la machine.

Si elle naissoit dans un élément toujours uniforme, elle resteroit plongée dans la plus profonde ignorance ; mais la fraîcheur du matin succède à la douce température de la nuit, & les feux du midi au frais de l'aurore : alors elle distingue ces diverses sensations. Si, pendant que sa tête est exposée aux rayons du soleil, ses pieds sont arrosés par l'eau d'une fontaine, elle se reconnoît à la fois deux manières différentes d'exister, & elle acquiert une idée confuse de l'étendue.

Quel nouveau spectacle se présente ? La vive impression du PLAISIR vient de se communiquer au corps de Pandore, ses muscles se contractent, & son bras s'agite ; cette beauté naissante cède au mouvement machinal ; elle promène sa main sur elle-même & sent de la résistance ; elle juge alors qu'elle a un corps, & elle peut dire MOI.

Elle touche ensuite un corps étranger ; mais il ne rend pas sentiment pour sentiment ; si la main dit MOI, elle ne reçoit pas la même réponse ; cela suffit pour lui faire distinguer les objets extérieurs, de sa propre existence ; dès-lors elle ne se croit plus toute la nature.

Tant que Pandore a été bornée au sentiment fondamental, son existence lui a paru concentrée en un seul point ; mais depuis qu'elle connoît l'usage de ses membres, en variant ses mouvemens, elle cherche à varier ses plaisirs : elle aime à manier le marbre à cause du poli de sa surface; un fruit la charme, parce qu'elle peut le contenir tout entier dans sa main ; un arbre lui plaît aussi, à cause de l'étonnement où la jette l'étendue de sa circonférence ; quand tant de mouvemens auront excédé ses forces, ses plaisirs tumultueux s'évanouiront, & le repos deviendra la plus vive de ses jouissances.

Pandore connoît déjà l'étendue, la durée & l'espace ; elle peut aimer d'autre objet qu'elle-même, & elle est susceptible de curiosité : ce dernier sentiment va l'exposer aux atteintes de la douleur : elle marche, rencontre un palmier, chancelle & tombe avec bruit ; cette chûte, en lui inspirant la crainte, fait naître en elle la première idée d'industrie ; elle ne marchera plus qu'avec défiance ; si elle rencontre un bâton, elle s'en servira pour guider ses pas. —— La douleur n'a été qu'utile à Pandore ; elle a doublé son intelligence.

Le tact est le plus éclairé des sens ; Pandore, avec son secours, devient à chaque instant plus étonnante ; elle ne confond plus un cube avec un globe, & la direction d'un arc avec celle d'un jonc, ses idées de figure & d'étendue se perfectionnent, & elle touche aux élémens de l'art d'Archimède.

Puisqu'elle a cinq doigts, elle pourra les compter ; ainsi la voilà dans la région abstraite des nombres : cependant les idées d'être, de substance, de nature, &c. n'existent pas encore pour elle ; ces fantômes ne sont palpables qu'au tact des philosophes.

Ses idées d'espace & de durée s'étendent ;

son imagination lui fait découvrir une carrière sans bornes qu'elle n'a pu parcourir, & des instans, soit dans le passé, soit dans l'avenir, qu'elle ne peut atteindre : alors elle se perd dans un horizon immense, & sa pensée paroît embrasser toute l'éternité.

Pandore a des idées sans doute fort étendues ; cependant elle ne spécule pas : si elle devenoit métaphysicienne, avec tous ses préjugés elle pourroit tomber dans le système des idées innées ; mais ce n'est pas la peine, suivant l'abbé de Condillac, d'en faire un philosophe, pour lui apprendre à raisonner si mal.

Pandore a acquis par l'organe du tact assez de connoissances : il est tems que le plus éclairé des sens serve aux autres d'instituteur. Prométhée conduit sa sensible maîtresse dans un parterre ; elle détache une tige d'œillet, la porte machinalement auprès de son visage, & découvre en elle l'organe de l'odorat : c'est alors que le nez, instruit par la main, range en plusieurs classes les corps odoriférans, distingue plusieurs parfums dans un bouquet,

& acquiert une finesse de discernement à laquelle l'homme même, jouissant de tous ses sens, ne sauroit atteindre.

Les bienfaits de Prométhée se multiplient ; pendant que le chef-d'œuvre de la nature s'occupe à sentir le parfum de la rose qu'elle tient collée sur son sein, elle entend le concert mélodieux des oiseaux, l'onde bruyante sort d'une cascade, & le tonnerre, qui s'échappe d'une nuage livide, annonce par ses éclats qu'il va anéantir la nature.

Pandore, toute entière à cette nouvelle sensation, laisse son tact & son odorat sans exercice ; bientôt elle se rassure & recommence à s'occuper des objets palpables & odoriférans ; elle approche de son oreille un corps sonore, & découvre en elle un nouvel organe ; elle voudroit aussi toucher les oiseaux qu'elle a entendus ; la cascade & les éclats du tonnerre ; & cette erreur si naturelle lui apprend à juger des distances.

Au milieu de ces divers mouvemens qui l'agitent, un voile tombe de ses yeux, ses paupières se divisent, elle voit la nature, &, ce qui doit la toucher d'avantage, l'amant qui l'a créée.

Pandore s'éclaire sur la distance des corps, sur leur situation, leur figure, leur grandeur & leur mouvement, parce que les yeux en elle sont guidés par le tact, & le tact par les yeux.

Lorsqu'elle commença à jouir de la lumière, elle ignoroit que le soleil en fût le principe; elle en fut instruite par la nuit, qui vint l'envelopper de ses voiles, avec tous les objets qui l'environnoient; les révolutions de l'astre du jour lui apprirent aussi à mesurer sur son cours la durée du tems; & dès ce moment elle put calculer les biens & les maux de son existence.

Le tact dans Pandore a servi à perfectionner sa vue, son ouïe & son odorat; cet organe est moins nécessaire au développement de son goût : comme la nature a consacré le palais à la conservation des animaux, ce sens paroît le seul qui n'ait pas besoin d'apprentissage.

Au reste le tact, malgré les services qu'il rend à l'entendement, ne doit pas toujours être son oracle; il introduit également l'erreur & la vérité dans les avenues de l'ame : par exemple, il dit que les couleurs sont dans les corps brillans, les sons dans les corps sonores & les parfums dans les fleurs; il porte à juger du tems par les révolutions d'une planète, & non par la succession des idées; il apprend au peuple à tout matérialiser, & aux philosophes à être peuple.

Ne nous écartons pas de l'attelier de Prométhée. Enfin Pandore jouit de tous ses sens, & le grand acte de la création est achevé : examinons sous ce nouveau point de vue ses besoins, ses idées & son industrie; elle est faite pour plaire, rendons-la digne d'aimer.

Pandore, en satisfaisant à un besoin, ne dévine pas qu'il doive renaître; elle ne lit point dans l'avenir; elle n'a pas plus de prévoyance que le Caraïbe qui vend son lit le matin, ne se doutant pas que le soir il doit se coucher.

L'expérience l'instruit peu à peu; elle réfléchit sur le passé, elle étend sa prévoyance au lendemain, & l'ordre de ses études se trouve déterminé par ses besoins.

Elle abuse de ses sens, la douleur l'en punit, & elle apprend l'art difficile de jouir.

Sa sécurité est d'abord singulière; elle ne craint point les tigres qui se déchirent entr'eux; l'univers est un théatre où elle ne joue que le rôle de spectatrice, sans prévoir qu'elle en doive jamais ensanglanter la scène.

L'aspect d'un animal terrible, la vue du carnage dont il est l'instrument, le spectacle de ses propres blessures, obligent bientôt Pandore à chercher des armes pour se défendre contre les êtres destructeurs; & avec son industrie, elle lutte avec succès contre la force.

Cependant les frimats viennent attrister la nature; l'air qu'elle respire, la blesse de toutes parts; l'aiguillon de la faim la pénètre avec plus de vivacité; alors son humanité naturelle l'abandonne, elle égorge les animaux quelle peut saisir, se couvre de leurs fourrures, & se nourrit de leur substance.

L'ame de Pandore s'ouvre aussi à plusieurs préjugés; elle se forme un système particulier sur la bonté & la beauté des êtres; tout ce qui plaît à son goût & à son odorat, lui paroît bon, & tout ce qui plaît aux autres sens, lui paroît beau.

Persuadée que les êtres qui l'environnent ont un dessein réfléchi quand ils la blessent ou qu'ils lui procurent des jouissances, elle devient superstitieuse, & déifie la moitié de l'univers.

Elle juge aussi de la nature des choses, suivant ses préventions : mais pourquoi lui imputer cette erreur, puisqu'elle la partage avec les philosophes ?

Pandore, avec ses charmes & son amour-propre, ses préjugés & ses lumières, deviendroit l'idole de la moitié de la terre si elle savoit aimer ; mais on n'apperçoit dans cette beauté ingénue aucune étincelle de la plus brûlante des passions, & l'ouvrage de Prométhée reste imparfait.

J'ai toujours regretté que le métaphysicien qui a conduit Pandore jusqu'au moment où tous ses organes sont développés, n'eût pas entrepris l'analyse de son sixième sens : la statue de l'abbé de Condillac seroit peut-être parfaite si le comte de Buffon lui avoit appris à aimer.

L'homme de goût qui a observé la dernière marche de Pandore, s'apperçoit aisément que le fil analytique s'échappe quelquefois des mains de l'auteur; qu'il fait franchir à la statue les intervalles que franchit son génie; que, loin de penser tout ce qu'on peut dire dans un si beau sujet, il ne dit pas même toujours tout ce qu'il pense. Malgré ces taches légères, je regarde l'ouvrage de l'abbé de Condillac, comme un des plus beaux monumens de l'esprit philosophique, & sa statue, comme la plus parfaite qui soit sortie jusqu'ici de la main des hommes.

CHAPITRE X.

Si l'Homme est dans la nature le seul être sensible.

IL a été un tems où le philosophe qui auroit agité cette question auroit pu s'attendre à être traité d'insensé par l'homme froid qui raisonne, & d'impie par les têtes brûlées qui persécutent; on croyoit alors que le pentateuque étoit un traité d'astronomie; on brûloit ceux qui faisoient un pacte avec le diable, & on punissoit Galilée d'avoir été physicien.

Ce siècle n'est plus; la philosophie a changé la face de l'Europe; elle a rendu à l'entendement humain toute son élasticité; les bons esprits ont appris à étudier la nature, & le fanatisme ne nuit plus qu'à lui-même.

J'ai toujours cru que cette idée, que l'homme seul est sensible, étoit née primitivement dans la tête d'un despote : c'étoit un moyen bien simple de s'établir le roi de la nature, que de prouver que prefque tous les êtres animés étoient des machines.

Voyez la gradation de penfées qui s'obferve dans le cerveau d'un fultan : les plantes ne fentent pas, car mes œillets ne fe plaignent pas plus quand je les coupe que quand je les place fur le fein de mes Georgiennes; les animaux ne font pas plus fenfibles que les plantes, car le prophète ne nous a pas défendu de nous jouer de leur vie, & j'ai droit de crever vingt chevaux pour avoir le plaifir de mettre une biche aux abois. Bientôt il dira : mes fujets ne fentent pas, car je les extermine avec encore plus de facilité : de plus, quel rapport y a-t-il entre des efclaves & un fultan ?

Quelle que foit l'origine de ce principe barbare, il s'eft répandu avec la plus grande facilité, foit parce qu'il flatte la vanité humaine, foit parce qu'étant une erreur, il épargne à l'efprit la peine de l'examen.

Au refte, il n'eft point aifé de réfuter d'une manière triomphante ce blafphême contre la nature ; il faudroit pour cela être éclairé fur les dernières limites de la matière ; mais le système des êtres est une espèce de proportion dont nous connoissons un peu les moyens, mais dont les extrêmes nous sont totalement inconnus. Il y a sûrement des corps célestes plus gros que cette comète de 1680, dont le période est de 575 ans; il doit y avoir aussi des êtres plus déliés que ce globule de lumière dont plusieurs milliards entrent dans l'œil d'un animal un million de fois plus petit que le ciron.

L'HOMME SEUL.

Nous ne pouvons guère raisonner dans une telle matière, que par analogie. Au reste, quand le philosophe jette un coup d'œil sur nos connoissances, il s'apperçoit que c'est à l'analogie que nous devons presque tous nos raisonnemens.

Ce qui me confirme dans mon opinion, c'est que mon cœur m'entraînoit à l'adopter avant même que mon esprit pût lui donner son suffrage; & le cœur ne trompe guère quand les principes dont il s'occupe sont liés avec la morale de la nature.

Au reste, de tems immemorial on a soupçonné près du Gange que l'homme n'étoit pas sur ce globe le seul des êtres sensibles ; on attribue cette doctrine à Pythagore, & il n'est pas indifférent d'observer quelle gradation de raisonnemens conduisit ce législateur de l'Inde, à adopter cette idée, qui devint la base de la métempsycose.

Tom. 2. Pag. 389.

Tom. 2. Pag. 389

ARTICLE I.

Les douze Surprises de Pythagore.

PYTHAGORE faisoit fréquemment des voyages afin d'acheter le droit d'éclairer la terre. Dans ce tems-là il y avoit fort peu de livres, mais beaucoup d'hommes qui en tenoient lieu.

L'HOMME SEUL.

On peut observer aussi qu'alors tous les êtres parloient : voilà pourquoi les anciens étoient si prodigieusement éclairés. Si les modernes sont si ignorans, c'est que la nature est muette, ou peut-être qu'ils ne savent pas l'interroger.

Ce législateur de l'Asie étant dans cette partie de l'Inde que nous nommons la côte du Coromandel, se rendoit tous les soirs sur le bord de la mer, pour converser avec les poissons : cependant les animaux n'étoient pas encore sacrés pour lui ; il ignoroit qu'on pût être sensible sans être homme, & il ne se doutoit pas qu'il deviendroit dans la suite le créateur du dogme de la métempsycose.

Ce sage sortoit un jour d'une académie de gymnosophistes, où l'on avoit décidé que l'homme avoit seul la raison en partage, parce qu'il étoit le seul qui eût de la SENSIBILITÉ. Un géomètre avoit prouvé cette thèse par $a + b - c = 0$; un savant avoit cité le philosophe Lu, qui le tenoit du mage Mamoulouk, qui le tenoit du Parsis Cosrou, qui le tenoit en droiture du dieu Brama. Un jeune poëte avoit mieux fait encore; il avoit mis en vers l'histoire naturelle de l'homme, & la rime lui avoit tenu lieu de preuves.

Pythagore n'étoit pas content de cette décision; il sentoit qu'une équation n'a pas beaucoup de force en métaphysique, que des vers ne sont pas des raisons, & que le dieu Brama pouvoit avoir dit une sottise; ainsi il s'en alloit tout pensif vers la mer, comptant bien interroger les poissons, pour savoir s'ils résoudroient mieux son problême que les philosophes.

Il étoit obligé de traverser un bois pour se

rendre sur le rivage; à peine eut-il fait quelques pas dans le taillis, qu'il apperçut l'éléphant blanc du roi de Myrcond, qui venoit à lui à grand pas. Son premier mouvement fut de se jeter à genoux devant l'animal royal, comme il est encore d'usage sur toute la côte du Malabar, & sur toute celle du Coromandel, contrées immenses où il y a beaucoup d'éléphans & d'Indiens esclaves, mais très-peu d'hommes.

Le colosse releva doucement avec sa trompe le timide philosophe : mon ami, lui dit-il, je suis rassasié d'encens, de gloire & de génuflexions : il y a bientôt quatre cent vingt ans (*a*) que je suis révéré dans l'Inde à l'égal du dieu Brama : j'ai vu douze générations de rois à mes genoux, & ce n'est que par la perte de cent mille hommes, que l'empire de Myrcond a acheté l'honneur de m'avoir pour maître. Tant de grandeurs n'ont pu me cor-

―――――――――――――――――

(*a*) L'éléphant Ajax, qui combattoit pour Porus contre Alexandre, vivoit encore quatre cents ans après. *Voy.* Philostrate, *vit. Appollon. lib.* 16. — Cependant ce n'étoit pas un éléphant blanc.

rompre ; je pense à chaque instant que je ne suis pas sur la terre le seul de mon espèce ; je me vois, il est vrai, le roi des hommes ; mais les hommes, à leur tour, sont les rois de mille éléphans, qui, sans avoir ma couleur, ont mon intelligence ; cet horrible contraste me remplit de douleur ; car je suis philosophe & sensible....

Un éléphant philosophe ! un éléphant sensible ! disoit en lui-même Pythagore ; voilà qui ne s'accorde guère avec les théorêmes, les citations & les jolis vers de nos gymnosophistes. Cependant ne jugeons pas entre ce grand animal & une académie.

Tu rêves, dit le colosse philosophique : tant mieux ; je suis aussi un animal rêveur ; c'est même pour donner un libre cours à mes rêveries, que je me dérobe tous les ans pendant huit jours au faste de ma cour, & que je viens habiter cette forêt : j'y trouve des éléphans noirs & des éléphans roux (*a*), avec qui je

―――――――――――――――――――――

(*a*) Le révérend père François-Vincent-Marie de Sainte-Catherine de Sienne, s'exprime ainsi au *chap.* 11 de son voyage aux Indes orientales : ―― Il y a des éléphans de

converse; je m'entretiens encore plus volontiers avec moi-même ; & ces instans délicieux où je jouis de l'indépendance avec mes égaux, me consolent des années que je passe à m'ennuyer avec les rois. ---

L'HOMME SEUL.

Chaque mot que dit votre majesté me confond : je savois bien que vous étiez chaste, reconnoissant, & même religieux (*a*) : mais

---

trois sortes : les blancs, qui sont les plus grands, les plus doux & les plus paisibles, sont adorés comme des dieux ; les roux paroissent les plus petits de corsage, mais ils sont les plus valeureux, & les autres éléphans ont pour eux beaucoup de vénération : la troisième espèce est celle des noirs, qui sont les plus communs & les moins estimés. — Il s'ensuit du témoignage de Pythagore, combiné avec celui du révérend père François-Vincent-Marie de Sainte-Catherine de Sienne, que les éléphans noirs sont des dieux pour les animaux subalternes, que les roux le sont pour les noirs, & que les blancs le sont pour les hommes.

(*b*) L'éléphant est chaste. — *Pudore nunquam nisi in abdito coëunt.* Plin. lib. 8, cap. 5.

L'éléphant est reconnoissant. — *Cet animal se souvient du bien qu'on lui a fait, & a de la reconnoissance, jusque-là qu'il ne manque point de baisser la tête en passant devant les maisons où on l'a bien traité.* Voyages de la compagnie des Indes de Hollande, *tom.* 1, *p.* 413.

Enfin l'éléphant est religieux. —*Luna nova nitescente, audio*

sensible! la SENSIBILITÉ n'est donc pas un des attributs essentiels du genre humain ? ---

Ton genre humain a de plaisantes idées sur la nature : j'ai connu jadis à la cour de la reine de Zendou un philosophe, homme de génie d'ailleurs, qui, après avoir bâti un monde avec des dés, prétendoit que les animaux qui l'habitoient, étoient de purs automates. Suivant cette idée, nous avions des yeux sans voir, des oreilles sans entendre, & tous les organes du sentiment, sans la faculté de sentir. J'avoue que j'ai été fort sensible à cette calomnie du philosophe de Zendou ; mais j'étois trop puissant pour m'abaisser à le punir.

Pythagore, qui aimoit les systêmes du

---

elephantos naturali quâdam & ineffabili intelligentiâ è silvâ ubi pascuntur, ramos recèns decerptos auferre, eosque deindè in sublime tollere, ut suspicere, & leviter ramos movere, tanquàm supplicium quoddam deæ protendentes, ut ipsis propria & benevola esse velit. Ælian. lib. 4, cap. 10.

Il paroît que depuis Pythagore, les éléphans ont presqu'autant dégénéré que les hommes.

philosophe de Zendou, rougit ; l'éléphant s'en apperçut, & continua ainsi : Je ne persécute personne pour les crimes qu'il pense, mais seulement pour les crimes qu'il fait. Tant que ton philosophe se contentera de se jouer de son imagination, les éléphans riront & n'en seront pas moins des êtres sensibles. Mais si quelque roi s'appuyoit de l'imagination de cet homme à paradoxes, pour se jouer de notre vie ; alors malheur au monde ! tous les éléphans se rassembleroient à ma voix ; nous marcherions contre les hommes, & nous écraserions sous nos pieds toute cette petite fourmillière.

Pythagore étoit plus effrayé que convaincu : le colosse mit la fourmi raisonnante sur sa trompe. --- Tu me parois moins décisif, dit-il, que le philosophe de Zendou ; je veux bien dissiper tes doutes : examine un peu cette trompe ; vois comme la nature en a fait en même tems un membre flexible & un organe de sentiment ; je m'en sers pour sucer, pour sentir & pour toucher : c'est un triple sens qui possède à la fois la flexibilité de tes lèvres, la finesse de ton odorat & la délicatesse de ta main. Je suis sensible par ma trompe, ou personne ne l'est dans la nature.——

Pythagore, peu assuré sur son siège mobile, songeoit plus à prendre un point d'appui qu'à répondre.——Encore un mot, répondit le formidable dissertateur, & je te rends la liberté. —— Je suis bien plus sensible que les hommes, car je me nourris de végétaux, tandis que tes pareils se nourissent de chair & s'abreuvent de sang : vois comme tous les animaux me respectent sans me craindre, tandis qu'ils te regardent comme l'ennemi né de tout ce qui respire : veux-tu examiner sans préjugé quel est le plus sensible de l'homme & de l'éléphant ? ne consulte ni l'homme ni l'éléphant, mais interroge la nature.

Il eût été aussi difficile à Pythagore de réfuter ce raisonnement, que d'échapper à la poursuite de l'animal raisonneur : l'éléphant lui épargna ce double embarras ; il le posa en silence sur le gazon, & rentra dans sa forêt aussi fier d'avoir confondu un homme, que le feroit un difciple de Loyola d'avoir fait un profélyte.

Le légiflateur de l'Afie fe retira tout penfif du côté de la mer : en vérité, difoit-il en chemin, cet éléphant blanc a plus de philofophie que tous nos gymnofophiftes : j'ai fait de grands voyages, mais jamais je n'ai vu d'éléphant qui ne fût frugivore : pour les hommes, ils ont tous un attrait fingulier pour la deftruction ; chez les Sères on mange des vers à foie ; dans l'ifle de Taprobane, des abeilles ; en Lybie, des fauterelles; au centre de l'Afrique, des moucherons ; & vers la Pointe, des poux ; je ne vois qu'une différence entre nous & ces barbares : le Sauvage mange la chair crue, & le fage la fait cuire. — Encore une fois, l'académie pourroit bien avoir tort.

Mais l'éléphant, qui raifonne comme l'homme, pourroit bien être fenfible comme lui, fans que ce privilège s'étendît aux autres animaux. Qui fait fi une ame d'un ordre particulier n'anime pas cette énorme machine ? — Oui ; l'académie pourroit bien avoir raifon.

Cependant si cette masse organisée qu'on nomme l'éléphant, est dans la classe des êtres sensibles, pourquoi n'y mettroit-on pas aussi cet aigle qui règne dans la région où se forme le tonnerre, ce colibri qui déploie sur son plumage toutes les couleurs de l'arc-en-ciel, ce castor qui bâtit avec autant d'intelligence que nous, & ce singe que le philosophe même est tenté de prendre pour un homme dégénéré ? — En vérité ce problême n'est pas aisé à résoudre.

Ainsi cheminoit Pythagore, adoptant un sistême & le détruisant tour-à-tour; raisonnant tantôt comme s'il avoit une trompe, & tantôt comme s'il présidoit son académie; mais plus près de la vérité lorsqu'il répétoit les leçons d'un animal, que lorsqu'il commentoit celles des philosophes.

Cependant les ombres de la nuit commençoient à s'épaissir : la lune ne faisoit pas encore briller sa lumière argentée sur l'horizon, & le sage n'y distinguoit plus les objets qu'à l'aide de ces insectes lumineux qui volent sous la forme de petites étoiles, & qu'on nomme en indien des cucujus (*a*).

Pythagore, las de rêver, s'amusa à prendre un de ces phosphores volans : l'animal captif gémit dans sa main : le philosophe, en observant sa lanterne, comprima légérement sa tête, & son éclat s'affoiblit. Un moment après, en voulant lui rendre la liberté, il le laissa tomber sur un rocher. L'insecte appella l'homme un barbare, expira; & la lumière disparut.

Pythagore, qui étoit sensible, quoique du nombre de ces hommes qu'on appelle heureux, se baissa pour secourir son cucuju. A force de chercher dans les fentes du rocher,

---

(*a*) Il est assez singulier de voir dans l'Inde ce scarabée, qu'on a cru jusqu'ici un animal indigène de l'Amérique. — La race des cucujus indiens se seroit-elle éteinte depuis Pythagore ? L'Amérique alors étoit-elle contiguë à l'ancien continent ? Notre philosophe auroit-il pris un ver luisant pour un cucuju ? Ou bien nos naturalistes ont-ils affirmé où ils ne doivent que douter ? — Quand on traite de l'histoire naturelle, il vaut encore mieux ne rien établir que de n'établir que des conjectures.

il crut trouver son insecte, mais il n'attrapa qu'un bombardier. Cet animal, qui se sentit saisi par une main étrangère, jeta par l'anus une fumée d'un bleu clair, accompagnée d'une explosion semblable à celle d'une arme à feu. Le philosophe fut d'abord effrayé; mais il se familiarisa bientôt avec l'artillerie du scarabée, & répéta ses expériences jusqu'à ce que l'animal tonnant fût épuisé; alors sa poitrine s'affaissa; il appella notre physicien un monstre, & mourut comme le cucuju.

Pythagore, appellé monstre par des scarabées, se persuada aisément qu'ils étoient au nombre des êtres sensibles; il se promit alors de respecter les animaux terrestres, & de ne plus faire d'expérience qui outrageât la nature.

La marée montante commençoit déjà à gagner ses brodequins, quand il apperçut, à la lueur de la lune réfléchie par les flots, plusieurs poules poursuivant avec acharnement une espèce de coq qui fuyoit pesamment devant elles. Pythagore, qui devenoit à chaque instant plus humain, prit la défense de de l'opprimé, & le déroba à la rage des bacchantes emplumées qui vouloient le déchirer. Qui es-tu ? qu'as-tu fait, dit le sage à l'animal fugitif ? — Je suis... Hélas ! je ne suis plus rien, dit d'un ton flûté le diminutif de coq au philosophe : j'avois autrefois un nombreux serrail où je régnois en despote : des monstres, faits à l'extérieur comme vous, m'ont ravi l'usage de mon sixième sens : depuis ce moment fatal ces poules ne m'ont jamais regardé qu'avec dépit ; elles voudroient me punir du crime des hommes & de mes malheurs.

Pythagore tâcha de consoler le chapon ; il lui dit que ses bourreaux n'épargnoient pas plus les hommes que les coqs ; qu'il y avoit dans quelques contrées des pères qui mutiloient leurs enfans, pour leur donner une voix de dessus, & que dans presque toute l'Asie on faisoit des demi-hommes pour augmenter la valeur des femmes. Ces grands exemples firent quelqu'impression sur le chapon, & en se retirant il maudit moins les hommes, soit parce qu'il ne vit plus de poules, soit parce qu'il ne put résister à l'éloquence de Pythagore.

L'infortuné volatile étoit déjà fort loin, quand notre philosophe méditatif s'apperçut que la mer s'élevoit insensiblement autour de lui, & lui fermoit le chemin du rivage. Il se hâta de monter sur un rocher, & résolut d'y attendre le moment où il plairoit à l'Océan de lui rendre la liberté.

La lune, à demi voilée par un nuage, faisoit alors briller sa lumière incertaine sur les flots. Pythagore, promenant ses regards sur cette plaine immense qui ne sembloit bornée que par le ciel & par la nuit, ne put se défendre d'un secret sentiment de fierté : — Je suis né, dit-il, dans un élément où tous les êtres animés sont sensibles ; mais pourquoi les habitans de cette vaste mer sont-ils de purs automates ? Comment l'organe du tact, qui nous procure tant de jouissances, leur a-t-il été refusé ? La nature, qui est notre mère, seroit-elle la marâtre des poissons ?

Tandis qu'il parloit, une obscurité profonde enveloppoit le ciel & les eaux ; les nuages s'entassoient & se dispersoient au gré des vents ; la flamme livide des éclairs se déployoit sur l'horizon, & les rochers retentissoient du fracas du tonnerre. Pythagore, l'œil fixé sur cette mer de feu qui menaçoit à chaque instant de l'engloutir, vit quelques poissons s'élever du sein des eaux & s'agiter douloureusement comme pour lutter contre la pression de l'athmosphère; d'autres venoient jusqu'à ses pieds chercher un asyle contre la foudre; quelques-uns même périssoient d'effroi, & leurs corps livides venoient battre contre le rocher. --- Eh quoi ! s'écria le philosophe, les poissons même sont sensibles ! ils ont un organe du tact ! l'impression de l'air suffit pour les faire périr, & moi je vis encore ! je vois bien que pour connoître le système des êtres, il faut écouter la nature & non pas les naturalistes.

Cependant la sérénité renaissoit dans la plaine du ciel; la mer ne portoit plus contre les rochers des lames écumantes, & les poissons, pour respirer un air pur, venoient jouer sur la surface des eaux. Un requin qui avoit entendu le monologue de Pythagore, vint le regarder avec cet air de mépris qu'un monstre qui a vingt-cinq pieds & deux cents dents, doit avoir naturellement pour un animalcule de cinq pieds & demi, qui n'a ni défenses ni nageoires. Le philosophe éperdu se crut au dernier instant de sa vie ; il invoquoit Brama avec autant d'ardeur qu'une Indienne qui va se brûler sur le tombeau de son époux. — Sois tranquille, dit le monstre, j'ai mangé aujourd'hui trente dorades, deux lamentins, & trois nègres (*a*) ; je suis rassasié, & je t'accorde la vie : mais dis-moi un peu, être à deux pieds , sans écailles, par quelle bizarrerie étrange tes pareils me refusent-ils

---

(*a*) Ce trait de générosité est d'autant plus singulier que le requin est le plus vorace des animaux ; il est particuliérement avide de chair humaine, & on en voit qui suivent les vaisseaux qui font la traite des nègres, pour dévorer les cadavres qu'on jette à la mer. Rondelet assure que l'ouverture de la gueule de ce monstre est si grande, que si on la tient ouverte avec un bâillon, les chiens y entrent sans peine pour manger ce qui se trouve dans son estomac. — Les savans qui ont écrit après Rondelet n'ont pas manqué de conclure de ce fait, que le requin étoit le monstre qui engloutit autrefois le prophète Jonas. — Au reste, on peut fort bien conclure comme ces savans, quand on voit comme Rondelet.

la faculté de fentir ? Je refpire par mes ouïes; je vois dans ton élément comme dans le mien; je fens d'une lieue l'odeur d'un cadavre, & je favoure la chair d'un nègre comme celle d'un crabbe : fi mon organe du tact n'a pas toute la fineffe du tien, c'eft que j'habite un élément plus épais; ces écailles font pour moi une robe impénétrable qui me garantit contre les atteintes du froid; grace à cette enveloppe groffière, je prolonge la carrière de mes jours, & je vivrai encore lorfque tes petits-fils auront vécu.

Cependant je fuis fenfible, & les lamproies que je dévore le font de même, & le cachalot qui m'engloutit dans fa gueule énorme, l'eft auffi.

Mais la mer fe retire; adieu; fouviens-toi que tout être qui refpire a des fens; apprends à refpecter la nature & à ne pas dégrader les requins.

Pythagore éperdu s'examinoit avec furprife & doutoit s'il vivoit encore; quand le monftre eut difparu, il fe rappella fa harangue, promit bien dès qu'il auroit le loifir, d'écrire contre les gymnosophistes un livre qui ne seroit condamné que par ceux qui ne le liroient pas.

Avant de quitter son rocher, il fut encore témoin d'un spectacle singulier : il vit une multitude surprenante de cames qui voguoient sur la mer ayant une de leurs coquilles baissée & l'autre élevée ; celle-ci leur servoit de voile & celle-là de navire ; le philosophe fit un mouvement pour se retirer ; alors les coquilles se refermèrent, les poissons plongèrent au fond des eaux, & toute la flotte disparut.

En s'appuyant contre le rocher pour descendre sur le rivage, il toucha aussi par mégarde une espèce d'éponge glutineuse dans laquelle vivoit un poisson testacée qui lui étoit inconnu ; l'animal blessé fit jaillir plusieurs filets d'eau au visage du philosophe, & la fontaine ne tarit que lorsque le poisson ne fut plus (*a*).

(*a*) Kolbe confirme ce fait dans sa description du cap de Bonne-Espérance, *tom.* 3, *p.* 136.

Arrivé au pied du rocher, il apperçut une très-jolie coquille, & la ramaſſa, la croyant vuide; mais Bernard l'hermite étoit dedans; ce poiſſon cruſtacée défendit ſa demeure avec vigueur, il ſaiſit avec ſa ſerre la main du philoſophe & l'obligea à jeter dans la mer l'animal avec ſa maiſon.

Pythagore ne ſavoit plus comment faire pour ne bleſſer aucun être ſenſible; il aborda enfin ſur le rivage, & s'aſſit tranquillement ſur quelques plantes informes qui le tapiſ-ſoient, méditant ſur tous les ſpectacles dont il venoit d'être témoin, & s'étonnant d'avoir acquis plus de lumières en converſant une nuit avec les animaux, qu'en étudiant pendant un demi-ſiècle les hommes & les livres.

Les plantes ſur leſquelles il repoſoit étoient des zoophites (a); chacun de ces êtres ſin-

---

(a) Corps marins dont la nature tient de l'animal, & la figure du végétal; on pourroit les appeller des animaux-plantes; on les a long-tems regardés comme des arbuſtes marins, mais M. de Juſſieu, qui obſervoit comme Pythagore, ſans avoir ſes aventures, les a fait rentrer dans la claſſe des animaux. — On peut conſulter ſur la nature des zoophytes le

guliers témoigna à sa façon son mécontentement ; la *plume de mer* obscurcit son phosphore, le *pulpo* engourdit le pied du philosophe, comme auroit fait la torpille; & la *galère* exhala sur sa main un poison subtil, qui fit l'effet de ces fleches envenimées que quelques Indiens lancent avec leurs sarbacannes (*a*).

Pythagore avec sa crampe, sa blessure & une bonne provision de rêveries, se traîna comme il put hors du tapis de verdure animée sur lequel il étoit assis : je ne sais plus, disoit-il, quel monde j'habite ; quoi ? les plantes mêmes sont sensibles ! un arbre a mes organes ! Je vois bien que l'éléphant blanc du roi de

---

premier volume de l'*histoire naturelle* de Ruisch, Von-Linné, *system. nat.* p. 72 ; Donati, *hist. natur. de la mer Adriatique*, p. 54 ; le traité latin du docteur Pallas, & le quatrième tome *de la nature* de J. B. Robinet, p. 37.

(*a*) Ce zoophyte a l'air d'un amas d'écume transparente; le poison qu'il renferme est de la plus grande activité ; la douleur qu'il cause croît à mesure que le soleil monte sur l'horizon, & diminue à mesure qu'il descend, en sorte qu'elle cesse tout-à-fait, un instant après qu'il est couché. — Heureusement il étoit encore nuit quand la galère blessa Pythagore.

Myrcond est plus philosophe que toute notre académie.

Mais que diront les Indiens, si je leur annonce qu'un éléphant raisonne, qu'une coquille est sensible, que cette mousse est un monde d'animaux?....Ce qu'ils diront!.... J'aurai le sort de tous les grands philosophes; pendant ma vie, je serai l'ennemi du genre humain ; dans cent ans je ne serai plus qu'un insensé, & dans vingt siècles je serai un demi-dieu.

Cependant le philosophe ne faisoit encore que douter : il auroit été plus affirmatif s'il avoit pu connoître les merveilles de l'histoire des polypes ; mais cette découverte étoit réservée à notre siècle ; c'est à nous à qui il appartenoit de déchirer le voile de la nature, que Pythagore n'avoit fait qu'entr'ouvrir.

Le sage Indien s'éloigna du rivage de la mer ; instruit par ses fautes, il s'écarta de quelques plantes sensitives qui étoient sur son chemin pour ne pas les flétrir (*a*); mais

---

(*a*) La plante que Linnæus nomme *mirabilis longiflora*, est une espèce de sensitive qui porte tous les soirs une multi-

voyant un anacardier de quatre-vingt pieds de haut, dont les fruits étoient de la couleur la plus vermeille, il ne put résister à la tentation d'en cueillir : les Orientaux dans ces tems reculés faisoient un grand usage de l'anacarde, parce que son suc sert à donner de l'activité aux sens, & procure un nouveau ressort à l'intelligence (*a*). Pythagore en

---

tude de fleurs odoriférantes qui se flétrissent le matin, & le soir sont remplacées par d'autres. Il y a une sensitive sur la côte du Malabar, nommée *todda-waddi*, qui a encore d'autres propriétés : ses feuilles se penchent du côté du soleil, en suivant son cours, & à midi son plan est parallèle à l'horizon ; quand on les touche, elles se ferment & cachent leurs pistils. Cette plante, dans un tems d'orage, tombe dans une espèce de recueillement que les botanistes regardent comme son sommeil. L'histoire rapporte qu'un philosophe de l'Inde devint fou, pour n'avoir pu expliquer les singularités de cette merveille végétale.

Tournefort, *institut. rei herbar.* pag. 605, parle fort au long des propriétés de la sensitive ; il est étonnant que ce naturaliste, qui, à la vue de la grotte d'Antiparos, avoit reconnu la végétation des fossiles, à la vue des sensitives n'ait pas soupçonné l'animalité des végétaux.

(*a*) L'anacarde est l'acajou des Indes orientales. Hoffmann, le célèbre médecin d'Aldtorff, étoit si persuadé de la propriété singulière de ce fruit, qu'il appelloit la confection

mangea tant, qu'il se crut pendant quelque tems les lumières de l'éléphant blanc & l'entendement du dieu Brama.

Le suc d'anacarde enivre aussi aisément un philosophe qu'un homme ordinaire : Pythagore, dont la tête étoit plus forte mais les jambes plus foibles, n'eut pas fait trente pas, qu'il se sentit prodigieusement fatigué : il résolut alors de s'asseoir, quoique la nuit fût déjà fort avancée, & il choisit un rocher parfaitement nu, dans la crainte de flétrir des végétaux ou de blesser des animaux-plantes.

Enfin, dit le sage en s'étendant le long du roc, je puis goûter ici un repos tranquille : le poids de mon corps ne fait point gémir des êtres sensibles ; & cette matière que

---

d'anarcade, la *médecine des sots*. Il rapporte qu'un paysan stupide ayant fait usage, pendant quelques mois, de ce singulier aliment, devint si savant, qu'il obtint une chaire en droit ; mais cette métamorphose altéra son tempérament ; en peu d'années il sentit développer en lui le germe d'une maladie inconnue ; il devint sec & décharné, & périt enfin, inutile à lui-même & à ses concitoyens. — Ce malheureux fut puni d'avoir voulu jouir, pendant quelques mois, de toute l'intelligence qu'il auroit acquise pendant vingt années.

je presse est morte & inorganisée; la nature peut-être ne m'a point donné d'empire sur les animaux & sur les plantes; mais du moins je suis le roi des fossiles.

Tu n'en es que le tyran, dit alors une voix inconnue qui s'échappa au travers des fentes du rocher. Pythagore, qui, à force de s'instruire, admiroit beaucoup moins, se leva tranquillement & chercha, à l'aide d'un cucuju, quel étoit l'animal qui l'apostrophoit ainsi : l'anneau de sa ceinture s'étant alors approché d'une pierre d'aimant; il se vit attiré malgré lui (*a*), & tomba le visage contre le rocher : persuadé alors que la voix qu'il avoit entendue étoit sortie du sein de la ma-

---

(*a*) Rendons justice à tous les siècles; les anciens connurent la propriété de l'aimant, d'attirer le fer; mais ils ne firent pas, sur ce fossile singulier, d'autres découvertes : il se passa bien des siècles avant qu'ils sussent qu'il pouvoit transmettre sa vertu à des corps étrangers; il en fallut encore plus pour appercevoir sa tendance vers les poles; enfin ce n'est que de nos jours qu'on a découvert son inclinaison & sa déclinaison. — Il est bien plus difficile d'observer comme il faut la nature que de créer des systêmes.

tière magnétique, il se mit à l'interroger; il osa même la frapper; mais le rocher resta muet.

Il s'approcha ensuite d'une colonne composée de pierres étoilées, placées les unes sur les autres, & rangées par étages décroissans comme une pyramide d'Egypte : cet obélisque étoit un animal (*a*); mais Pythagore, qui ne l'entendit point parler, ne s'en apperçut pas.

En retournant à sa première place, il reconnut enfin que la voix qu'il cherchoit partoit d'un fragment de rocher composé de particules de pierres & de corail, & tapissé intérieurement de nerfs & de membranes : l'être sensible qui animoit cette pétrifi-

___

(*a*) Il est maintenant connu sous le nom de *palmier marin*; les encrinites & les pierres étoilées sont produites par les débris de la charpente osseuse de cet animal, qui ont formé les cavités où, depuis, ces fossiles se sont moulés. Un naturaliste a découvert qu'un seul palmier marin renferme près de vingt-six mille vertèbres. — *Voy.* l'extrait d'un mémoire de M. Guettard sur ce sujet, dans les mémoires de l'académie des sciences, *année* 1755.

cation, s'appelle un microscome, & voici l'analyse du petit entretien qu'il eut avec Pythagore.

PYTHAGORE.

Superbe ennemi de l'homme, tu es donc un fossile ?

LE MICROSCOME.

Non.

PYTHAGORE.

Quoi ! tu serois une plante ?

LE MICROSCOME.

Non.

PYTHAGORE.

Tu es donc un animal ?

LE MICROSCOME.

Non.

PYTHAGORE.

Tu n'es ni animal, ni plante, ni fossile: qui es tu donc ?

LE MICROSCOME.

Voilà une singulière demande ! --- Je suis un être.

PYTHAGORE.

Mais tout être est renfermé dans une de ces trois classes : il paroît, monsieur l'être, que vous n'avez guère lu le livre du mage Misapouf sur l'histoire naturelle.

LE MICROSCOME.

Je n'ai point étudié ton mage Misapouf : voilà pourquoi j'en sais plus que lui. --- Mon ami, retiens bien ce grand principe : il n'y a pas dans le monde deux êtres qui se ressemblent ; l'homme fait des classes, mais la nature ne fait que des individus.

PYTHAGORE.

Quoi ! la nature n'a inspiré aucun de nos douze cents systêmes sur l'histoire naturelle ?

LE MICROSCOME.

Tout systême est faux, par cela seul qu'il est systême. --- Tes naturalistes sont plaisans !

par ce qu'ils diftinguent quelques points fur la furface de l'univers, ils veulent juger l'enfemble de cette immenfe machine; ils raffemblent péniblement dans leurs laboratoires quelques fquelettes, & ils difent avec fierté: Voilà la nature. Les infenfés! ils ne favent pas qu'un vrai cabinet d'hiftoire naturelle devroit être auffi grand que le monde.

PYTHAGORE.

Voilà bien de la philofophie, pour un fimple rocher.

LE MICROSCOME.

Tant de philofophes viennent déraifonner ici, que j'ai pu aifément m'inftruire par leurs erreurs. J'ai trois grands moyens pour acquérir des lumières; je ne vois point par les yeux des autres; je m'étudie, non à être ingénieux, mais à être vrai; je fais entrer mes idées dans le plan de la nature, & je ne force point la nature à fe plier à mes idées.

PYTHAGORE.

Vous pourriez déchirer moins les hommes,

&

DE LA NATURE. 417

& les éclairer davantage. — Mais si j'étois tenté de vous désigner vous-même aux philosophes de mon espèce, par quels caractères vous ferois-je connoître?

L'HOMME SEUL.

LE MICROSCOME.

Je te l'ai dit : nous n'avons de rapport ensemble que par le titre d'être; si cependant tu desires que je te parle dans la langue imparfaite que tes physiciens ont inventée, voici quelques-uns de mes caractères : je tiens aux fossiles par le suc lapidifique qui pénètre ma substance; j'ai de l'analogie avec les plantes, parce que je végète comme elles; & je suis un animal, parce que je sens : ainsi, je me vois aux limites de trois mondes; mais je n'en habite aucun : un de tes naturalistes ma appellé microscome; il t'en dira sans doute la raison : pour moi, je l'ignore.

PYTHAGORE.

Vous pouvez, monsieur le microscome, être un minéral, une plante même, mais certainement il est impossible que vous soyez sensible; où sont vos sens?

Tome II. Dd

LE MICROSCOME.

Je n'en sais rien, & qu'importe ? j'ai tantôt du PLAISIR & tantôt de la douleur ; la nature ne m'a donc pas privé du sentiment ; vous autres hommes, vous dites : je sens, ainsi j'existe ; pour moi, je dis avec non moins de raison : j'existe, ainsi je sens.

J'ai des organes sans doute, mais ce ne sont pas les tiens : si j'avois tes yeux, ton tact & ta tête, je serois un homme ; je sentirois comme lui, & je raisonnerois peut-être aussi mal.

PYTHAGORE.

Je ne suis point encore persuadé : laissons les livres, & ne consultons que la raison : il me semble que tout être sensible doit se nourrir, croître & engendrer. Cette loi de la nature doit embrasser tout ce qui respire, depuis l'homme, qui est au haut de l'échelle animale, jusqu'au microscome.

LE MICROSCOME.

Eh ! qui t'a dit que je ne partageois pas avec toi ces trois facultés ? je me nourris, puisque j'incorpore à ma substance des sucs étrangers ; ces alimens que tes yeux ne peuvent découvrir développent mes organes, & je crois : quand j'ai trop d'existence, je féconde des germes & je produis mes semblables.

Mais encore une fois, ton intelligence ne peut pénétrer le méchanisme de ma SENSIBILITÉ : par exemple, je ne triture point mes alimens comme l'homme ; je ne les avale point comme les animaux qui sont sans dents ; je ne les absorbe pas, comme les végétaux, par des pompes aspirantes : cependant je me nourris ; mais c'est à la façon des microscomes.

La nature n'a peut-être qu'une loi, mais cette loi suffit pour vivifier des millions d'êtres qui n'ont entr'eux aucun rapport : comment ose-t-on définir les êtres quand on ignore cette loi ?... O homme ! étudie ton monde, & laisse moi dans le mien.

Pythagore auroit bien voulu prolonger cet entretien ; mais le microscome, qui, contre l'ordinaire des philosophes, n'aimoit point à parler, cessa de satisfaire aux questions du sage; il devint aussi muet que les naturalistes le représentent.

Cependant le mets enivrant de l'anacarde opéroit toujours dans la tête de Pythagore; son corps chancelant n'étoit plus en état de soutenir sa tête vigoureuse; ses genoux se dérobèrent sous lui; son entendement, fatigué de creuser dans les idées méthaphysiques, se reposa dans de bizarres rêveries, & bientôt ces rêveries conduisirent le philosophe au sommeil.

A peine Pythagore étoit-il endormi, qu'il vit en songe un colosse organisé dont l'intelligence humaine ne pourra jamais calculer les proportions. Quoiqu'il se fût presque anéanti pour se faire appercevoir tout entier, il paroissoit encore embrasser lui seul tout l'espace des mondes; tous les globes du firmament brilloient sur son front; & le tourbillon solaire, avec ses planètes, leurs satellites & leur athmosphère, ne formoient qu'un point dans l'immense étendue de ce grand être. Le philosophe chercha long-tems la terre au milieu de ce point ; il la découvrit enfin avec peine ; mais pour les hommes qui l'habitent, ils se derobèrent à toutes ses recherches ; ce qui est très-mortifiant pour les rois de la nature.

Pythagore étoit attentif à ce grand spectacle ; son ame sembloit avoir passé dans ses regards ; le colosse lui dit : Cette masse énorme que tu contemples est sensible & organisée ; je suis l'univers ; c'est moi qui renferme tout ce qui a existé, tout ce qui respire & tout ce qui doit naître dans l'abyme de l'éternité : tes philosophes cependant ont dit que j'étois sans sentiment, sans organes & sans vie ; ils ont dit un blasphême absurde : comment une matière brute peut-elle donner la naissance à des êtres animés ? Oui, je vis, & les mondes que je renferme vivent, & les êtres qui composent ces mondes vivent aussi : cesse donc de rétrecir tes idées ; vois la nature comme elle s'est faite, non comme la font les animalcules intelligens qu'elle a formés ; sache qu'il n'y a de mort dans son sein que l'entendement des êtres qui l'outragent.

Un instant après, l'énorme fantôme disparut, & Pythagore, réveillé par les rayons du soleil levant, écrivit sur le rocher même où il s'étoit assoupi, toute son aventure. Pendant plusieurs siècles les philosophes orientaux allèrent par respect visiter ce monument, comme les musulmans vont encore visiter aujourd'hui la pierre noire qui est auprès du tombeau de Mahomet. On pensoit beaucoup, après avoir lu cette histoire, & on en devenoit toujours plus humain & plus sensible.

Quand Pythagore fut de retour chez lui, il fit des réflexions profondes sur son aventure; & ces réflexions, qu'il adressa à ses disciples, forment un chant fort étendu de ses vers dorés; il ne nous reste de cet ouvrage qu'un fragment sans commencement & sans fin, que je vais traduire; je joindrai au texte des remarques qui serviront à justifier quelques singularités des sistèmes de ce philosophe; on verra que si Pythagore étoit un insensé, cet insensé a eu pour disciple une foule de grands hommes.

ARTICLE II.

Fragment des Vers dorés de Pythagore.

I.

. . . . ,

...... *Car qui a pu le former, & qui pourroit le détruire? Il n'y a que les ouvrages des hommes qui partagent leur petite existence. Voyez ce vaste empire qui confine à l'extrémité orientale de l'Asie: le peuple le croit éternel; cependant le fondateur de son premier ki n'a commencé à régner que depuis* 1,098,441 *grandes révolutions de soleil.*

L'HOMME SEUL.

II.

Le monde, dans le sens le plus étendu, est la nature. La nature! à ce nom sublime mes idées cessent de ramper, & mon ame devient grande comme la substance éternelle dont elle émane. Mes amis, j'ai consumé trente ans à penser comme le reste de la terre sur les premiers principes; j'ai blasphémé trente ans la nature ; mais une nuit elle m'a inspiré, & je suis devenu philosophe.

III.

Ce n'est qu'au poëte qu'il appartient de chanter les merveilles de l'univers. Depuis qu'un éléphant blanc m'a fait homme, je brûle de parler le langage d'Orphée ; je regrette ces années stériles, où j'ai prostitué l'art des vers à chanter les rois : je rougis même d'avoir chanté les dieux.... des dieux quand j'oubliois la nature !

IV.

Il n'y a qu'une seule intelligence dans l'univers ; elle embrasse tout le systéme des êtres, depuis ces globes enflammés qui roulent dans le vague de l'espace, jusqu'à ce ver que mon orgueil foule aux pieds, & qui doit dévorer ma cendre.

V.

Je vois l'univers comme une grande échelle, dont les intervalles sont occupés par les êtres sensibles ; elle est bornée à une de ses extrémités par l'Etre suprême, & à l'autre par les élémens de la matière ; le sentiment s'y affoiblit par une dégradation finement nuancée depuis le premier terme jusqu'à celui qui est rempli par l'atome; mais il ne périt pas... O homme! respecte tout ce qui t'environne ; sache que tu ne peux blesser aucun être de l'échelle, sans outrager la nature.

VI.

Au nord comme au midi, & au couchant comme à l'aurore, le peuple dit : La matière brute est la base de l'univers : mais une erreur ne cesse point de l'être parce qu'elle est universelle. Par quelle nuance la nature a-t-elle passé de la matière brute à la matière organisée ? Qu'y a-t-il de commun entre la vie & la mort ? Et comment le globe que j'habite seroit-il à la fois peuplé d'êtres sensibles & de cadavres ? Non, non, tout ce qui existe est homogène, & cette terre n'est pas composée de deux mondes contradictoires.

VII.

Il fut un tems où mon ame, enivrée des

plaisirs mathématiques, dédaigna les êtres sensibles. Le jour mémorable où je trouvai le premier la démonstration du quarré de l'hyppothénuse, j'offris par reconnoissance une hécatombe à la Divinité. Insensé que j'étois ! afin d'être une fois pieux, je fus cent fois assassin.

VIII.

La nature, toujours simple dans ses idées, mais toujours variée dans ses ouvrages, a formé sur le même plan l'homme & les animaux ; elle leur a dit à tous : Soyez sensibles afin de jouir de votre existence ; ce n'est que par le sentiment que vous avez passé du néant à l'être.

IX.

Lorsque du sommet du Caucase, l'orage porté sur l'aile des aquilons, s'élance sur les plaines de l'Asie ; qu'un déluge embrasé semble couvrir la terre d'un pôle à l'autre, & qu'un volcan nouvellement entr'ouvert, vomissant de son sein des rochers calcinés, ensevelit les villes dans des gouffres de flamme ; les peuples, prosternés aux pieds des autels, font ruisseler le sang des victimes.... Aveugles qu'ils sont ! ils pensent appaiser la Divinité en multipliant les sacrilèges.

X.

La scène change ; le soleil perce un grouppe de nuages malfaisans, épure l'athmosphère & vivifie tous les êtres. A la faveur de sa douce lumière, la robe renaissante de la terre se nuance de mille couleurs, le monde végétal se développe, & toute la création paroît animée. Alors les hommes, dans l'ivresse de leur reconnoissance, osent égorger des animaux paisibles dans les temples des dieux ; ils ne témoignent leur SENSIBILITÉ qu'en donnant la mort ; & ils font rougir la nature de ses bienfaits.

XI.

Sages de la terre, c'est à vous que ma voix s'adresse : pesez avec moi dans la balance de la raison, l'intelligence des animaux ; vous soupçonnerez que ces êtres, qui ne jouent qu'un rôle subalterne dans votre sphère, peuvent gouverner un autre monde de l'échelle ;

vous direz alors que se jouer de leur vie, c'est troubler l'harmonie de l'univers ; vous le direz..... & vous deviendrez frugivores.

XII.

Peuple, dont l'esprit étroit ne voit Dieu que dans les nuages & ne l'entend que dans les éclats du tonnerre, apprends un mystère que l'Intelligence suprême m'a dévoilé : rien ne meurt dans le vaste sein de la nature ; les êtres matériels croissent, se développent & se metamorphosent ; les ames quittent leurs anciennes demeures pour en habiter d'autres, & l'univers s'entretient par les révolutions mêmes qui semblent devoir le dissoudre.

XIII.

Cet entendement, qui est une portion de l'ame universelle, passe tantôt du corps de l'homme dans celui de la brute, & tantôt du corps de la brute dans celui de l'homme. Prêtre d'un Dieu homicide, comment oses-tu l'interroger dans les entrailles palpitantes d'une génisse ? C'est ta fille que tu déchires avec un fer sacré : homme féroce que le préjugé & l'exemple ont fait carnivore, tu crois ne manger qu'une huître, un cerf, un agneau, & tu dévores ton amante, ton père & ton roi.

XIV.

Philosophes, je reviens m'éclairer avec vous ; tous les êtres sont sensibles, mais ils n'ont pas tous le même nombre de sens. Qui sait si dans l'orbe immense que décrit une comète dans l'espace des cieux, elle ne s'approche pas dans son apogée d'un monde habité par des intelligences supérieures à nous ? Donnons-leur douze sens ; elles doivent regarder l'homme, qui n'en a que cinq, comme nous regardons l'atome, qui n'en a qu'un, & peut-être que ces êtres si heureusement organisés ne sont eux-mêmes que des atomes pour les habitans d'un monde plus parfait.

XV.

Le sentiment, en passant du premier terme de l'échelle au dernier, devient sans cesse plus obtus ; l'œil ordinaire l'apperçoit dans les végétaux, mais il n'y a que l'œil de l'entendement qui puisse le découvrir sous l'enveloppe grossière des fossiles. Cette dégradation insensible est l'ouvrage de la nature, & il faut être philosophe, soit pour la connoître, soit pour la calculer.

XVI.

Le zoophyte est un être intermédiaire entre la plante & l'animal; il peut avoir le sentiment de la rose & les organes de l'huître; peut-être aussi qu'il n'y a point de différence essentielle entre l'organisation des deux règnes. Un cancre est à mes yeux un arbre qui vit, & un palmier est un animal qui végète.

XVII.

Ces êtres qui résistent à l'activité du plus terrible des élémens, & qui répandent sans se consumer une lueur funèbre dans la nuit des tombeaux, l'amiante & l'asbeste, remplissent l'intervalle entre les plantes & les minéraux; leurs fibres sensibles s'étendent & se contractent comme les nôtres; ils ont une existence particulière que le PLAISIR prolonge & que la douleur anéantit.

fait carnivore, tu crois ne manger qu'une huître, un cerf, un agneau, & tu dévores ton amante, ton père & ton roi.

XIV.

Philosophes, je reviens m'éclairer avec vous; tous les êtres sont sensibles, mais ils n'ont pas tous le même nombre de sens. Qui sait si dans l'orbe immense que décrit une comète dans l'espace des cieux, elle ne s'approche pas dans son apogée d'un monde habité par des intelligences supérieures à nous? Donnons-leur douze sens; elles doivent regarder l'homme, qui n'en a que cinq, comme nous regardons l'atome, qui n'en a qu'un, & peut-être que ces êtres si heureusement organisés ne sont eux-mêmes que des atomes pour les habitans d'un monde plus parfait.

XV.

Le sentiment, en passant du premier terme de l'échelle au dernier, devient sans cesse plus obtus; l'œil ordinaire l'apperçoit dans les végétaux, mais il n'y a que l'œil de l'entendement qui puisse le découvrir sous l'en-

veloppe grossière des fossiles. Cette dégradation insensible est l'ouvrage de la nature, & il faut être philosophe, soit pour la connoître, soit pour la calculer.

XVI.

Le zoophyte est un être intermédiaire entre la plante & l'animal ; il peut avoir le sentiment de la rose & les organes de l'huître ; peut-être aussi qu'il n'y a point de différence essentielle entre l'organisation des deux règnes. Un cancre est à mes yeux un arbre qui vit, & un palmier est un animal qui végète.

XVII.

Ces êtres qui résistent à l'activité du plus terrible des élémens, & qui répandent sans se consumer une lueur funèbre dans la nuit des tombeaux, l'amiante & l'asbeste, remplissent l'intervalle entre les plantes & les minéraux ; leurs fibres sensibles s'étendent & se contractent comme les nôtres ; ils ont une existence particulière que le PLAISIR prolonge & que la douleur anéantit.

XVIII.

Comment peut-on douter de la structure organique des fossiles ? un suc actif ne circule-t-il pas dans leurs veines ? n'observe-t-on pas d'exactes proportions dans les divers périodes de leur vie ? leurs fibres entrelacées ne forment-elles pas des lames, des houppes & des réseaux ? ce sont les différentes combinaisons de cet appareil fibrillaire qui font paroître sur le saphir l'azur qui le décore, qui environnent d'ondes pourprées l'améthyste, & qui donnent à l'émeraude cette lumière vacillante que les yeux perçans découvrent dans notre athmosphère.

XIX.

Si tous les êtres répandus sur ce globe sont sensibles, pourquoi le globe lui-même ne le seroit-il pas ? par quelle bizarrerie tout ce qui respire recevroit-il l'existence d'un cadavre ? Quoi ! la nature, qui a tout fait pour des insectes, se seroit oubliée dans la construction des sphères célestes ? Un atome vivroit & le soleil seroit un être mort ?

XX.

Suivons d'un œil hardi la progression de l'échelle sensible ; mesurons avec le compas de la philosophie l'intervalle immense que la nature a mis entre les premiers élémens de la matière. . . . .
. . . .

Le reste manque dans le texte grec.

CHAPITRE

ARTICLE III.

Combien de Philosophes ont, sans le savoir, commenté les vers dorés de Pythagore.

L'HOMME SEUL.

SI le législateur de l'Inde pouvoit renaître parmi nous, il faudroit ajouter à ses douze surprises, celle de voir avec quelle facilité son système a germé dans les cerveaux de nos philosophes.

Cependant nos physiciens ne connoissoient pas les vers dorés que je viens de traduire : l'exemplaire grec de ce fragment étoit unique, ainsi que l'exemplaire hébreu du Pentateuque, qu'on trouva au fond d'un coffre, sous Josias, petit roi de cette Hershalaïm dont nous avons fait Jérusalem.

Si donc un membre de la société royale de Londres & un gymnosophiste de l'Inde, vivant à trois mille ans d'intervalle l'un de l'autre, se réunissent dans une opinion, il faut bien que cette opinion ne soit pas tout-à-fait le dernier période de l'extravagance humaine, comme on l'a infinué dans les feuilles antilittéraires de quelques Ariſtarques obſcurs de ce ſiècle, qui ont plus d'un motif, je ne dis pas pour mépriſer, mais pour déteſter les philoſophes.

Dans la foule d'autorités qu'on peut citer à l'appui des vers dorés de Pythagore, je ne choiſirai qu'un petit nombre des plus déciſives, que je rapporterai à la ſtrophe correſpondante du fragment ; & je ſerai court, ſoit parce que je ſuis de mon ſiècle, ſoit parce que je ne commente pas Ariſtote.

REMARQUE SUR LA QUATRIEME STROPHE. — L'opinion de l'ame univerſelle ſemble le centre de ralliement des anciens & des modernes : j'en ai donné une foule de preuves au premier chapitre de ce livre : ajoutons que cette idée, ſi faite pour le climat fortuné de l'Indoſtan, a germé juſque dans les landes ſauvages de l'Amérique. Des caciques du nouveau monde, qui parurent à Londres du tems d'Adiſſon, aſſurèrent que leurs compatriotes animoient non ſeulement les brutes, mais encore les végétaux & les foſſiles (*a*) : voilà pourquoi ils déifioient des arbres & des rochers ; & qui fait ſi ce dogme, mal entendu, n'a pas donné, ſur toute la terre, naiſſance au polythéiſme ?

Marc-Aurèle croyoit auſſi à l'ame univerſelle : il ſuppoſoit que toutes les intelligences faiſoient partie d'un même élément intellectuel, comme toutes les eaux répandues ſur la ſurface du globe appartiennent au fluide aqueux (*b*). Ainſi le plus grand peut-être des théiſtes ſe réuniſſoit en ce point avec l'adorateur vulgaire des idoles.

Un moine du ſeizième ſiècle, que l'inquiſition tint en priſon vingt-cinq ans parce qu'il n'avoit pas ſa phyſique, Campanella, homme célèbre de ſon tems, mais aujourd'hui très-oublié, fit un livre qui a pour titre, *de ſenſu*

(*a*) Voy. *ſpectateur*, tom 1, diſc. 43.
(*b*) Réflex. de Marc-Aurèle, lib. IX, cap. 8.

rerum, & dont le but est de faire partager la SENSIBILITÉ à tous les êtres : voici à peu près comment il raisonnoit, du moins autant qu'on peut en juger au travers du galimathias théologique dont il enveloppe sa doctrine.

Les propriétés d'un effet doivent se trouver dans sa cause; nous voyons que l'animal est sensible : la SENSIBLITÉ doit donc exister dans les élémens de la matière.

Ce qu'on appelle instinct n'est que l'impulsion de la nature qui fait éprouver un sentiment ; & si tous les êtres ont une sorte d'instinct, ils ont tous aussi une sorte de sentiment.

Le monde peut être consideré comme un grand animal : & qu'on ne dise pas que cet animal est insensible parce qu'il n'a point les membres de l'homme; ses mains sont les rayons de lumière qui émanent de sa substance; ses pieds sont l'athmosphère avec lequel chaque planète roule dans l'espace; & ses yeux sont les étoiles du firmament.

REMARQUE SUR LA CINQUIÈME STROPHE. — Il y a sans doute de grandes restrictions à mettre dans le système de la hiérarchie des êtres ; car il y a un intervalle infini entre DIEU & ce qui ne l'est pas ; mais il ne s'agit ici que d'examiner si cette idée sublime, née avec Pythagore, est morte avec ce grand homme.

Il faut d'abord mettre au rang des partisans de l'échelle tous ceux qui admettent l'ame universelle ; cette dernière idée est le germe de la première, & la seconde en est le développement.

Suivant ce principe, presque toute l'antiquité a admis la hiérarchie des êtres : car presque toute l'antiquité n'a pensé que d'après Pythagore, comme nos ancêtres ne pensoient que d'après Aristote.

Descartes, qui avoit assez de génie pour opérer une révolution parmi les êtres pensans, crut avoir renversé le grand principe de l'échelle aussi aisément qu'il avoit détruit le système des entéléchies. Voyons si son triomphe est complet, & si le phénix, brûlé dans le siècle passé, n'est pas dans celui-ci né une seconde fois de sa cendre.

Le génie le plus universel du siècle dernier, l'étonnant Leibnitz, s'exprime ainsi : « Les hommes tiennent aux animaux, ceux-ci aux plantes, & celles-ci aux fossiles.... Il est nécessaire que tous les ordres des êtres naturels ne forment qu'une seule chaîne, dans laquelle les différentes classes tiennent étroitement, comme si elles en étoient des anneaux (a). »

Le philosophe systématique qui a applati les poles de la terre, dit dans son essai de cosmologie : — « Auparavant toutes les espèces formoient une suite d'êtres qui n'étoient que les parties contiguës d'un tout ; chacune, liée aux espèces voisines dont elle ne différoit que par des nuances insensibles, formoit entr'elles une communication qui s'étendoit depuis la première jusqu'à la

_____

(a) Lettre à M. Hermann. *Voyez* l'appel au public de M. Kænig. Lisez aussi ses *nouveaux essais sur l'entendement humain*, pag. 440.

DE LA NATURE. 439

» dernière (a). » --- Jufqu'ici Maupertuis eft
d'accord avec Pythagore ; mais pour ne point
choquer les adverfaires de ce légiflateur de
l'Inde, il ajoute que cette hiérarchie primitive ne fubfifte plus, & que l'approche d'une comète a rompu l'échelle. --- Ces comètes, depuis un fiècle, ont fait naître bien des paradoxes.

Le Pline de la France a ajouté de nouvelles idées au fyftême de l'échelle. --- « La
» nature defcend par degrés infenfibles, de la
» créature la plus parfaite, jufqu'à la matière
» la plus informe, & de l'animal le mieux or-
» ganifé, jufqu'au minéral le plus brut : ces
» nuances imperceptibles font le grand œuvre
» de la nature.... comme elle marche par des
» gradations inconnues, elle ne peut fe prêter
» aux divifions des méthodes arbitraires....
» elle defcend infenfiblement de l'animal qui
» nous paroît le plus parfait, à celui qui l'eft le
» moins, & de celui-ci au végétal : le polype
» d'eau douce fera, fi l'on veut, le dernier

―――――
(a) Œuvres de Maupertuis, tom. I, p. 72.

» des animaux & la première des plantes....
» La nature eft une puiffance qui embraffe
» tout, & qui anime tout : le tems, l'efpace &
» la matière font fes moyens ; l'univers,
» fon objet ; le mouvement & la vie, fon
» but ; les phénomènes du monde, fes effets....
» Quand on paffe de ce qui vit à ce qui vé-
» gète, on voit le plan de la nature, qui d'a-
» bord n'étoit varié que par nuances, fe
» déformer par degrés, & quoiqu'altéré dans
» toutes fes parties extérieures, conferver
» néanmoins le même fond & le même carac-
» tère (*a*).

Charles Bonnet, à qui l'ame & la nature doivent tant, eft un des plus vifs partifans de la grande loi de continuité : « Tout eft fyf-
» tématique dans l'univers ; tout y eft com-
» binaifon, rapport, liaifon, enchaînement ;
» il n'eft rien qui ne foit l'effet immédiat de
» quelque chofe qui a précédé, & qui ne dé-

―――――――――――――――

(*a*) Ce paffage eft formé de plufieurs textes de l'hiftoire naturelle. *Voy. tom.* 1, de *l'édit. in*-12, p. 17 & 18 ; *tom.* 3, p. 11 ; *tom.* 24, première vue de la nature ; & *tom.* 28, p. 42.

» termine l'exiſtence de quelque choſe qui
» ſuivra... les différens êtres propres à chaque
» monde peuvent être enviſagés comme au-
» tant de ſyſtêmes particuliers, liés à un ſyſ-
» tême principal par divers rapports ; & ce ſyſ-
» tême eſt enchaîné lui-même à d'autres ſyſtê-
» mes plus étendus, dont l'enſemble compoſe le
» ſyſtême général... il n'eſt point de ſauts dans
» la nature, tout y eſt gradué & nuancé. Si
» entre deux êtres quelconques il exiſtoit un
» vuide, quelle ſeroit la raiſon du paſſage de
» l'un à l'autre ?.... Le polype enchaîne le
» végétal à l'animal, l'écureuil volant unit
» l'oiſeau au quadrupède, le ſinge touche au
» quadrupède & à l'homme... toutes les échel-
» les de chaque monde ne compoſent qu'une
» ſeule ſuite qui a pour premier terme l'a-
» tome, & pour dernier le plus élevé des
» chérubins (a). »

L'ingénieux le Cat, l'homme qui a expliqué avec le plus de ſagacité le méchaniſme de

---

(a) *Contemplation de la nature*, par C. Bonnet, *tom.* 1,
p. 16---18---28 & 29.

l'homme, s'exprime ainsi : « Puisque la na-
» ture ne fait rien par sauts, elle garde dans
» l'ordre des êtres la même progression insen-
» sible qu'elle observe dans toutes ses opé-
» rations ; elle a établi, depuis la pierre la
» plus brute jusqu'à la créature la plus su-
» blime, une échelle.... & par ces nuances
» elle a introduit l'harmonie dans un univers
» tout rempli de parties discordantes (*a*). »

L'auteur éloquent de l'essai de psychologie
promène ainsi sa vue perçante & rapide sur
l'échelle des êtres. — « L'univers est l'assem-
» blage des êtres créés... chaque être est un
» système particulier qui tient à un autre sys-
» tême particulier ; une roue qui s'engraine
» dans une autre roue : l'assemblage de toutes
» ces roues compose la grande machine de
» l'univers... les bitumes & les souffres lient
» les terres aux métaux ; les vitriols unissent
» les métaux aux sels ; les cryſtallisations
» tiennent aux sels & aux pierres ; les amian-

(*a*) *Voy.* traité *du mouvement musculaire, de la* SENSIBI-
LITÉ, &c. par le Cat, *art.* 3, *p.* 54.

» tés forment une sorte de liaison entre les
» pierres & les plantes ; le polype unit les
» plantes aux insectes, le ver à tuyaux semblé
» conduire des insectes aux coquillages ; la
» limace touche aux coquillages & aux repti-
» les ; le serpent d'eau forme un passage des
» reptiles aux poissons ; la macreuse est un
» milieu entre le poisson & l'oiseau ; la chauve-
» souris enchaîne les oiseaux avec les quadru-
» pèdes ; le singe donne la main aux qua-
» drupèdes & à l'homme... Ainsi la grande
» échelle traverse tous les mondes, & va se
» perdre près du trône de DIEU (a). »

Enfin un philosophe qui a surpris plus d'une fois la nature dans le secret de ses opérations, a consacré le premier livre de son traité de l'animalité à prouver la gradation naturelle des êtres, & les loix de cette gradation : « Il n'y
» a, dit-il, qu'un seul acte dans la nature,
» dans lequel rentrent tous les événemens ;
» un seul phénomène, dont tous les phéno-

(a) *Essai de psychologie*, ou considérations sur les opérations de l'ame, &c. *pag.* 193 — 194 --- 364 & 365.

» mènes font des parties liées; en un mot
» un feul être prototype de tous les êtres...
» cette grande & importante vérité eft la
» clef du fyftême univerfel, & la bafe de toute
» vraie philofophie; mais elle a à lutter con-
» tre la prévention & la ftupidité du vulgaire,
» qui la rejette fans examen, qui l'exami-
» neroit fans la comprendre, qui peut-être la
» comprendroit & ne l'admettroit pas; elle
» a auffi à combattre l'acharnement des hom-
» mes perfécuteurs qui, comme un effaim
» d'infectes importuns, volent fur les pas du
» génie pour le troubler dans fes fublimes
» travaux (*a*). »

Je ne cite que les philofophes connus, &
même je ne les cite pas tous; je ne voulois
que montrer combien l'Europe eft encore
pythagoricienne, malgré les petites idées des
perfécuteurs, les fophifmes de Defcartes &
le mépris pour Pythagore.

<hr>

(*a*) De la nature, *tom*. 4, *pag*. 17 & 20.

REMARQUE SUR LA SIXIÈME STROPHE. — « Toutes les parties de la matière peuvent s'animaliser... la vie eſt la perfection de la nature ; elle n'a point de parties qui n'y tendent & qui n'y parviennent par l'organiſation... vivre dans une pierre, un inſecte, un homme, ne ſignifie rien de différent : mais cet acte eſt plus parfait à proportion de la ſtructure des organes. » — Voy. *diſſertations mêlées ſur divers ſujets importans*, édit. de 1740, pag. 254.

L'HOMME SEUL.

REMARQUES SUR LES QUINZIÈME ET SEIZIÈME STROPHES. — Il ne faut qu'ouvrir un livre moderne de botanique, pour ſe convaincre de l'animalité des plantes : on trouve à chaque page des démonſtrations de cette vérité dans l'anatomie des plantes de Grew, dans la ſtatique des végétaux, dans les œuvres de Campanella (*a*), dans l'ame des

___

(*a*) Voyez comment ce bon moine eſt traité par le médecin Duval, pour avoir deviné Pythagore. — *Ce philoſophe, nommé Campanella, ou Clochette* (je me ſers

plantes du docteur Dédu, dans le voyage du Levant de Tournefort, dans la contemplation de la nature de Charles Bonnet, dans les œuvres des Malpighi, des Jussieu, des Adanson, &c. On se pénètre encore plus de ce grand principe, quand on n'a d'autres livres que le spectacle de la campagne.

Il faut se placer soi-même au dernier degré de l'échelle animale, pour douter de l'animalité des végétaux.

Les plantes ont les deux sexes ; elles sont vivipares & ovipares.

Elles se nourrissent en pompant la nourriture par les pores de leurs racines. L'homme n'a qu'une bouche, mais un cèdre en a des millions.

La sève, qui leur tient lieu de sang, circule chez elles dans des parties analogues à la grande artère & à la veine cave.

---

des expressions du docteur), *ce vil Marsyas, ce Pygmée, ce Dave, ce Phaéton, ce hibou, ce Zoïle, qui s'élève contre le sage Aristote, c'est-à-dire, contre l'Appollon, l'Œdipe & le soleil de la philosophie.* --- Voyez *curios. de la nature,* par l'abbé de Vallemont, tom. I. pag. 32.

L'animal végétant s'accroît par le développement finement gradué de toutes ses parties ; quand il cesse de s'accroître il dépérit, & voilà sa vieillesse.

La plante a ses maladies comme nous, telles que des engorgemens de viscères, des tumeurs, des paralysies, &c. Les sucs malfaisans de la terre, les vapeurs malignes, les corps hétérogènes la blessent, & la nature la guérit.

Les végétaux subissent des variations suivant les climats qu'ils habitent ; les plantes des dunes sont toujours des pigmées, comme les habitans de la zone torride sont toujours des nègres.

Il y a des sensitives qui dorment dans un tems d'orage, & qui se réveillent avec la sérénité des cieux.

Quel est le caractère de l'animal qui ne convienne pas à la plante ? Naturalistes, épuisez vos expériences physiques, combinez tous vos systêmes, vous serez toujours obligés de convenir que le philosophe qui met ses roses au rang des êtres sensibles, mérite bien la peine d'être réfuté.

Un ancien a défini la plante un animal enraciné ; un moderne l'a comparée à l'aiguille d'une horloge, qui parcourt d'un mouvement insensible tous les points du cadran. L'élève de Descartes peut à la rigueur n'avoir pas tort ; mais sûrement le disciple de Pythagore n'est pas un insensé.

REMARQUE SUR LA DIX-SEPTIÈME STROPHE. — Outre l'amiante & l'asbeste, il y a une plante fossile qu'on nomme le nostoch, qui végète sensiblement, mais qui est dénuée de branches, de tige & de feuillages. Voy. *observat. sur la végétation du nostoch*, par M. de Réaumur, hist. de l'ac. roy. des sciences, année 1722. — Il y a peut-être dans l'échelle de la nature plus de degrés entre le nostoch & la sensitive, qu'il n'y en a entre l'homme & le nostoch.

REMARQUE SUR LA DIX-HUITIÈME STROPHE. — Le célèbre Tournefort soupçonna

çonna la végétation des fossiles en visitant la grotte d'Antiparos. *Voy. du Levant*, tom. II. Wallérius a confirmé cette vérité dans sa minérologie; Henckel, dans sa pyritologie; & Colonne, dans ses principes de la nature. Les physiciens qui ont fait du règne minéral un amas de décombres, ont mal vu, ou ont répété ceux qui n'avoient rien vu.

L'auteur de l'histoire des causes premières est bien plus hardi que les naturalistes que je viens de citer. *La pierre, dit-il, qui se détache de la montagne, m'étonne si elle connoît les loix qu'elle suit en tombant; elle m'étonne encore plus si elle les ignore.* Hist. des cauf. prem. pag. 2.

Quand le comte de Buffon a dit, *hist. natur.* tom. III de l'édit. *in*-12, que le minéral étoit une matière brute, n'agissant que par la contrainte des loix de la méchanique, sans organisation, & faite pour être foulée aux pieds par les hommes & par les animaux, un physicien de la nature a demandé à ce philosophe ce que c'étoit donc que la vertu attractive de l'ambre & de l'aimant; pourquoi certains fossiles transparens pouvoient électriser les corps ; comment les métaux, &c. *De la nature, tom. 4, part. 7, liv. 6, ch. 1.* Le comte de Buffon n'a point répondu à ces difficultés ; & qui pourroit y répondre ?

Il y a une époque de puberté, & une autre de vieillesse pour les fossiles ; la dissolution est le terme de leur vie, comme elle est celui des animaux : ils se multiplient aussi ; mais on ne sait encore par quelle voie : qui sait si dans la suite on ne découvrira pas des cailloux mâles, de l'or femelle, & des diamans hermaphrodites ?

REMARQUE SUR LA DIX-NEUVIÈME STROPHE. --- Les Égyptiens firent, de la vie & de l'intelligence des astres, un dogme de leur doctrine exotérique, & encore aujourd'hui les sectateurs arabes du zabianisme ont la même croyance.

Platon, Zénon & Thalès regardèrent le monde comme un grand animal ; le peuple abusa de ce principe pour adorer les astres ;

mais le polythéifme n'eft point le crime de la philofophie.

S'il eft vrai que l'intérieur de la terre foit un mélange régulier de divers foffiles; fi l'on découvre fur fa furface un fyftême de folides & de fluides; s'il y a quelqu'analogie entre les marées de l'Océan & l'équilibre des liqueurs dans le corps humain; fi.... En vérité, je ne puis mieux faire que de finir comme Pythagore.

Fin du Tome deuxième.

TABLE
DES CHAPITRES
ET ARTICLES
Contenus dans le Tome second.

DISCOURS PRÉLIMINAIRE
sur la Morale de l'homme physique. . . . . . Pag. 1

DE LA PHILOSOPHIE
DE LA NATURE.

SECONDE PARTIE.
L'Homme seul. 97

LIVRE PREMIER.
Du Bonheur. 105
CHAP. I. *Principes sur le bonheur.* . 107

TABLE

CHAP. II. *Du Plaisir*. . . . 112
CHAP. III. *De la Sensibilité*. . . 116
CHAP. IV. *D'un Paradoxe du livre de l'esprit*. 124
CHAP. V. *Songe de Marc-Aurèle*. . . 129

LIVRE SECOND.

De l'Ame. 145
CHAP. I. *De l'Ame universelle* . . 151
CHAP. II. *Que les définitions philosophiques de l'ame n'ont fait que répandre des nuages sur la nature*. . . . 162
CHAP. III. *Des Philosophes qui ont cru l'ame matérielle*. . . 178
CHAP. IV. *De la Philosophie respectable qui distingue l'ame de la matière*. 182
CHAP. V. *Des vérités que le sage soupçonne dans la psychologie.* 188
ART. I. *L'Ame existe*. 189
ART. II. *L'Ame paroît un être simple* 192

DES CHAPITRES.

ART. III. *Du Paradoxe ingénieux des deux ames.* 199
ART. IV. *L'Ame est un être actif.* . . 204
ART. V. *L'Ame est libre par la pensée.* 206
CHAP. VI. *De ce que nous ignorons en psychologie, pneumatologie, ontologie, &c.* . . . 208
CH. VII. *Histoire de l'ame.* . . . 222
CH. VIII. *L'Immortalité de l'ame.* . 241
ART. I. *De l'Origine du dogme de l'immortalité.* 242
ART. II. *Des Sages qui ont cru à l'immortalité.* 247
ART. III. *Des Ennemis de l'immortalité* 253
ART. IV. *Principes pour résoudre le probléme de l'immortalité.* 266
ART. V. *Histoire de Jenny Lille.* . . 271
ART. VI. *Réflexion sur l'histoire de Jenny.* 296
ART. VII. *Du système que tout est mal.* 299
ART. VIII. *De l'Opinion que la quantité du mal est nécessairement égale à celle du bien.* 301
ART. IX. *De l'Optimisme.* . . . 312

456 TABLE DES CHAPITRES.

CHAP. IX. *De l'Ame en qualité d'être sensible* 324

ART. I. *De l'Homme-statue du comte de Buffon.* 335

ART. II. *De l'Homme-statue de Charles Bonnet.* 349

CHAP. X. *Si l'Homme est dans la nature le seul être sensible.* . . 385

ART. I. *Les douze Surprises de Pythagore.* 389

ART. II. *Fragment des vers dorés de Pythagore.* 423

ART. III. *Combien de philosophes ont, sans le savoir, commenté les vers dorés de Pythagore* 433

Fin de la Table des Chapitres.

www.ingramcontent.com/pod-product-compliance
Lightning Source LLC
Chambersburg PA
CBHW050251230426
43664CB00012B/1915